U0678142

一九色鹿一

徐弛 著

THE TANG TOMB
OF
SHOROON BUMBAGAR
AND
ARCHAEOLOGICAL
RESEARCH
ON
TIELE

声闻荒外

SHENG

WEN

HUANG

WAI

——巴彦诺尔唐墓
与铁勒考古研究

社会科学文献出版社
SOCIAL SCIENCES ACADEMIC PRESS (CHINA)

蜀繇羲金徽烔郪督立志識開敏早
日慶識本包知於稽顧公幼而號惠
哥見賞射雕之手及父叚傳嗣泛
倾心盡篤誣以賀魯背誕方車長
眸盅模謨庭殺庭懷之辭即耶
既虫杞墨封林干縣開國辭子傲
將尋他非冓滯周逾以子傲東
於言珠厚秩戴隆目鼻右號衛大將軍東

巴彦诺尔墓墓道西壁列戟、人物

巴彦诺尔墓 1 号天井西壁胡人备马图（上）、1 号天井东壁胡人备马图（下）

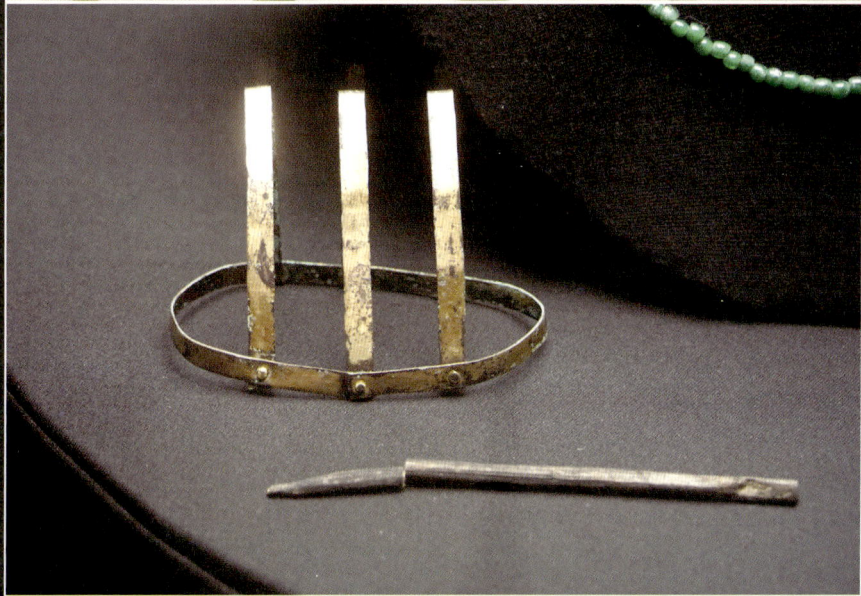

巴彦诺尔墓出土陶风帽俑、文官俑（上），巴彦诺尔墓出土三梁冠（下）

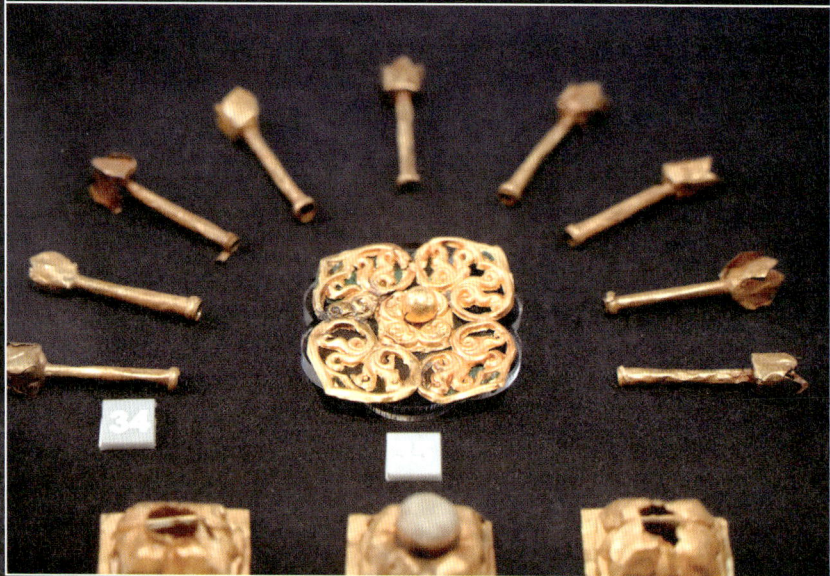

巴彦诺尔墓出土金冠（上），巴彦诺尔墓出土金饰件（下）

巴彦诺尔墓出土金罐（上），巴彦诺尔墓出土马具（下）

巴彦诺尔墓出土金币（上），仆固乙突墓出土木俑（下）

仆固乙突神道碑

阙特勤头像

塔吉克斯坦崩治卡特遗址娜娜女神壁画

哈拉河（哈喇郭勒遗址周边）

鄂尔浑河与哈拉巴勒嘎斯古城

序

李锦绣

　　徐弛在新作《声闻荒外：巴彦诺尔唐墓与铁勒考古研究》即将付梓之际，索序于我。这本书是在他的博士学位论文《唐代羁縻体制与草原丝绸之路：蒙古国巴彦诺尔壁画墓的文化意涵》基础上修订而成的，作为他读博期间的指导老师，我义不容辞，于是欣然命笔。

　　徐弛于 2017 年 9 月来到中国社会科学院研究生院历史系。作为研究中外关系史的学生，他在广泛读书、勤奋思考的同时，还学习了多种外语。但这远不是徐弛博士生活的全部。徐弛最大的特点是读万卷书、行万里路，甚至可以说是读千卷书、行十万里路。在读本科和硕士期间，他的足迹已遍布亚洲、欧洲。读博之后，他参加了历史所中外关系史研究室的"丝绸之路上的古文明调研"，实地考察了中国新疆、甘肃、青海等地的丝绸之路历史遗迹；参加了"寻找黑沙城"调研，主要考察了内蒙古、山西、陕西的游牧民族遗迹。他自己还去了宁夏、河北、河南、山东、辽宁及江南等地。在国外，他去了乌兹别克斯坦、伊朗、土耳其、印度、吉尔吉斯斯坦，以及俄罗斯布里亚特、哈卡斯、图瓦和阿尔泰共和国，还有他研究的巴彦诺尔壁画墓所在地——蒙古国。在国内外，他流连忘返于博物馆及历史遗址，结合自己的研究，辛勤搜集资料，进行学术积累，从某种程度上说，他的这部专著，就是他 10 余年坚持学术考察的结果。

徐弛硕士就读于暨南大学历史学系。受暨大学术氛围的熏陶，尤其是张小贵老师的影响，他对中亚情有独钟，加之对图像资料的深厚积累和深刻感悟，他在粟特、波斯历史文化领域选一个课题写博士论文，似乎是水到渠成的事。但他并没有把自己局限在粟特名物研究中，而是将视野投向更广阔的领域，扩展到欧亚的草原丝绸之路。

2011 年，蒙古国科学院历史研究所与哈萨克斯坦国立古米廖夫欧亚大学联合考古队，在蒙古国布尔干省巴彦诺尔苏木发掘了一座未经扰动的大型壁画墓。该墓按唐墓规制建造，有唐代风格的壁画 40 余幅，出土陶俑、木俑 141 件，萨珊银币仿制品、拜占庭金币及仿制品 40 余枚，各式金属器具 400 余件。该墓葬包含了大量的文化交流因素，对研究草原丝绸之路和唐朝与漠北民族的关系具有重要意义，一经发现，即引起轰动，长时间以来，成为新的研究热点。

我对蒙古国布尔干省的巴彦诺尔壁画墓一直较为关注。2011 年 8 月 12—20 日，我去蒙古国参加了土耳其语言学会在乌兰巴托举办的"突厥文化的发展：突厥起源和碑铭时代"国际学术讨论会（International Conference on Stages of Development of Turkic Culture:

The Beginnings and the Era of Inscriptions）。会上蒙古国考古学者公布了在图勒河东岸和北岸发现的"大唐金微都督仆固府君墓志"，哈萨克斯坦考古学者也介绍了正在进行的巴彦诺尔壁画墓的发掘情况。不久，我就收到了参加发掘工作的哈萨克斯坦学者寄来的一篇英文介绍，但他们把此墓界定为突厥墓葬，我不能苟同。2014 年，萨仁毕力格翻译了蒙古国游牧文化研究国际学院阿·敖其尔、蒙古国科技大学勒·额尔敦宝力道合著的《蒙古国布尔干省巴彦诺尔突厥壁画墓的发掘》（《草原文物》2014 年第 1 期）一文，巴彦诺尔壁画墓走进中国学者的研究视野。林英、萨仁毕力格、郭云艳、李丹婕等对墓主人的族属、出土钱币和葬俗进行了分析研究，而欧美、日韩、中亚国家学者掀起的对此墓考古文物及历史文化研究的高潮，已蔚为大观。2017 年 9 月，我去乌兰巴托参加蒙古国立大学历史系举办的"新世纪伊始的蒙古历史撰写：问题和趋势"国际学术研讨会，在蒙古国国家博物馆买到刚刚出版的《古代游牧人的文化古迹》（A. Очир, Л. Эрдэнэболд, *Эртний Нүүдэлчдийн Урлагийн Дурсгал*, Улаанбаатар, 2017 ）一书，如获至珍。这部书作为"蒙古考古文物"系列之七，以蒙英文对照的方式，详细介绍了巴彦诺尔壁画墓，此墓出土的壁画和文物，都有较为全面、清晰的图录。有了这本图录和 2013 年出版的蒙古文《古代游牧民族大型墓葬发掘与研究：布尔干省巴彦诺尔苏木乌兰和日木希润本布格尔遗址发掘 报 告 》（A. Очир, Л. Эрдэнэболд, С. Харжаубай, Х. Жантегин, *Эртний Нүүдэлчдийн Бунхант Булшны Малтлага Судалгаа: Булган Аймгийн Баяннуур Сүмын Улаан Хэрмийн Шороон Бумбагарын Малтлагын Тайлан*, Улаанбаатар, 2013 ），我认为中国学者全面研究这一墓葬及出土文物的资料已经基本齐备了。

考虑到徐弛的特长，尤其是他对图像、文物广泛了解和高度敏感的特点，我把这本书带给他。经过研读和思考后，他确定了这一选题。

巴彦诺尔墓及出土文物研究，是国际前沿课题，其意义不言而喻。但对其进行研究，难度很大。原因有三。

第一，由于墓葬所在地在蒙古国，发掘报告也以蒙古文发表，蒙古国、日本、美国、俄罗斯、哈萨克斯坦等国学者均着先鞭，我国学者则相对滞后。巴彦诺尔壁画墓在国际上受到高度关注，其主要研究成果的语言有蒙古语、英语、俄语、日语、韩语、汉语等，涉及多个国家、多个语种，搜集不易，研读更难。但如不充分利用这些成果，闭门造车，则无法和国际接轨。

第二，本课题的研究对象是巴彦诺尔墓和出土文物，这是偏考古学的课题，需要将考古、文献和图像学方法结合起来，需要研究者同时具有考古、文献和图像学的基础和多方法的研究能力。

第三，巴彦诺尔壁画墓地点在蒙古国，其墓葬形制是唐朝式的，出土文物有中原、漠北、中亚和地中海文化因素，涉及领域广阔，需要研究者有广博的知识积累，才能发现问题并解决问题。

徐弛迎难而上，他详细搜集并深入研读国内外研究成果，总结其得失，在此基础上，发挥中国学者的学术优势，将考古文物及实地考察与历史文献紧密结合起来，从唐代羁縻体制与草原丝绸之路经贸文化交流的角度，对巴彦诺尔壁画墓及出土文物进行了系统阐发，对墓主人和墓葬性质的界定、列戟图壁画与唐羁縻体制的关系、钱币与草原丝绸之路等问题均提出创新之见，实实在在地推进了相关研究的进展。2020 年 4 月，当他交给我论文初稿时，我欣喜地看到，他已完成了从中亚到欧亚草原的转变，从历史到考古的跨越。

之后，徐弛进入中国人民大学博士后流动站，在魏坚老师的指导下，进一步提升自己，补充考古学的训练，并在疫情期间见缝插针地去考察遗址，力求文献、文物并用，考古、历史兼通，并更广泛搜集漠北考古资料，将唐羁縻府州时期的城址、题记、出土文物等逐一分析研究，更丰富细致地展示这一时期漠北的历史面貌，也完成了从博士学位论文到这部专著的修订。

本书是中国学者第一次对巴彦诺尔大型壁画墓进行的全面研究。徐弛图文并茂地展示了唐羁縻体制下对漠北的管理及漠北与中原、中亚、欧亚草原和地中海世界的经济文化交流，为隋唐时期北方民族史、草原丝绸之路等领域的研究提供了新的史料与辽阔视野，在图像证史方面也取得了一些成就。我欣慰地看到这株学术幼苗破土而出，虽然还未长成参天大树，甚至还有些稚嫩，但其迎着阳光，勃勃向上，满是生机和活力。

五年的时光也长也短。在这五年里，徐弛从一个永远带着微笑、对博物馆文物展览有着一腔热情的少年，日渐成熟。他思如泉涌，以往行万里路的积累也有融会贯通之势，而考古、文献和图像学相结合的研究方法，中原、漠北、中亚和地中海文化相结合的研究视角，必将让他在今后的研究中如虎添翼。在徐弛走上西北大学工作岗位之际，我希望他的思考和写作，不要因学生阶段结束而中断；学术热情，不要因年龄增长而消退；探索的足迹，不要因生活的沉重而停止。衷心祝愿他在学术研究之路上，走得更稳、更远！

回忆这五年的时光，我想对徐弛说的是，感谢你带给我这么多的惊喜！广袤的内陆欧亚，天宽地阔，有无数风景，也有众多的遗址、遗迹和谜团，愿你在其中纵横驰骋，一往无前，继续不断带给我们惊喜！

是为序。

2023 年 9 月 1 日

目　录

引　言

　　2011 年，蒙古国科学院历史研究所与哈萨克斯坦国立古米廖夫欧亚大学联合考古队在蒙古国布尔干省巴彦诺尔苏木东北乌兰和日木地区的希润本布格尔遗址（Шороон бумбагар，英文名：Shoroon Bumbagar）开展了发掘工作。该遗址位于北纬 47° 57′ 792″，东经 104° 30′ 887″，在乌兰巴托西北 295 公里，图勒河（Tuul Gol）南岸，海拔约 1000 米。中国学界通常将该遗址称为"巴彦诺尔壁画墓"或"巴彦诺尔墓"。通过这次发掘，考古学家发现了一座未经扰动、按唐墓规制建造的大型壁画墓，墓内共发现唐代风格的壁画 40 余幅，陶俑、木俑 141 件，萨珊银币仿制品、拜占庭金币及仿制品共 40 余枚，各式金属器具 400 余件。但与一般唐墓规制不同的是，该墓没有出土墓志。据考古报告可知，该墓在被发掘时保存极为完整，故墓志并非被盗，而是在墓葬最初建造时就没有放入。[1]

与巴彦诺尔墓情形相似，2009 年 7 月，蒙古国与俄罗斯联合考古队在蒙古国中央省扎马尔苏木的希润多夫墓葬遗址（Заамарын Шороон Дов）发现了仆固乙突墓。此处墓葬位于乌兰巴托西北 280 公里，在图勒河东岸和北岸。该墓出土各类器物 770 余件，并在主室入口处掘得唐代墓志一合，墓志盖阴刻篆书"大唐金微都督仆固府君墓志"。可知墓主为铁勒仆固部首领、唐朝金微都督府都督仆固乙突。两座墓相距不远，形制相似，因此，仆固乙突墓志的出土为进一步研究巴彦诺尔壁画墓提供了参考依据。[2]

巴彦诺尔壁画墓的发现，对考证 7 世纪漠北铁勒居地的具体位置有重要意义。贞观二十一年（647），唐太宗在漠北置六府七州，以回纥部为瀚海府，多览为燕然府，仆骨为金微府，拔野古为幽陵府，同罗为龟林府，思结为卢山府，浑部为皋兰州，斛萨为高阙州，阿跌为鸡田州，契苾为榆溪州，跌结为鸡鹿州，阿布思为蹛林州，白霫为寘颜州；又以结骨为坚昆府，其北骨利干为玄阙州，东北俱罗勃为烛龙州。[3]巴彦诺尔墓的发现，为考证漠北铁勒诸部落居

1　А.Очир, Л.Эрдэнэболд, С. Харжаубай, Х.Жантегин, *Эртний Нүүдэлчдийн Бунхант Булшны Малтлага Судалгаа*, Улаанбаатар, 2013；〔蒙〕阿·敖其尔等：《蒙古国布尔干省巴彦诺尔突厥壁画墓的发掘》，萨仁毕力格译，《草原文物》2014 年第 1 期，第 14—23 页；А.Очир, Л.Эрдэнэболд, *Эртний Нүүдэлчдийн Урлагийн Дурсгал*, Улаанбаатар, 2017. 下文中巴彦诺尔壁画墓相关考古资料均参见上述考古报告。

2　А.Очир, С.В.Данилов, Л.Эрдэнэболд, Ц.Цэрэндорж, *Эртний Нүүдэлчдийн Бунхант Булшны Малтлага, Судалгаа: Төв Аймгийн Заамар Сумын Шороон Бумбагарын Малтлагын Тайлан*, Улаанбаатар, 2013. 下文中仆固乙突墓相关考古资料均参见该考古报告。

3　《旧唐书》卷一九五《回纥传》，中华书局，1975 年，第 5196 页；又见《资治通鉴》卷一九八，"贞观二十一年正月丙申"条，中华书局，2011 年，第 6244 页。

地位置提供了新线索，使我们能够更加准确地了解漠北各部的所在位置。

从巴彦诺尔墓的墓葬形制、规格来看，该墓依照唐朝墓葬规制建造，又根据封土、墓室、墓道、壁画上面的列戟等因素的规模来看，墓主人在唐代应身居高位。但与一般唐墓不同的是，该墓中还保存了诸多漠北草原族群的习俗，例如丧葬方式并非传统意义上的土葬。墓室中有一木棺，木棺内有一小木箱，内置火化后的羊骨。可见，该墓在尽量不违背唐制的基础上，保留了墓主人本民族的习俗。巴彦诺尔墓的发现，为研究这一时期唐朝统治下的羁縻制度以及漠北草原族群提供了新的材料。

巴彦诺尔墓中出土了大量仿制拜占庭金币，还出土了金指环等西方舶来品，为探究唐代漠北地区与西方国家的交流提供了新线索，对草原丝绸之路以及中外交流史研究具有重要意义。该墓葬中壁画以及陶俑的风格既与中原地区的唐墓类似，又别具一格，将不同地域同类墓葬的壁画及陶俑等出土文物进行比较，有助于推进中国艺术史相关领域的研究。

中国学者在研究巴彦诺尔壁画墓时有很大优势，可以结合汉文史料和国内的最新考古成果，从唐朝丧葬制度、羁縻制度、唐朝与铁勒的关系、草原丝绸之路等多角度展开进一步研究。不过，结合唐朝丧葬制度对巴彦诺尔墓和仆固乙突墓两座墓葬的研究仍未全面展开。对这些问题的研究，将有助于我们更深入地了解唐朝的羁縻制度以及唐朝与漠北铁勒贵族的关系。

巴彦诺尔壁画墓位于漠北地区。根据学界的研究现状，虽然不同研究依据壁画、钱币等不同的证据，在巴彦诺尔壁画墓的具体年份判断上有一些争议，但巴彦诺尔壁画墓属7世纪已成为学界的共识。在这一时期，生活在漠北地区的主要部族是铁勒，因此要研究巴彦诺尔壁画墓，首先要明确巴彦诺尔壁画墓所属地区这一时期的历史，以及铁勒诸部与唐朝之间的关系。

19 世纪末的西方学者首先在漠北铁勒研究方面取得了较大的突破。古突厥碑铭《阙特勒碑》《毗伽可汗碑》《翁金碑》《塔拉斯碑》《暾欲谷碑》等被陆续刊布后，围绕古突厥语言碑铭所作的研究大量涌现，碑铭中的部分内容和铁勒研究有密切联系。[1] 夏德（Friedrich Hirth）在研究突厥碑铭的基础上，使用汉文史料撰写《薛延陀考》一文，主要贡献是将漠北铁勒诸部逐一与古音勘同，并且在碑文中找到了骨利干、拔野古等部落，考证了铁勒中薛延陀部的历史和政治结构，为后来的铁勒研究打下了基础。[2] 自突厥三大碑被发现以来，铁勒的族属问题成为国内外学界相关领域学者关注的热点，包括巴托尔德（V. V. Bartold）、沙畹（Edouard Chavannes）在内的诸多语言学家、史学家做了深入的探讨，这自然也对铁勒研究有所推进。[3]

自 20 世纪初以来，日本学者对铁勒研究做出了巨大的贡献。小野川秀美结合汉文史料和突厥碑铭详细考证了漠北铁勒诸部的活动，认为漠北铁勒诸部之间的融合是长期以来受共同威胁和利害逐渐发生的现象。作者详细考订了太宗、高宗朝唐廷与铁勒诸部的关

1　W. Radloff, *Die alttuerkischen Inschriften der Mongolei*, St. Petersburg, 1895, pp.3-40.

2　〔德〕夏德：《薛延陀考》，陈浩译，《欧亚译丛》第 2 辑，商务印书馆，2016 年，第 144—152 页。

3　〔俄〕巴托尔德：《蒙古入侵时期的突厥斯坦》，张锡彤、张广达译，上海古籍出版社，2011年，第 254—256 页；〔法〕沙畹：《西突厥史料》，冯承钧译，中华书局，2004 年，第 193—204 页。

系，对这一时期唐对漠北的管理也有所涉及。[1] 片山章雄在「Toquz Oγuz と『九姓』の諸問題について」中认为，铁勒的九姓指的是铁勒的九个部落，意味着更成熟的部落组织。[2] 护雅夫探讨了铁勒诸部的俟利发、俟斤等官号问题。[3]

到了 20 世纪中期，中国学者关于铁勒的研究兴盛起来，其中贡献突出的学者是马长寿。他在专著《突厥人和突厥汗国》中，对铁勒有详细论述。[4] 岑仲勉《突厥集史》中辑录了漠北铁勒诸部的史料，给后人研究提供了很多方便，同时，他还结合中西研究成果，考证了漠北铁勒的居地。[5] 段连勤是研究铁勒问题的专家，他在专著《隋唐时期的薛延陀》《丁零、高车与铁勒》以及多篇铁勒研究的论文中，对 7 世纪漠北铁勒各部的习俗、军事、行政、与唐和薛延陀的关系以及漠北铁勒诸部间的关系展开了研究，对唐统治漠北以后的局势进行了探讨。[6]

2013 年，巴彦诺尔壁画墓的考古发掘报告出版，关于巴彦诺尔壁画墓的相关研究也很快展开。由于巴彦诺尔墓没有出土墓志，因此学者们依据出土文物的时代特征，首先就巴彦诺尔墓的时代和族属问题展开讨论。

巴彦诺尔墓的发掘者敖其尔等学者在考古报告中认为，巴彦诺

1　〔日〕小野川秀美：《铁勒考》，《民族史译文集》第 6 集，中国社会科学院民族研究所历史研究室资料组，1978 年，第 29—62 页。

2　片山章雄「Toquz Oγuz と『九姓』の諸問題について」『史學雜誌』90-12、1981 年、39—55 頁。

3　護雅夫「東突厥官称号考：鉄勒諸部の俟利発と俟斤」『東洋学報』46-3、1963 年、293—322 頁。

4　马长寿：《突厥人和突厥汗国》，上海人民出版社，1957 年，第 50—64 页。

5　岑仲勉：《突厥集史》，中华书局，1958 年，第 662—760 页。

6　段连勤：《隋唐时期的薛延陀》，三秦出版社，1986 年，第 1—20 页；《丁零、高车与铁勒》，上海人民出版社，1988 年，第 323—504 页。

尔墓墓主人系突厥贵族，时代为突厥时期。日本学者东潮在「モン
ゴル草原の突厥オテターン・ヘレム壁画墓」一文中，对巴彦诺尔墓
整体做了详尽的研究。他从墓葬形制和壁画题材出发，吸收中国学
者对北朝至唐同类型壁画墓的丰富研究成果，逐类分析了巴彦诺尔
墓中的壁画题材，认为墓主人是接受唐朝册封的突厥贵族，可能是
安北都护府辖下的都督，也可能是突厥贵族阿史那忠一族的成员。[1]
之后，他又撰写了《蒙古国境内的两座突厥墓——乌兰克热姆墓和
仆固乙突墓》。该文章从两座墓葬的等级和陵园、墓室结构入手，
探讨突厥到回鹘时代草原贵族陵园形制的变迁，并将该墓建造年代
精确至唐朝羁縻统治时期，认为墓主应该是瀚海都督府、瀚海都护
府或安北都护府有关的人物。[2] 王国豪（Lyndon Arden-Wong）在
"Tang Governance and Administration in the Turkic Period"（《突厥时
期唐朝的羁縻统治》）一文中指出，巴彦诺尔墓的墓主人是唐朝羁
縻体制下的贵族，他们不仅拥有特权，还通过获取异域物品以及建
造唐式陵墓等行为，展示自己的权力和地位。[3] 林英、萨仁毕力格认
为巴彦诺尔墓的墓主人是唐朝羁縻体制下的铁勒贵族，并对墓主人
的特权地位提出质疑。他们指出，大量钱币仿制品的出现揭示出巴
彦诺尔墓墓主人的贵族身份不够显赫，他在极力效仿突厥可汗的威
仪。[4] 李丹婕《初唐铁勒酋长政治身份的多重表达——细读蒙古巴彦

1　東潮「モンゴル草原の突厥オテターン・ヘレム壁画墓」『德島大学綜合科学部人間社会文化研
　　究』第 21 輯、2013 年、1—50 頁。

2　〔日〕东潮：《蒙古国境内的两座突厥墓——乌兰克热姆墓和仆固乙突墓》，筱原典生译，《北
　　方民族考古》第 3 辑，科学出版社，2016 年，第 31—43 页。

3　Lyndon Arden-Wong, "Tang Governance and Administration in the Turkic Period," *Journal of
　　Eurasian Studies*, Vol. 6, No. 2, 2014, pp.9-20.

4　林英、萨仁毕力格：《族属与等级：蒙古国巴彦诺尔突厥壁画墓初探》，《草原文物》2016 年
　　第 1 期，第 124—129 页。

诺尔壁画墓》一文，详细梳理了巴彦诺尔墓的形制、壁画、出土金器、明器以及金币，认为墓主人既坚守了突厥的固有葬俗，又接纳了唐式的墓葬形制，该墓的种种因素体现了墓主人的精心考量，目的是表现自己的身份、权力和地位，进而强化本部族在漠北地区的权威。[1]

　　在巴彦诺尔墓附近发现的仆固乙突墓，由于有汉文墓志出土，又与巴彦诺尔墓的形制相似、出土文物风格类似，成为研究巴彦诺尔壁画墓的一个重要突破口。仆固乙突墓的发掘者巴图宝力道（Г. Батболд）对仆固乙突墓和巴彦诺尔墓做了详尽的研究，并利用两座墓葬的资料研究了仆固部的历史、位置、与内亚其他游牧部落的关系等问题。[2]巴彦诺尔壁画墓和仆固乙突墓的墓主人均为火葬，俄罗斯学者尼基塔·康斯坦丁诺夫（Nikita Konstantinov）等人的文章"A Review of Archaeological T Monuments in the Russian Altai from the 4th-6th Century AD"（《4—6世纪俄罗斯阿尔泰地区的T型考古遗址研究综述》）研究了仆固乙突墓的葬俗，并总结了4—6世纪阿尔泰突厥考古遗存。他们认为，火葬是只有突厥贵族才会使用的丧葬习俗，平民依然采用土葬，因此有理由推测在这时漠北已经出现了贵族阶层和平民的分化。[3]美国学者史书仁（Sören Stark）在"Aspects of Elite Representation among the Sixth- and Seventh-Century Türks"（《6—7世纪象征突厥贵族的各种元素》）一文中，同样认为巴彦诺尔墓属于贵族阶层，并进一步认为其族属是铁勒仆固部。不过他

1　李丹婕：《初唐铁勒酋长政治身份的多重表达——细读蒙古巴彦诺尔壁画墓》，《艺术史研究》第19辑，中山大学出版社，2017年，第143—168页。

2　Г. Батболд, *Мартагдсан Пугу Аймаг*, Улаанбаатар, 2017, pp. 5-227.

3　Nikita Konstantinov, Vasilii Soenov, Synaru Trifanovaa, Svetlana Svyatko, "A Review of Archaeological T Monuments in the Russian Altai from the 4th-6th Century AD," *Archaeological Research in Asia* 16, 2018, pp.103-115.

从火葬遗骸推测，可以将墓主人与突厥贵族阶层联系起来。[1] 斯加夫（Jonathan Karam Skaff）在 "The Tomb of Pugu Yitu (635-678) in Mongolia: Tang-Turkic Diplomacy and Ritual"［《蒙古国仆固乙突墓（635—678）：唐朝与突厥的外交与仪式》］一文中，从墓中物质文化、葬礼仪式以及墓志和汉文史料同时入手，综合研究这两座墓葬，得出结论认为，两座墓葬反映出唐朝和漠北羁縻府州贵族之间存在互惠和文化妥协的关系。[2]

通过梳理上述研究我们发现，随着研究的深入，学者们在墓葬营建时间上逐渐达成共识，即巴彦诺尔墓为唐朝在漠北羁縻统治时期的墓葬，墓主人是唐朝羁縻统治制度下的漠北铁勒贵族。但关于墓主人的详细情况，仍有进一步考证的可能。

巴彦诺尔墓中的壁画和陶俑、木俑保存完整，体现了鲜明的时代特征。墓中发现的完整壁画为初唐时期关中地区贵族墓葬的壁画风格，为研究唐朝的壁画和丧葬制度提供了重要材料。巴彦诺尔墓中出土的陶俑、木俑保存完整，未经扰动。从陶俑的高度、数量、种类等角度来看，均基本符合初唐三品官员的墓葬级别，可作为样本参照比对。针对巴彦诺尔墓中壁画、陶俑的艺术风格和源流，韩国学者박아림展开了研究，在몽골 볼간 아이막 바양노르 솜 울란 혜렘 벽화묘 연구（《蒙古国布尔干省巴彦诺尔苏木乌兰和日木壁画墓研究》）一文中，作者将巴彦诺尔墓置于更广阔的时间和空间背景中进行比较研究。除了和中原地区发现的墓葬进行比较之外，他

---

1 Sören Stark, "Aspects of Elite Representation among the Sixth- and Seventh-Century Türks," Nicola Di Cosmo, Michael Maas ed., *Empires and Exchanges in Eurasian Late Antiquity- Rome, China, Iran, and the Steppe, ca. 250-750*, Cambridge University Press, 2018, pp.333-356.

2 Jonathan Karam Skaff, "The Tomb of Pugu Yitu (635-678) in Mongolia: Tang-Turkic Diplomacy and Ritual," *Competing Narratives between Nomadic People and their Sedentary Neighbours*, Algyő, 2019, pp.295-307.

还结合固原等地出土的粟特人墓葬、吐鲁番阿斯塔那墓群中的壁画和陶俑以及更西端的粟特地区壁画进行研究，并进一步推测撒马尔罕阿弗罗西亚卜（Афрасиаба）大使厅壁画中出现的高句丽使者是通过漠北地区与粟特人产生联系的。[1] 박아림和蒙古国学者勒·额尔敦宝力道、美国学者夏南悉（Nancy S. Steinhardt）合作发表몽골 바양노르 벽화묘와 복고을돌묘 출토 용과 비잔틴 금화 연구（《蒙古国巴彦诺尔壁画墓和仆固乙突墓的陶俑和拜占庭金币》），他们认为两座墓葬中的墓俑虽然与早期唐墓中的陶俑相似，然而就材料、技术和颜料而言，这些陶俑和中原地区陶俑的特征不同，却与新疆吐鲁番阿斯塔那墓群中的陶俑相似，可能与中亚的雕塑和壁画有着密切的关系。此外，墓中发现的仿制拜占庭金币，也进一步说明该墓葬与中亚葬俗的关联。[2] 虽然目前已有众多研究成果，但墓中壁画和随葬俑的研究价值依然有待进一步挖掘。在今后的研究中，从墓葬制度的角度分析墓中保存完整的壁画和随葬俑，将会有更多的发现。

欧亚大陆各地出土的拜占庭金币和萨珊银币，一直以来都是学界关注的热点问题。中国各地的墓葬中发现的拜占庭金币，在同一墓葬中最多不过几枚，但在巴彦诺尔壁画墓中，一次性出土30余枚仿制拜占庭金币及钱币型金片，极为罕见且具有特殊价值。关于巴彦诺尔壁画墓出土金币的专题研究，耶申科（Sergey A. Yatsenko）的 "Image of the Early Turks in Chinese Murals and Figurines from the Recently-Discovered Tombs in Mongolia"（《中

---

[1]　박아림：몽골 볼간 아이막 바양노르 솜 울란 헤렘 벽화묘 연구. 중앙아시아연구, 2014, 19(2), pp.1-25.

[2]　박아림，낸시 S. 몽골 바양노르 벽화묘와 복고을돌묘 출토 용과 비잔틴 금화 연구. 중앙아시아연구, 2017, 22(1), pp.73-99.

国壁画中的早期突厥人形象与蒙古国新发现墓葬中的陶俑》）一文率先分析了巴彦诺尔墓出土金币的具体类型。[1] 郭云艳在《论蒙古国巴彦诺尔突厥壁画墓所出金银币的形制特征》中，就巴彦诺尔墓出土的金币形制特征进行了专门研究，修正了耶申科的部分观点，并结合拜占庭金币在中国的出土情况，指出巴彦诺尔墓出土的金银币仿制品极大地扩充了模仿西方货币制作出来的金银币仿制品类型。[2] 李强《欧亚草原丝路与沙漠绿洲丝路上发掘的拜占庭钱币研究述论》一文，总结了拜占庭钱币在欧亚大陆上的流传情况，指出丝路上以往出土的拜占庭钱币对研究巴彦诺尔突厥壁画墓的钱币仿制品具有重要参考意义。[3] 在金币的研究方面，史书仁独具慧眼，他发现其中的几枚仿制查士丁尼钱币中人物形象与真正拜占庭金币上的形象不同，人物的头饰反而与片治肯特壁画中贵族所戴头饰相似。[4] 李锦绣《从漠北到河东：萨珊银币与草原丝绸之路》则重点关注了墓中的仿制萨珊银币，她结合墓中发现的萨珊银币仿制品金片与 1990 年在蒙古国后杭爱省发现的 400 枚萨珊银币，对草原丝绸之路上萨珊银币贸易圈问题进行补充研究。[5]

　　仿制拜占庭金币和萨珊银币仿制品金片的发现，引发了学界对

1　Sergey A. Yatsenko, "Image of the Early Turks in Chinese Murals and Figurines from the Recently-Discovered Tombs in Mongolia," *The Silk Road*, Vol.12, 2014, pp.13-24；汉译见〔俄〕耶申科《中国壁画中的早期突厥人形象与蒙古国新发现墓葬中的陶俑》，杨瑾、梁敏译，《河西学院学报》2017 年第 1 期，第 18—26 页。

2　郭云艳：《论蒙古国巴彦诺尔突厥壁画墓所出金银币的形制特征》，《草原文物》2016 年第 1 期，第 115—123 页。

3　李强：《欧亚草原丝路与沙漠绿洲丝路上发掘的拜占庭钱币研究述论》，《草原文物》2016 年第 1 期，第 109—114 页。

4　Sören Stark, "Aspects of Elite Representation among the Sixth- and Seventh-Century Türks," Nicola Di Cosmo, Michael Maas ed., *Empires and Exchanges in Eurasian Late Antiquity- Rome, China, Iran, and the Steppe, ca. 250-750*, Cambridge University Press, 2018, pp.333-356.

5　李锦绣：《从漠北到河东：萨珊银币与草原丝绸之路》，《青海民族研究》2018 年第 1 期，第 106—111 页。

蒙古高原上的诸政权与拜占庭帝国、波斯萨珊王朝交往等相关问题的研究兴趣。而这些仿制品金币的制作地点，有可能是中亚地区。统治中亚的西突厥汗国，可能是连接拜占庭帝国、萨珊王朝与草原游牧民族的纽带。在这方面，张绪山撰写了多篇文章，做了全面的研究和解读。[1] 以巴彦诺尔墓的出土文物为基础进行的研究，将推进我们对草原丝绸之路与东西方交流的认识。

　　虽然巴彦诺尔壁画墓中没有出土文字材料，但蒙古国不断发现同为羁縻府州时期的汉文史料。1998 年，石见清裕和森安孝夫发表了「大唐安西阿史夫人壁記の再読と歴史学的考察」，文中考证了在回鹘都城哈拉巴勒嘎斯［Хар Балгас，又名斡耳朵八里（Ordu-Balik）］附近出土的《大唐安西阿史夫人壁记》。这件壁记的出土，直观地说明哈拉巴勒嘎斯古城即羁縻府州时期回纥部所在的瀚海都护府（安北都护府）。该壁记为羁縻时期唐朝派驻漠北的文官撰写，壁记的出现说明唐朝对漠北地区的有效管辖，同时证明漠北当地贵族与西域地区交流十分密切。[2] 铃木宏节「唐の羈縻支配と九姓鉄勒の思結部」一文，释读了蒙古国色楞格省蔓达勒哈喇郭勒碑上的汉文，并利用乙突墓志等新材料，对铁勒思结部的历史进行了研究，考证了唐朝羁縻统治下的思结部卢山都督府的历史。[3] 路虹、杨富学《铁勒浑部及其在内亚腹地的游移》一文，则对浑部的游移做了

1　张绪山：《6—7 世纪拜占庭帝国与西突厥汗国的交往》，《世界历史》2002 年第 1 期，第 81—89 页；张绪山：《六七世纪拜占庭帝国对中国的丝绸贸易活动及其历史见证》，《北大史学》（11），北京大学出版社，2005 年，第 27—45 页。

2　石見清裕·森安孝夫「大唐安西阿史夫人壁記の再読と歴史学的考察」『内陸アジア言語の研究』第 13 輯、1998 年、93—110 頁。

3　鈴木宏节「唐の羈縻支配と九姓鉄勒の思結部」『内陸アジア言語の研究』第 30 輯、2015 年、223—255 頁。

新的研究，将浑部定位在独乐河北偏南的地区。[1] 蔡智慧「唐前期の羁縻支配の一類型－契苾何力一族の例を手がかりとして」一文，则利用契苾家族的墓志等材料，探讨了榆溪州的设置以及唐朝对契苾家族的羁縻统治。[2]

　　蒙古国发现最重要的羁縻府州时期汉文史料，当属仆固乙突墓志。关于仆固乙突墓的研究，国内学者发挥语言优势，首先针对墓志展开了深入研究。罗新和杨富学分别发表了墓志录文，初步探讨了仆固世系、金微都督府位置等问题。[3] 杨富学《唐代仆固部世系考——以蒙古国新出仆固氏墓志铭为中心》及《蒙古国新出土仆固墓志研究》梳理了乙突墓志，并进行了多角度研究，除用墓志重新考订了仆固部的世系和漠北铁勒诸部落的居地之外，还利用墓志内容，对初唐时多次西征阿史那贺鲁、麟德二年（665）高宗封禅、乾封二年（667）九月唐征高丽以及咸亨元年（670）之后仆固乙突率漠北铁勒部队助唐征吐蕃等史实进行了考订和补充。[4] 赵靖、杨富学《仆固部与唐朝关系考》，利用仆固乙突墓志，结合史料记载，对铁勒仆固部的历史及唐朝与仆固部的关系做了梳理。[5] 冯恩学《蒙古国出土金微州都督仆固墓志考研》将乾陵番酋像中的"仆固乞突"与仆固乙突联系起来，佐证了高宗与武则天对仆固一族的

1　路虹、杨富学：《铁勒浑部及其在内亚腹地的游移》，《宁夏社会科学》2018 年第 3 期，第166—173 页。

2　蔡智慧「唐前期の羁縻支配の一類型－契苾何力一族の例を手がかりとして」『歴史文化社会論講座紀要』第 15 辑、2018 年、1－15 頁。

3　罗新：《蒙古国出土的唐代仆固乙突墓志》，《中原与域外——庆祝张广达教授八十嵩寿研讨会论文集》，台北：政治大学历史学系，2011 年，第 57—63 页；杨富学：《蒙古国新出土仆固墓志研究》，《文物》2014 年第 5 期，第 77—82 页。

4　杨富学：《唐代仆固部世系考——以蒙古国新出仆固氏墓志铭为中心》，《西域研究》2012 年第 1 期，第 69—76 页；《蒙古国新出土仆固墓志研究》，《文物》2014 年第 5 期，第 77—82 页。

5　赵靖、杨富学：《仆固部与唐朝关系考》，《新疆大学学报》2011 年第 6 期，第 59—64 页。

重视。[1] 日本学者石见清裕「羁縻支配期の唐と鉄勒僕固部——新出『僕固乙突墓誌』から見て」，则利用仆固乙突墓志，研究了唐对铁勒仆固部的羁縻统治。[2] 在此后的研究中，将同时期的《大唐安西阿史夫人壁记》《哈喇郭勒碑文》《仆固乙突墓志》与巴彦诺尔墓的研究相结合，是研究漠北羁縻府州问题的一个趋势，推进了我们对唐朝在漠北羁縻统治时期历史的认识。

　　仆固乙突墓和巴彦诺尔墓的出现，也让同在这一区域的和日木·登吉古城成为新的研究热点。冯恩学以考古学的视角，判定墓葬周边所知的辽代城址和日木·登吉古城即金微州的都督治所，该城后被契丹沿用。[3] 俄蒙联合考古队在和日木·登吉古城新发现了可能与突厥–回鹘时期有关联的地层，俄罗斯学者瓦休金结合仆固乙突墓和俄蒙联合考古队的最新调查成果，认为和日木·登吉古城最初是回纥首领菩萨的牙帐，羁縻府州时期为仆固部落首领及金微都督府都督的治所，到了回鹘汗国时期，则成为回鹘汗国的东方牙帐。[4] 这些学者将汉文史料中的金微都督府与考古遗址和日木·登吉古城对应起来，按照这个思路继续研究，继瀚海都督府（哈拉巴勒嘎斯古城）和金微都督府（和日木·登吉古城）之后，我们可能会找到位于漠北的更多羁縻都督府的具体位置。可见，由于新材料的不断涌现，关于唐朝在漠北羁縻统治的研究，已经进入一个更为细

1　冯恩学：《蒙古国出土金微州都督仆固墓志考研》，《文物》2014 年第 5 期，第 83—88 页。

2　石见清裕「羁縻支配期の唐と鉄勒僕固部——新出『僕固乙突墓誌』から見て」『東方学』第 127 辑、2014 年、1–17 页；汉译见〔日〕石见清裕《羁縻支配时期的唐与铁勒仆固部——以〈仆固乙突墓志〉为中心》，载氏著《唐代的民族、外交与墓志》，王博译，西北大学出版社，2019 年，第 205—221 页。

3　冯恩学：《蒙古国出土金微州都督仆固墓志考研》，《文物》2014 年第 5 期，第 83—88 页。

4　〔俄〕谢·亚·瓦休金：《契丹古城和日木·登吉与和硕–柴达木碑铭上的托固城——八世纪早期土拉河城市的起源与种族文化属性问题》，陈恩译，《中国边疆民族研究》第 10 辑，中央民族大学出版社，2016 年，第 257—264 页。

致、深入的阶段。

巴彦诺尔壁画墓包含了大量的文化交流因素，对研究草原丝绸之路和唐朝与漠北民族的关系具有重要意义，因此受到国内外学者的高度关注，成为新的热点问题。由于关于巴彦诺尔墓葬研究的主要成果涉及蒙古文、英文、俄文、日文、韩文、汉文等，搜集不易，研读更难，因而相关研究还有不少空白，而各国研究者多对墓葬形制、出土文物独立进行研究，彼此间也有脱节现象。因此，亟须对巴彦诺尔壁画墓及出土文物进行全面系统研究，这样才能在中外学者研究的基础上更进一步，推进巴彦诺尔壁画墓研究向更广阔纵深的方向发展。

蒙古国发现了一枚保存较为完整的玉册，上书"于天下气无"，该句出自白居易所撰《册回鹘可汗加号文》"声有闻于天下，气无敌于荒外"一语。本书主书名"声闻荒外"即取自于此。

巴彦诺尔墓是一座位于漠北草原的关中风格唐朝贵族墓葬，墓中发现了大量陶俑、壁画等初唐风格的文物，同时发现了中亚、拜占庭风格的器物。该墓葬和其他漠北铁勒考古遗址的发现，为唐代北方羁縻府州和草原丝绸之路等的研究提供了新史料。

第一章主要依据巴彦诺尔墓蒙古文考古报告，对巴彦诺尔墓的墓葬形制、壁画、陶俑和木俑以及其他随葬品的基本情况进行详细介绍。

第二章从墓中的随葬俑数量、天王俑高度、三梁冠、镶宝石带具、列戟等角度进行研究，认为巴彦诺尔墓是初唐时期的关中风格贵族墓葬，很可能是唐朝为金微都督仆固歌滥拔延修建的大型墓葬。

第三章从唐朝的视角研究了唐朝羁縻制度下的巴彦诺尔墓。从陶俑、木俑、葬具、墓志立碑、赐物等角度，将巴彦诺尔墓和仆固乙突墓做了对比研究，进而依据巴彦诺尔墓墓道壁画，探讨了羁縻府州的官员设置，最后从列戟的角度探讨了羁縻都督府相关问题。

第四章从草原丝绸之路的角度研究了巴彦诺尔墓中的金币与佛教因素，重点对其中发现的 30 余枚金币及钱币型金片进行了研究。

第五章研究了蒙古国发现的与巴彦诺尔墓、仆固乙突墓同时期的其他唐朝羁縻统治时期遗物，包括西突厥贵族来到漠北草原后刻写的汉文壁记、位于参天可汗道上的唐人题记、思结部卢山都督府首领的石碑、霫部贵族的鱼符以及可以追溯到唐朝羁縻统治时期的城址。

相信通过阅读本书，读者将对巴彦诺尔墓、铁勒及唐朝治下的漠北草原有更为直观的了解。

第一章　墓葬基本情况

在本章中，笔者将主要依据巴彦诺尔壁画墓蒙古文考古报告，较为详细地介绍墓葬形制、壁画、陶俑和木俑以及其他随葬品，并就考古报告中几个未明的问题，咨询了敖其尔等蒙方发掘者。

第一节　墓葬形制

根据考古报告，巴彦诺尔壁画墓地面隆起的封土堆为圆形夯土

图 1-1 巴彦诺尔墓和仆固乙突墓的位置

缓丘，高 4.2 米，底部直径 36 米。墓园围有方形夯土园墙，南北长 200 米，东西长 180 米。南墙开一门，门两旁有明显区别于园墙的一对较高的土堆。从土堆规模来看，园墙门楼原先应当很高。园墙墙壁四角比外墙略高，应为角楼一类的设施。园墙残高平均 0.4—0.5 米，基座经过时间推移已经严重磨损，平均 2—3 米宽。园墙外部有壕沟痕迹的凹陷，其宽度为 2—2.5 米（图 1-2）。

　　该墓葬坐北朝南，为长斜坡墓道天井土洞墓，由墓道、天井、过道、壁龛、甬道、墓门及墓室等部分组成。唐朝的墓葬基本上为坐北朝南，该墓葬的方向符合唐朝的规制。考古报告中提到蒙古国考古学家之所以在封土堆南边找到了巴彦诺尔墓的墓道，一方面是基于 2009 年发掘仆固乙突墓的经验（仆固乙突墓为唐墓，也是坐北朝南）；另一方面，这也符合游牧民的习惯，即在古代游牧民的

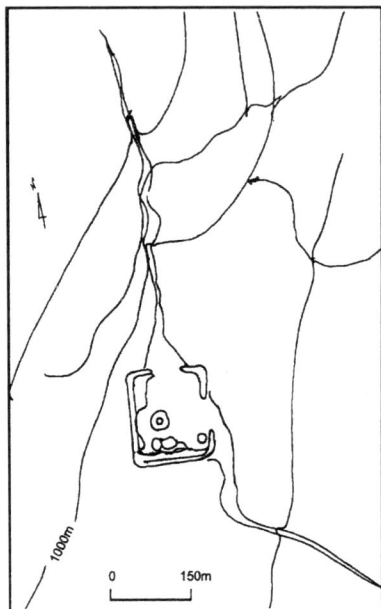

图 1-2　巴彦诺尔墓所在地地形

观念中，南是尊贵的方向。古代游牧民居住遗址的门户向南开的居多。

　　墓道南北长 20.2 米，东西宽 1.8 米。墓道两壁上敷抹一层 0.5 厘米厚的黄土草拌泥，其上涂抹一层白灰，再绘制壁画。过洞共 4 个，为半椭圆形土洞，形制和大小基本相同，高 1.8 米，长 2.4 米，底部宽 1.3 米，腹部宽 0.75—0.8 米。过道内壁涂有黄土草拌泥。天井有 4 个，为长方形竖井土坑，形制基本一致，尺寸稍有不同，长 2.5 米，宽 1.7 米，深 5.7—7.5 米（图 1-3）。距墓道底部 2.6 米的天井四壁均用黄土草拌泥涂抹，自南向北，1 号、2 号和 3 号天井的东、西、北壁及 4 号天井的东、西、北壁均绘制壁画。

　　在 4 号天井底部东西两壁内有 2 个壁龛，为半椭圆形土洞。A

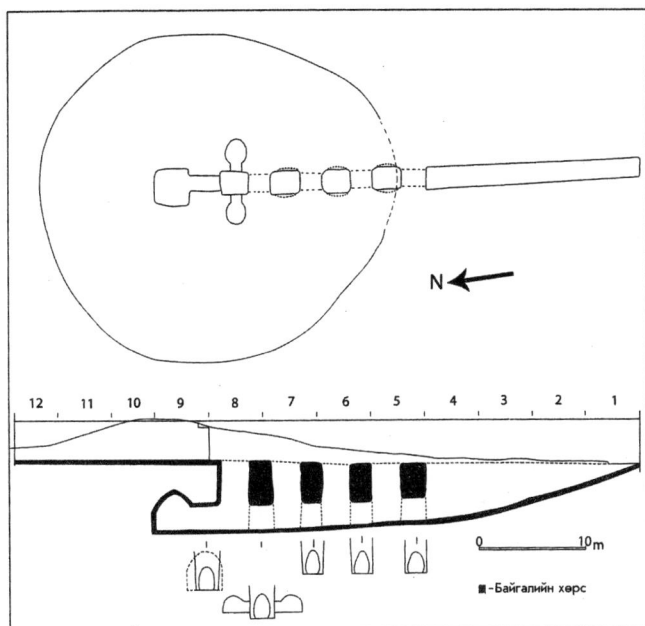

图 1-3 巴彦诺尔墓天井和过洞剖面

龛位于 4 号天井底部西壁内，平面呈椭圆形，直径 1.5—2.0 米，高 1.4 米。龛门为长方形对开式，保存完好，门框长 1.24 米，宽 1.1 米，厚 0.05 米，距墓道地面 0.6 米。门板以 1.1 厘米厚的木板对接而成，向两侧打开，并用三排木钉加固，门板正面饰有红彩，门框与门板四角用鎏金铜合页连接，龛门用鎏金铜锁扣，龛门的两个门板上部、中部、下部粘有很多小的门钉。每个门板上有三行，每行五个。龛门用垒砌的石板封堵。从龛颈处向内继续扩大的空间没有抹泥修整，以原生土为壁。龛内的空间没有修整，仍为生土，因此渗水潮湿，导致严重损坏塌陷。B 龛位于 4 号天井底部东壁内，与 A 龛对称，形制相同，龛门受损。两座壁龛内摆放彩绘男女俑、骑马俑、狗俑、猪俑、驼俑、羊俑等共 114 件。

甬道位于 4 号天井与墓室之间，为弧形土洞，没有壁画，长 2.8 米，宽 1.1—1.4 米，高 2.1 米。甬道两壁及顶部用黄土草拌泥敷抹，其内垒砌数层石块用来封堵墓门。墓门严重损坏，仅存门框，高 2 米，宽 1.2 米。墓的内墙没有修整，以原生土为壁，内室顶部严重塌陷，压在地上。塌陷的时候，甬道的木门和码放的石堆之间涌入泥土，门被压穿。木门板倒入墓内，被泥土严重损坏。然而门框仍然立着，保持原初的状态。门板四角与门框连接的镀金铜合页仍在，此外还有镀金铜锁。门板的木头长时间埋在湿土中，已经朽坏，仅留下朽木的痕迹。墓门部分塌陷的泥土被清除后，门的左右两侧往南各有一个彩色镇墓兽，一个是狮子形态，一个带有鸟喙和偶蹄，墓门内两侧有两个天王俑。这四个陶俑起镇墓作用。

地表 4.2 米高的土丘下，深 7.5 米处为墓室。墓室的墙从底部直着往上约 1.8 米，然后顶部向内收为圆弧形的穹顶。该墓室的墙用草拌泥抹面，用天然颜料绘制了彩色壁画。然而墓室内墙没有像墓道那样精细修整，只是粗略地抹泥。其穹庐顶也未经过修整，并未涂抹白灰（图 1-4）。

墓室西部铺有 5 厘米厚的木板，其上放置一具大木棺。木棺可能有数层。因为被顶部塌陷的土埋住，木棺严重损坏。清理之后可见木棺长 2.3 米，南侧宽 85 厘米，北侧宽 40 厘米（图 1-5）。外面的椁已不可见。棺椁为木制，以榫卯结构组装，用铁钉固定。

木棺中有一个 80 厘米长、35 厘米宽的木匣。将木匣清理之后，里面有一个丝绸制作的袋子，装着残碎的骨头。这明显是早期游牧民族火葬葬俗的遗存。但根据蒙古国考古学家的最新鉴定，

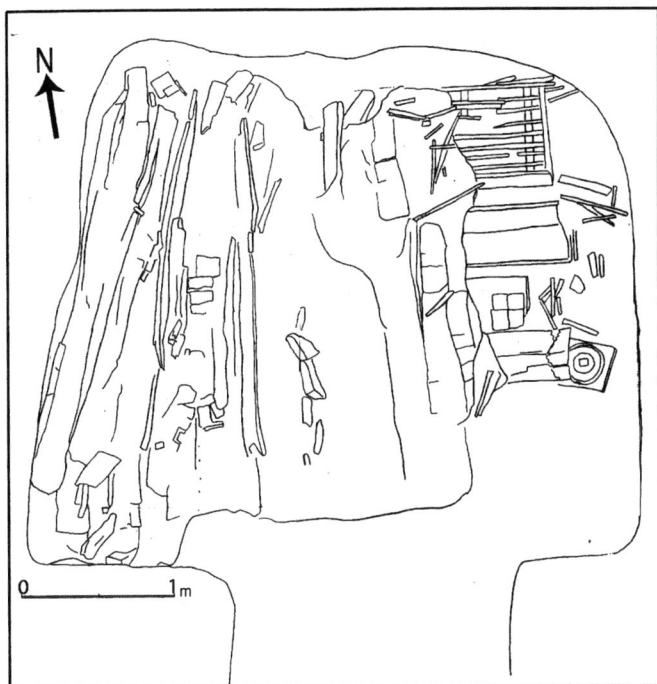

图 1-4　墓葬内部的木棺和台阶（清理之后）

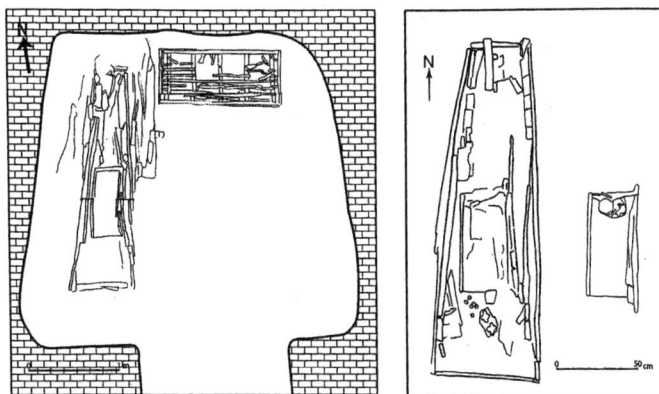

图 1-5　墓室内部

这些骨头为羊骨。[1] 木匣表面覆盖着织金锦，虽然被顶棚塌陷的泥土所埋，但木匣的尺寸和形状仍很清楚。如图 1-5 所示，木匣右下角有 1 件带布绳的金扣子，2 件木头上镶嵌的金饰物。该饰物在装骨头的木匣南侧发现，推测原本可能是木匣的装饰。除木匣外，木棺中尚有两个丝绸袋：其中一个位于北侧，里面是金器；另一个位于南侧，装有金币。木棺周围发现了陶器、木器、铁器和纺织品。墓室北侧铺放一个长方形木质供台，其上摆放各种供品，包括木雕的马、骆驼、车等。[2]

第二节　壁画

　　巴彦诺尔墓壁画分布在墓道东西两侧、墓道和天井北壁、天井东西两侧、龛壁侧墙以及墓室内墙，共 40 余幅。除个别损毁外，基本保存完好。绘制壁画时，画师先把墓道和墓室的原生土壁用草拌泥打底，上涂一层白灰抹平，然后用红色、蓝色、黄色的天然颜料绘制。

1　Батболд, *Мартагдсан Пугу Аймаг*, Улаанбаатар, 2017, p. 16.

2　对墓葬的介绍，综合参考了巴彦诺尔墓的考古简报、考古报告和彩图图录，见 А.Очир, Л.Эрдэнэболд, С. Харжаубай, Х.Жантегин, *Эртний Нүүдэлчдийн Бунхант Булшны Малтлага Судалгаа*, Улаанбаатар, 2013；〔蒙〕阿・敖其尔等：《蒙古国布尔干省巴彦诺尔突厥壁画墓的发掘》，萨仁毕力格译，《草原文物》2014 年第 1 期；А.Очир, Л.Эрдэнэболд, *Эртний Нүүдэлчдийн Урлагийн Дурсгал*, Улаанбаатар, 2017.

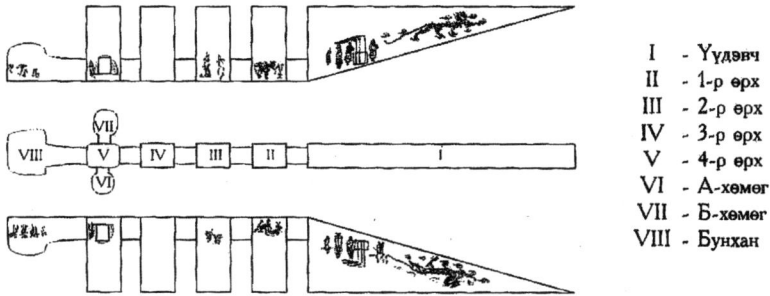

图 1-6　墓葬壁画位置示意图

　　根据图 1-6 中壁画分布位置并结合考古报告中对壁画内容的描述，列表如下（表 1-1）。

表 1-1　巴彦诺尔墓壁画分布与内容

壁画位置	壁画内容
I - 墓道东壁	青龙、人物列戟（4 人，3 杆列戟）
I - 墓道西壁	白虎、人物列戟（4 人，3 杆列戟）
I - 墓道北壁	庑殿式楼阁（上有一行人字形大雁）
II -1 号天井东壁	突厥人备马
II -1 号天井西壁	胡人备马
II -1 号天井北壁	莲花
III -2 号天井东壁	男侍、女侍各一位
III -2 号天井西壁	男装女子、女侍各一位
III -2 号天井北壁	兽面
IV -3 号天井东壁	男侍、女侍各一位，以及一条犬
V -4 号天井东壁（龛壁侧墙）	男侍两位
V -4 号天井西壁（龛壁侧墙）	男侍两位
V -4 号天井北壁	庑殿式楼阁
VIII - 墓室	树下人物屏风画（可见 7 幅，疑 3 男 4 女）

资料来源：A.Очир, Л.Эрдэнэболд, С. Харжаубай, Х.Жантегин, *Эртний Нүүдэлчдийн Бунхант Булшны Малтлага Судалгаа*, Улаанбаатар, 2013, pp.33-48.

以下详述每幅壁画的内容。

一　墓道西壁壁画

墓道西壁上第一幅壁画是白虎（图 1-7）。长 7.8 米，高 1.8 米，右侧的前后脚向前迈出，姿态稳健高傲，绘制了从口中出现的火的纹样。四足下绘云纹，似乎在云上行走一般。虎背和尾巴上方也绘有云纹。虎爪为三趾，颈部有像是宝石项链的图样。

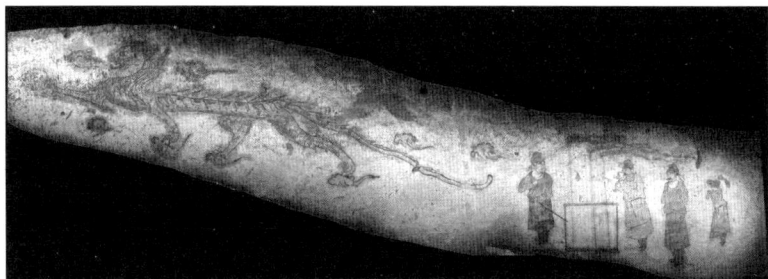

图 1-7　墓道西壁白虎

距白虎尾巴 20 厘米处绘有直立男性人像。他身高 153 厘米，衣服为深红色，头戴前踣式幞头[1]，浓眉，胡须浓密，身穿圆领长袍，系腰带，佩长剑。他右手握拳，手臂弯曲向内放在身前，左手握剑，上身向后半侧着，左右肘之间 62 厘米。人像手腕的衣袖处绘制了许多褶皱，非常细致，但手只描画了大概轮廓。脚上穿着鞋，也只是轮廓，然而袍子的下摆衣襟则描绘细致。

1　服饰、妆容的具体名称参考了孙机先生的研究，见孙机《华夏衣冠：中国古代服饰文化》，上海古籍出版社，2016 年。

图 1-8　墓道西壁人物、列戟

　　接下来是西壁的列戟图。这幅画距离前述人物图约 16 厘米，
绘制着固定在戟架上的列戟，列戟上多面旗帜飘扬。旗杆底部的戟
架高 81 厘米，长 100 厘米。在这个物体上固定着三杆列戟。给这
三杆戟依次编号，一号戟高 176 厘米，旗面宽 10 厘米、长 30 厘米，
带着两条穗，上方的穗长 68 厘米，下方的穗长 65 厘米，绘制成迎
风飘扬的样子。旗杆顶端画着三叉戟的形状，在三叉戟之下画着旗
幅。二号戟高 170 厘米、宽 2 厘米，旗面长 40 厘米、宽 7 厘米，有
两条穗，上面的旗穗长 59 厘米，下面的旗穗长 64 厘米，旗子迎风
飘扬。三号戟比一号和二号戟矮，高 164 厘米，平均宽 2 厘米，顶
端同样画着三叉戟的形状，其下 44 厘米长、8 厘米宽的旗幅迎风飘

扬，旗子有两条穗，上面一条长 104 厘米，下面一条长 102 厘米。一号、二号戟间隔 23 厘米，三杆戟从前往后依次排列。

第四幅画距戟架 14 厘米，画着一个站在旗下、弯着腰的男性官员，两手在胸前，手持笏板。他身高 144 厘米，穿着宽大的青色长袍，腰上系着腰带，长袍左侧和前方有 7 条挂箭囊的皮带。嘴边和下颌有稀疏的胡子，圆脸。这位官员的头发盘在头顶，戴着有两条垂脚的前踣式幞头。他将笏板举在面前，正在对着南面的列戟行礼。右手手肘、脚附近的颜料脱落。衣袖从肘部往前逐渐变窄。

第五幅画在第四幅画后方 26 厘米处，画中人物双手放在胸前，是正在行礼的男性形象。高 163 厘米。这个男性形象头发盘在头顶，戴着有两条垂脚的前踣式幞头，长着浓密的八字胡，下颌胡须稀疏，浓眉，穿红色圆领宽大长袍，系着挂皮带的腰带，腰带上有一些垂饰。长袍下襟往下是穿高筒靴的两只脚。袍袖、肘腋、下襟处细致描绘了衣褶。所绘人像穿的袍子是右衽。

第六幅画在第五幅画后面约 30 厘米处，是站着的男性形象。穿着圆领右衽长袍，系着腰带，腰带上有一些垂饰。这幅画比前面两幅画尺寸要小，高 108 厘米，袍摆处宽 43 厘米，看上去比较矮小。他戴着有两条垂脚的前踣式幞头，两手在身前交握作揖。因为面部的泥土脱落，无法确定细节。长袍下方左脚微微向前迈出，似乎踩在右脚上，穿着长靴。袍袖从肘部往前逐渐变窄，绘制了很多褶。

这面墙上描绘的四个人站成一列。从第一个人到第四个人全长 3.7 米。

二　墓道东壁壁画

墓道东壁第一幅壁画基本完整，主体图案为飞翔在云雾之中的青龙（图1-9），龙头向南，张嘴吐舌，嘴前饰火龙珠，围绕龙身饰几朵祥云纹。长7.56米，高1.8米。

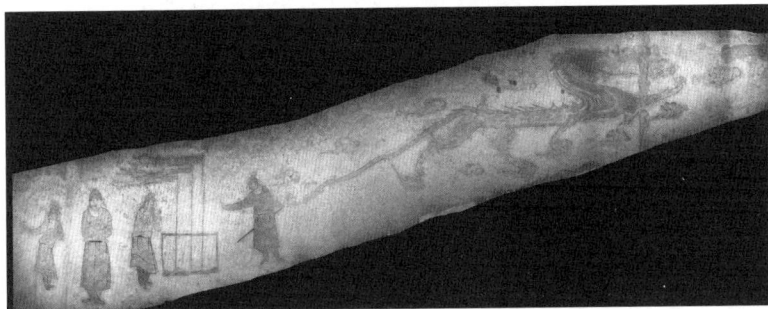

图 1-9 墓道东壁青龙

接下来是一名唐朝官员，他头戴前踣式幞头，身着大红色圆领长袍，腰束黑色细带，胯佩长剑，左手握剑柄，右手指向右边的列戟，衣袖上绘制了许多褶皱，非常细致，高142厘米，宽110厘米。

列戟图，位于东壁第一幅人物画北侧。地上置一长方形戟架，其上插立三杆长戟，戟头系有长条状旌旗，迎风飘扬。戟架长92厘米，高60厘米，三杆列戟自南向北分别高180厘米、160厘米、150厘米，宽2厘米。

接着是第二个人物（图1-10），位于列戟图北侧，头戴幞头，身着青色圆领长袍，圆脸浓须，身略前倾朝向列戟，双手抱拳置于胸前，呈向旌旗膜拜状。

第三个人物位于第二人右侧，头戴前踣式幞头，身着红色圆领长袍，圆脸，八字胡，直立并凝视前方，双手置于胸前，呈施礼状，高170厘米，宽52厘米。

图 1-10　墓道东壁人物、列戟

第四个人物位于第三人右侧，头戴幞头，身着青色圆领长袍，左手置于胸前，右手弯曲指向右上方，上身前倾，高 123 厘米，宽 40 厘米。

三　墓道北壁壁画

墓道北壁的楼阙图（图 1-11），位于第一个过洞之上。方形底座，其上为四柱庑殿式楼阁，两扇木门四角相互用直线连接。楼阁正中间是朝南的大门。门上有六排、每排八个泡钉，用黑点表示，门两侧各设一竖条窗。围绕建筑设一周回廊，回廊的栏杆上挂着下垂的饰物。门下方台阶两侧也有垂饰。这些流苏垂饰在门的两侧各有一个，在左右回廊上各挂着四个。屋脊两端设鸱尾，鸱尾上方站立两只鸟。楼阁上方画出两排共 12 只鸟，疑为大雁，呈人字形排列。底座宽 1.42 米，高 1.83 米。

在墓门上部放置门楼的做法自汉朝开始就有，早期以砖砌为主，直到南北朝晚期，才开始出现壁画形式的门楼。九原岗北朝壁画墓门上方的楼阙图是目前发现最早的楼阙图，而在关西地区，以壁画形式在过洞上方绘制楼阙则以李贤墓和叱罗协墓为最早。

根据笔者统计，目前发现的墓葬中，楼阙图绘于过洞上方的有北朝末年的九原岗壁画墓，北周李贤墓（569 年）、叱罗协墓（574年），隋代潼关税村墓（604 年）、史射勿墓（610 年），唐李寿

图 1-11　墓道北壁楼阙

墓（631 年）、长乐公主墓（643 年）、韦贵妃墓（665 年）、慕容智墓（691 年）、懿德太子墓（705 年）、永泰公主墓（706 年）、韦洞墓（708 年）、节愍太子墓（710 年）、让皇帝李宪墓（741 年），共十四个。

笔者认为，唐墓中的楼阙很难单独进行分析，与墓葬中的壁画、陶俑整体结合起来看，我们会发现墓葬中的楼阙图与现实中的城门、宅门有关，在后文对列戟图的研究中，笔者将结合楼阙图进行详细分析。

四　天井壁画

1 号天井东西壁备马图，对称分布。东壁备马图（图 1-12）的人像为圆脸，头发散开披在左肩上，衣袖卷至肘部。右肘弯曲，左手垂下，牵着马的缰绳。衣袖和衣襟带双层斜边，圆角下摆。嘴唇上方画着小胡子，一只眼睛不太清楚。站着的人像高 85 厘米，宽 40 厘米。腰带上插着一条 26 厘米长的皮鞭。该人像的头发、眼睛、眉毛、嘴、腰带和鞭子的部分用黑色突出描绘，躯干用黑色画出轮廓，裤子的部分用红色颜料涂色。衣襟是白灰色。人像前方描绘的是鞍辔齐全的一匹马。马高 116 厘米，长 138 厘米，这匹马高大健硕，有经过人工修整的鬃毛，尾巴稀疏、稍微上翘、中间捆扎。马衔、缰绳都画得很清楚，旁边站着的人握着缰绳，驭马缰挂在马鞍前桥上。马鞍的鞍桥低缓，有几层障泥，障泥边上似乎装有环形双重饰件。马鞍旁画着马镫。马胸部的攀胸、臀部的鞧带，用细线条描绘出来。鞍鞯为圆角短鞯，马镫垂在鞍鞯下方。马鞍的鞍带描绘明显。

西壁备马图（图 1-13）中人物穿着敞襟三角领的及膝长袍，衣

图 1-12　1 号天井东壁胡人备马图

袖卷至肘部，卷起的部分有许多衣褶画在袖上。他戴着一顶平顶、双层斜边、前面有三角形装饰的帽子，帽不及耳，很小。及膝的宽筒长靴鞋尖微微翘起。该人物右手握拳，从肘部弯曲举起，左手伸直握着马缰，按现实方向面向西边。该人物圆脸，浓眉大眼，无须，两耳画得很清楚。衣服外面系着黑色的细腰带。马站立着，头部微微下垂，尾巴上翘直立、稀疏粗短。这匹马被修剪过的鬃毛直立着，鬃毛之间有小小的锯齿状缝隙。马鬃往下的毛整齐地垂下来。这匹马鞍辔齐全，驭马缰系在马鞍前桥上，辔头的扣绳很清楚，但辔头不明显。马鞍的鞍桥低缓，鞍座宽大，红色鞍垫，低矮的鞍桥有半圆形的鞍鞴，鞍鞴一周有流苏装饰，双层镶边。马腹下方似乎可见挂着马镫的皮带，但马镫已看不清楚。马的胸部细致描绘了攀胸，臀部的鞦带也清晰地描绘出来。马的右后腿略微向前，脚踵处弯曲，两条前腿像嵌在地上一样站着。马的身体和马鞍的鞍

图 1-13　1 号天井西壁胡人备马图

垫涂成红色，用黑色勾边。鞍鞯和障泥有图案，还有毛绒绒的流苏装饰。这幅壁画长 230 厘米，高 130 厘米。人高 120 厘米，两臂之间的宽度为 62 厘米。马高 130 厘米，长 172 厘米。

北朝以来，墓葬壁画中已出现胡人备马图，唐墓中胡人备马壁画更为普遍，关中地区的贵族墓如李寿墓、新城长公主墓、韦贵妃墓、永泰公主墓、懿德太子墓、苏君墓，固原的梁元珍墓，山西太原的唐墓等墓中均有发现。唐朝的胡人备马图与前代相比有很大变化，大多位于墓道或天井，更加注重礼仪的表现。但从图像学的角度看，目前没有发现两幅完全一致的。[1] 可见虽然胡人备马在唐墓中成为范式，但具体的图像绘制与画师参考的不同底稿粉本有很大

---

[1]　申秦雁：《唐永泰公主墓壁画〈胡人备马图〉及相关问题》，《乾陵文化研究》（四），三秦出版社，2008 年，第 70—71 页。

关系。

　　巴彦诺尔墓的胡人备马图位于天井中，符合唐墓中壁画的范式。而这个范式的形成，可能与现实中的养马人多为胡人有关。20世纪80年代，在固原发现了"史氏家族"（史射勿、史索严、安娘、史诃耽、史铁棒、史道德）墓，其墓志涉及粟特人固原史射勿一族在唐初及高宗时期对唐军马饲养业的贡献，业师李锦绣曾撰文详细考释史诃耽与唐初马政的关系，让我们详细了解了西域马和胡人在马政中的作用。《唐会要》载突厥马"技艺绝伦，筋骨合度，其能致远，田猎之用无比"，[1] 在唐初攻灭突厥之后，可以想见，有大量突厥马和驯养突厥马的突厥人进入中原，开始为唐朝服务。[2] 从另一个角度来看，在巴彦诺尔墓壁画中，西壁上的牵马人更接近传统意义上的"胡人"，他的帽子为平顶胡帽，与陕西历史博物馆藏胡人俑（图1-14）的帽子非常相似。但东壁上的牵马人，从发型和服饰来看并非胡人，而更像是突厥人。这两幅独特的备马图壁画在符合丧葬制度的同时，也反映了墓主人的现实生活。与墓

图1-14　胡俑头部（陕西历史博物馆藏）

1　（宋）王溥：《唐会要》卷七二《诸蕃马印》，上海古籍出版社，2006年，第1547页。

2　李锦绣：《史诃耽与唐初马政——固原出土史诃耽墓志研究之二》，《欧亚学刊》第10辑，中华书局，2012年，第261—276页。

中出土的金器和金币一样，这两幅图可能代表着墓主人与突厥、粟特之间的联系。

俄罗斯学者认为，马在突厥人葬礼中起到运输的功能，是逝者过渡到另一个世界中的运输工具。[1] 考古报告中也提到，上面这两幅壁画，仔细观察的话，与墓道部分相比，人和马的比例略微失调，可能与墓道部分是不同的画家分别绘制的。[2] 因此，这两幅特别的胡人备马图，有可能参考了墓主亲属的意见。

1号天井北壁，有莲花图1幅（图1-15）。轮廓与花茎施以

图1-15　1号天井北壁莲花

黑色，花瓣与花叶染以粉红色，画幅通高1.95米，宽1.5米。花朵以缠枝卷草相连，从底部开出一朵五瓣莲花，这朵五瓣花左边又开出五瓣花，向右也分出五瓣花，同时主茎上再开出五瓣花朵。花的主干部分生出三朵红色的花，周围环绕着白色的花，每朵花都分为三支，其上红色、白色莲花

1　〔俄〕尼古拉·斯热金：《蒙古中世纪早期突厥人的葬俗》，权乾坤译，《北方民族考古》第6辑，科学出版社，2018年，第195页。

2　А.Очир, Л.Эрдэнэболд, С. Харжаубай, Х.Жантегин, *Эртний Нүүдэлчдийн Бунхант Булшны Малтлага Судалгаа*, Улаанбаатар, 2013, p.43.

成对生长。莲花卷草中间，是为摩尼宝珠。

2号天井东壁，有男女侍各一位（图1-16），相隔不远。男侍头戴长脚罗幞头，没有胡须，手指着墓门方向，似在指引，与关中壁画中的宦官形象相似；女侍发型为初唐式高髻，额头贴有三叶形红色花钿，与张萱《捣练图》中女性额头花钿形状相似。女侍蛾眉樱目，朝男侍方向微笑，面部表情生动。上身穿红色圆领低胸上装，下身穿绿色长裙，两手在身前交握，微微鞠躬。

2号天井西壁，有男装女子和女侍各一位，紧挨在一起（图1-17）。男装女子正面朝向，头戴顺风幞头，阔眉，点朱唇，身穿翻领长袍，画幅明显大于身边的女侍。身边的女侍发型为初唐式高髻，额头有三叶形红色花钿，蛾眉樱目，侧身朝男装女子方向，面部表情漫漶不清。上身穿红色低胸上装，双手置于胸前，呈

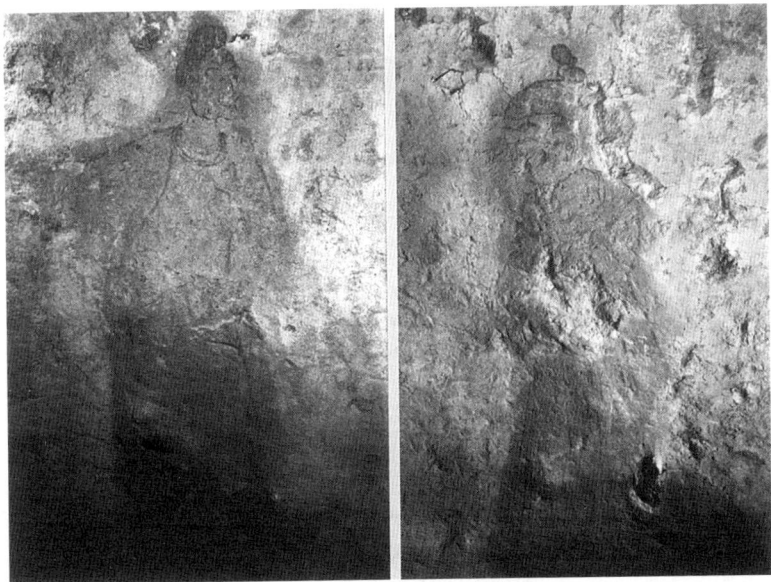

图1-16　2号天井东壁男女侍

图 1-17　2 号天井西壁男装女子和女侍

施礼状，下身着长裙。女装男子左边原本可能还有一个形象，但已损毁。

　　考古报告中将左边的人物形象判定为男侍，在之前的研究中也没有研究者对此提出过异议，笔者认为其为着男装的女子形象。男装女侍在唐墓壁画中屡见不鲜，笔者判断左边的形象为女扮男装，首先是因为其与身边的女侍离得太近，此外，男装人物点朱唇、脸上有妆这些特点，均在其他唐墓壁画男装女侍图中出现过。将武惠妃墓中的男装女侍壁画（图 1-18）与之对比，武惠妃墓的两个男装女侍同样紧靠在一起，脸上有妆且涂了唇彩。由此可以直观地判断出巴彦诺尔墓 2 号天井西壁中与女侍紧靠在一起的人物，亦为男装女侍。

　　2 号天井北壁，绘兽面图（图 1-19）。主色调为蓝色，双耳、

鼻子、嘴巴为红色，畏兽双
角弯曲，鼻梁高耸，眼部有
高光，炯炯有神。张着血盆
大口，虎牙尖利，十分骇人。
面部绘制出肌肤的细腻质感，
褶皱明显，明暗分明。耳朵
似从眼球底下向两边伸出，
胡须向下方左右两边蔓延舒
展，满脸鬃毛，纷纷向斜上
方伸展。

　　3号天井西壁及北壁壁画
已毁，东壁有一位男侍、一位
女侍和一条犬，二人穿着红色
长袍，一人戴着红色帽子，另
一个人没有戴帽子。第一个是
站立男性，左手举起，右手伸
开。人脸略有些模糊，头微微
向右偏，眼睛看着狗，袍子外
面有一条窄腰带，腰带上挂着
一些坠饰。他腿部和袍子的部
分因泥土大量脱落而受损。现
在能辨识的部分高91厘米，
宽26厘米。第二个人在第一
个人后方50厘米处站立，似
乎是女性。壁画严重损坏，大
体而言，穿着长袍，身体略微

图1-18　武惠妃墓男装女侍壁画

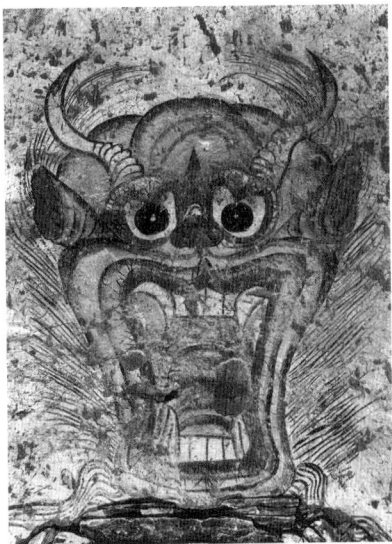

图1-19　2号天井北壁兽面

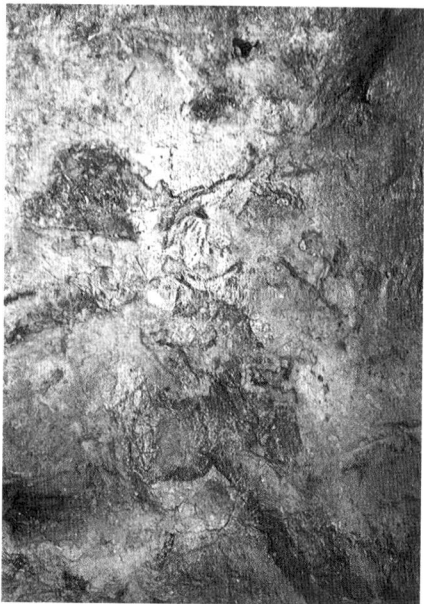

图1-20　3号天井两人中间的犬

朝向右侧，但头部转向左侧，微微向前看着坐在她面前的狗。这个人高100厘米，宽26厘米。她的脚上穿着脚尖微微翘起的长靴。面部和服饰已经不太清楚。两个站着的人中间有一只朝前看的狗，这只狗蹲坐，宽大的耳朵外翻，窄鼻子，身体小巧，尾巴细长，尾巴尖向上，像是一条猎犬（图1-20）。这只狗坐着，头略宽，往前伸开前腿直立着，面向南方看着主人的方向。狗为灰色，头部未施彩，高60厘米，从尾巴到鼻子长42厘米。

4号天井东西壁侧龛边各存两男侍（图1-21）。东侧小龛门的左边画着一个男侍，穿着长袍，戴着黑帽子，双手放在身前站着。袍摆、胸部、脸部严重损坏，因为颜料脱落无法确定细节。壁画高86厘米，袍摆部分宽22厘米。东侧小龛右边墙上画着一个人往自己北边（即墓室方向）看过去，微微弯腰，双手在身前交握行礼。他戴着黑色帽子，穿着黑色长袍。壁画高84厘米。腿部已经看不到了。西侧小龛前方墙上画着一个穿着黑色宽大长袍的男侍，由于受损，只保留了袍摆部分。尺寸大约是34厘米。西侧小龛后方墙上画了一个穿着红色长袍站立的男侍，戴着黑色帽子，双手在身前交握行礼。这个人在朝前方看。高106厘米，袍摆部分宽26厘米。这几个男侍均头戴长脚罗幞头，眼睛旁边有鱼尾纹，可能表示他们年龄较大。考古报告中认为，因为可以绘画的面积比较小，所以与其他的壁画相比，这几个人物形象也比较小。实际上，这些壁画中出现的男侍、女侍形象相对壁画中的官员形象来说均偏小，说明大小表示的是等级高下的差异。

4号天井北壁绘楼阙图（图1-22）。建筑高101厘米，底座宽110厘米，屋顶宽94厘米。这座楼阁建筑屋顶左右绘两鸱尾，以竖直线条装饰，两侧屋檐向上翘起。中间两扇往两边打开的门上有六排、每排八个泡钉，门关闭着，上面上锁。建筑的回廊和木结构主梁用鲜明的红色颜料描画。回廊正面两边，右侧有6根木栏杆，左侧有5根木栏杆。回廊部分以木制榫卯结构的形式描画，因底部脱落，无法描述所描绘的样式，回廊的左右上三面都描绘为木制榫卯结构。门上方多处脱落。该建筑下宽上窄，描绘屋顶的板瓦、瓦当

图1-21　4号天井西壁侧龛两男侍

图 1-22　4 号天井北壁楼阙

线条明显。建筑的屋顶用黑色，大门的泡钉也用黑色，其他部分都用红色颜料绘制。该图像与墓道北壁楼阙图基本一致，不同点是楼阙上方没有绘制人字形大雁，鸱尾上站立的鸟也消失了，且建筑的所有线条均以红色绘制。

五　墓室壁画

在墓室中，画师围绕墓室墙壁，绘制了一圈树下人物屏风图（图 1-23）。墓室墙壁是不适合画壁画的岩石土层，表面不平整，因此用黄泥抹平，涂上白灰作为底色。墓室内的壁画绘制技巧粗疏，应该是匆匆画成。色彩方面，用黑色勾勒轮廓，红色和黑灰色涂色，一个人旁边画一棵树。用红色绘制屏风边框，每幅画面由一棵树及旁边的人组成，并以浅红色方形条框相隔，形成 7 合屏风，全长 7.2 米。人有三男四女，姿态各异，部分画面脱落严重，无法辨认。

考古报告给墓室人物画像依次做了编号。

1 号是一名穿着红色长袍戴着黑帽子的男性，面部、手、胸部因为破损细节已经不清楚。人高 84 厘米，衣襟部分最宽处 32 厘米。人物的动作和面容无法确定。头部上方好像用红色颜料画着云。他的左边 18 厘米处有一棵茂盛的树。树只画了轮廓，有很多枝杈。高 85 厘米，宽 10 厘米。因为墙上抹的泥大量脱落，因此这幅壁画损毁严重。

2 号是一名穿着红色长袍戴着黑色帽子的男性。人的面貌很清楚，长着圆脸，戴着尖帽子，穿长袖袍子。画高 95 厘米，衣襟部分宽 25 厘米。该人像作抬起右手状。在距他的右手 28 厘米处有一棵茂盛的树，长着很多枝杈。树高 112 厘米，宽 29 厘米。人物头上方画着云。

3 号是一名女性。她的头发在头顶梳成直立的发髻，穿着黑灰色、红色的长裙。在距离 2 号壁画 80 厘米处。她的左边有一棵茂盛的树，画得非常简单。树高 50 厘米，宽 21 厘米。此人圆脸，穿着圆领长袍，两手在身前交握弯着腰。人高 96 厘米，衣襟宽 45 厘米。左手边的树上方用红线画着云。

4 号是一名女性，头顶梳着直立的发髻，穿着宽大长袖的黑色长袍。两手在身前交握，袖子交叉，微微前倾。腿没有被画出来。这幅画距离 3 号壁画 12 厘米。人高 106 厘米，衣襟宽 30 厘米。她的右边有一棵茂盛的大树。树高 90 厘米，宽 53 厘米。与 1—3 号壁画相比，4 号壁画中的这棵树画得更写实、更精巧。

5 号是一名男性，穿着有圆立领的红色衣服，戴着黑色帽子，两只手在胸前交握祷祝。没有画脚，简绘袍襟和袖子。他站在一棵高大茂盛的树下，人高 96 厘米，衣襟宽 40 厘米。树在他的右侧，高 110 厘米，上方有用红色颜料画的云。

6 号是一名女性，头发在头上梳成发髻，穿着有长长的红色袖子的黑色衣服。两手在身前交握行礼。衣襟往下没有被画出，未绘制腿部。左侧的耳、眼、鼻、嘴大致被画了出来。人高 84 厘米，宽 32 厘米。人物左侧有一棵大树，树高 106 厘米，宽 76 厘米。画面左上部用红色图案来表现云。5 号和 6 号壁画之间相隔 12—15 厘米。

7 号是一名女性，比其他人略小，仅绘制了轮廓。发髻在头上竖着，穿着带白色袖子的红色长裙。手在前方交握，站在一棵茂密的树下。人高 53 厘米，衣襟宽 20 厘米。人的右手边有一棵有很多枝杈的树。树高 66 厘米，宽 32 厘米。7 号壁画距离 6 号壁画大约 10 厘米远。

关于树下人物屏风画，张建林做了较为深入的研究。据他统计，当时发现的唐代壁画墓共 90 余座，其中有 20 座以上有屏风画。屏风画主要集中在陕西关中地区，此外还有山西太原以及新疆吐鲁番阿斯塔那墓葬。其中，树下侍女图主要分布在关中地区。这些唐墓屏风画的设置完全模拟自现实生活，其中，棺床象征生前的卧榻，不少棺床侧面仿实物雕出壶门，而屏风画恰好就绘在棺床的后壁或后、左、右三面壁。关中唐墓棺床设于墓室西侧，屏风图就绘在整个墓室西壁和棺床的南北壁，反映了唐墓壁画主要表现的是卧榻之后或之周的屏风。[1] 巴彦诺尔墓中棺椁也放在墓室西侧，通过发掘现场图可知，壁画主要绘于西壁，可见主墓室中的布局和壁画符合初唐关中地区的习惯，表现的是墓主人卧榻之后的屏风。

1　张建林：《唐墓壁画中的屏风画》，《远望集——陕西省考古研究所华诞四十周年纪念文集》，陕西人民美术出版社，1998 年，第 726—727 页。

图1-23　墓室树下人物屏风图（局部）

第三节　陶俑和木俑

　　唐代法律对随葬品有明确的规定，"王公以下，送终明器等物，具标格令，品秩高下，各有节文"。[1] 因此，作为唐墓的巴彦诺尔墓中的随葬俑也应该是按照唐朝墓葬制度制作的。这些随葬俑与关中地区的随葬俑有一些不同，除制作较为粗糙之外，最重要的是制作

───────────

1　《唐会要》卷三八《葬》，第810页。

技法和材质不同。巴彦诺尔墓中的随葬俑为用细泥制作刷上彩绘的陶俑，这与关中墓葬中常见的带釉陶俑不同，但和仆固乙突墓中的情况一致。蒙古国学者检测陶俑中的土壤发现，这些陶俑的材质与墓葬附近的土壤一致，因此判断墓中的陶俑是在墓葬附近制作的。[1] 唐墓中的陶俑是易碎品，难以长途运输，因此在墓葬附近就近制作是唯一的选择。但这种临时搭建的作坊制作出的陶俑，很难像长安附近烧制出的带釉三彩俑那样精美。

巴彦诺尔墓中的陶俑大多发现于两座壁龛内，壁龛内摆放有彩绘男女俑、骑马俑、狗俑、猪俑、驼俑、羊俑等。在 A 龛中发现立俑 49 件，羊俑 1 件，鸡俑 1 件，狗俑 1 件，猪俑 1 件，骑马俑 6 件；B 龛发掘出立俑 41 件，驼俑 1 件，骑马俑 12 件。共计 114 件。[2] 但考古简报的统计有误。

接下来通过列表将墓中的陶俑按种类进一步细分（表1-2）。

表1-2　墓中陶俑情况

陶俑种类	数量（个）	高度（厘米）
天王俑	2	66，59.5
镇墓兽	2	30.5，35
甲骑具装马	2	14.5
枣红马	1	14.5
站立风帽俑	36	23.3

1　感谢巴图宝力道告知，又见 Jonathan Karam Skaff, "The Tomb of Pugu Yitu (635-678) in Mongolia: Tang-Turkic Diplomacy and Ritual," *Competing Narratives between Nomadic People and their Sedentary Neighbours*, Algyő, 2019, p. 301。

2　А.Очир, Л.Эрдэнэболд, С. Харжаубай, Х.Жантегин, *Эртний Нүүдэлчдийн Бунхант Булшины Малтлага Судалгаа*, Улаанбаатар, 2013, pp.25-27；〔蒙〕阿・敖其尔等：《蒙古国布尔干省巴彦诺尔突厥壁画墓的发掘》，萨仁毕力格译，《草原文物》2014 年第 1 期，第 14—23 页；А.Очир, Л.Эрдэнэболд, *Эртний Нүүдэлчдийн Урлагийн Дурсгал*, Улаанбаатар, 2017, p.232.

续表

陶俑种类	数量（个）	高度（厘米）
侍女俑	14	24
文官俑	40	23.1
一般骑马俑	11	25.5
骑马伎乐俑	4	25
羊俑	1	8.3
鸡俑	1	7.8
猪俑	1	4.7
狗俑	1	5.4
驼俑	1	17.6
总数	117	/

资料来源：A.Очир, Л.Эрдэнэболд, С. Харжаубай, Х.Жантегин, *Эртний Нүүдэлчдийн Бунхант Булшны Малтлага Судалгаа*, Улаанбаатар, 2013, pp.52-149；〔蒙〕阿·敖其尔等：《蒙古国布尔干省巴彦诺尔突厥壁画墓的发掘》，萨仁毕力格译，《草原文物》2014 年第 1 期，第 20—22 页；A.Очир, Л.Эрдэнэболд, *Эртний Нүүдэлчдийн Урлагийн Дурсгал*, Улаанбаатар, 2017。

　　根据考古简报，墓道两侧的壁龛和墓室内共发现 121 件陶俑。[1]
除壁龛中的 114 件外，还有天王俑和镇墓兽共 4 件，分列门的左右两侧，起镇墓作用。根据目前的了解，除这 4 件陶俑之外的所有陶俑均发现于两个侧龛。但笔者发现，中译本的简报和考古报告中的数据有出入，2014 年的中译本简报中说壁龛中共有 114 个陶俑，且有陶鸡、陶鸟，但 2013 年的考古报告描述陶俑具体位置时，未提到这两种陶俑。在 2017 年的图录中，我们找到了陶鸡，但不知道具体位置，不过图录中没有发现陶鸟和陶牛，根据考古现场图片和 2017

---

[1]　〔蒙〕阿·敖其尔等：《蒙古国布尔干省巴彦诺尔突厥壁画墓的发掘》，萨仁毕力格译，《草原文物》2014 年第 1 期，第 20 页。

年的图录，笔者发现壁龛中还有 4 个木俑，但考古报告中未提及，因此可知是被误统计在立俑中了。笔者最终统计，两壁龛中的陶俑总数应为 113 件，加上 2 个天王俑和 2 个镇墓兽，总数应为 117 件。而考古简报中统计总数为 121 件，可知剩下的 4 件，就是壁龛中的 4 个木俑。这 4 个木俑为文官俑，制作风格与墓室内的木俑完全不同。可能是陶俑制作完毕后发现问题，为了符合制度临时补做的，应该可以算在文官俑的统计之中。所以文官俑的最终数量应为 44 个，共计 121 件。

此外，巴彦诺尔墓中出土了一些独特的木俑。根据考古报告，这些木俑均在墓室中发现。虽然墓中发现的木制品数量不多，但制作工艺复杂多样。墓葬的主墓室中出土木制品共 12 种，[1] 约 20 件，包括女侍、胡人以及迦陵频伽、青龙、白虎、朱雀、玄武等神兽，还有马和水鸟等动物。这些雕像制作非常精美，外面涂有艳丽的彩色颜料。

《唐六典》记载："（甄官署）凡丧葬则供其明器之属，别敕葬者供，余并私备。三品以上九十事，五品以上六十事，九品已上四十事。当圹、当野、祖明、地轴、鞦马、偶人，其高各一尺；其余音声队与僮仆之属，威仪、服玩，各视生之品秩所有，以瓦、木为之，其长率七寸。"[2] "以瓦、木为之"几个字告诉我们，木俑和陶俑一样，均作为明器，是唐代墓葬制度中的重要组成部分。因此，我们有必要将墓中的木俑和陶俑一起统计。加上主墓室发现的 20 件木俑，巴彦诺尔墓中的随葬俑共 141 件。

1　A.Очир, Л.Эрдэнэболд, С. Харжаубай, Х.Жантегин, *Эртний Нүүдэлчдийн Бунхант Булшны Малтлага Судалгаа*, Улаанбаатар, 2013, p.197.

2　（唐）李林甫等：《唐六典》卷二三，陈仲夫点校，中华书局，1992 年，第 597 页。

第四节　墓室内出土的其他随葬品

　　除陶俑和木俑外，在巴彦诺尔墓的墓室中还发现了金器、银器、铜器、铁器、宝石、骨器、织物等文物，共 400 余件。

　　其中金器共计 150 件。这些金器中有金冠、金杯、金铃、带环、大小不一的带扣、耳环、指环、手镯、马具、鞍鞯泡饰以及其他用途不明的物品，反映了墓主人的身份和当时的社会地位，也反映了当时手工艺者的技术和技巧。花瓣形金冠饰说明该墓是为当时可汗级别的贵族所建造的。带扣、各种金饰以及一对金耳环，在和硕柴达木遗址中也有发现，说明二者在时间上可能比较接近。

　　考古报告中提到，巴彦诺尔墓中发现的金、银钱币位于棺内的木箱和供台上，共 41 枚，其中 37 枚为金币，4 枚为银币。大部分钱币带有十字架、人像和各种图案装饰。所有金币都是打制而成，4 枚银币同样是打制而成，带有图案，其中一枚银币有人像。但笔者仔细翻阅了考古报告及后续出版的图录之后发现，考古报告和图录中都只介绍了 40 枚钱币，且均为金币，没有提到银币。[1]

　　在巴彦诺尔墓中还发现了银器、铜器、宝石等文物，共计 32

---

[1]　参见 А.Очир, Л.Эрдэнэболд, С. Харжаубай, Х.Жантегин, *Эртний Нүүдэлчдийн Бунхант Булшны Малтлага Судалгаа*, Улаанбаатар, 2013；〔蒙〕阿·敖其尔等：《蒙古国布尔干省巴彦诺尔突厥壁画墓的发掘》，萨仁毕力格译，《草原文物》2014 年第 1 期，第 14—23 页。蒙古文考古报告中附图 39 张，实际介绍 40 枚金币。在 2017 年出版的图录中，亦介绍了 40 枚金币，没有提到银币。

件。主要包括鎏金马镫、马衔、马镳、锁、钥匙、门闩等。铜质文物主要用于装饰，并且大多是鎏金的。这些铜器中鎏金马镳、马衔、马镫最特别，尺寸较小，可能为特意制作的随葬品。银器同样是装饰品居多。宝石的数量不多，大部分是金饰的镶嵌物。这些镶嵌物似乎是被故意从饰物上拿下来的。

巴彦诺尔墓中的这些随葬品可以反映出草原丝绸之路上的文化交流以及羁縻府州时期唐朝对漠北的统治等问题，笔者将在后文中详细分析。

从墓葬表现出来的特征来看，该墓是一座典型的初唐时期高级别官员的长斜坡墓道多天井土洞墓，结合该墓的位置，笔者认为该墓葬的时间范围可以限定在唐朝在漠北的羁縻统治时期。由于没有出土墓志，我们无法对墓主人身份做出直接判断。接下来，笔者将对墓主人的身份进行考证。

第二章　墓主人考

　　巴彦诺尔墓没有出土墓志。关于此墓的族属问题，中外学者间存在较多争议。墓葬的发掘者敖其尔教授以及最早较为全面研究该墓的东潮等学者，根据死者为火葬等理由，认为巴彦诺尔墓墓主为突厥人，而林英、李丹婕、史书仁等人经过更深入的研究，依据汉文史料以及附近的仆固乙突墓，判断墓葬是墓主人接受唐制的结果，是唐朝在铁勒故地建立"六府七州"体制以后的产物，但受突厥葬俗影响极大。目前，巴彦诺尔墓墓主属于铁勒部落，已经成为大部分学者的共识。但是否有可能更进一步确认墓主人是谁呢？笔者根据文献记载和最近的蒙古国考察，对此问题提出一些新的看法。

第一节　巴彦诺尔墓性质的新定义
——唐墓外壳下的铁勒祭祀场所

　　唐代羁縻统治时期，漠北局势变化显著。巴彦诺尔墓和仆固乙突墓完全按唐代制度建造，无论是从墓葬形制还是从壁画、随葬明器等看，都体现了唐朝的风格。但根据巴彦诺尔墓发掘者勒·额尔敦宝力道的最新检测结果，之前学者们在文章中提到的丝绸袋内墓主人遗骸火化后的骨殖，其实并非人骨，而是羊骨（图 2-1）。此非孤例，根据检测，仆固乙突墓内的骨骸亦为羊骨。[1] 而骨骸和金制品用小木箱盛放，内置在棺椁里，也绝非唐朝葬俗。那么，究竟是什么原因导致了这些不同？

　　我们猜想，墓主死亡时间与葬礼时间相隔太久，可能会导致遗骸不在墓室中。铁勒人传统葬俗为土葬。《隋书·铁勒传》记载："其俗大抵与突厥同……死者埋殡之，此其异也。"[2] 可见，按照唐朝的礼俗埋葬铁勒部落的贵族，理论上并不违背传统铁勒葬俗。但由于长安与漠北间路途遥远，墓主死亡的消息需要数十天才能传递到长安，而朝廷对此做出反应后，派来主持葬礼的大臣和随行人员也需要长途跋涉才能到达漠北。为了防止墓主尸体腐败，当地人可能

1　Батболд, *Мартагдсан Пугу Аймаг*, Улаанбаатар, 2017, p. 16.
2　《隋书》卷八四《铁勒传》，中华书局，1973 年，第 1880 页。

图 2-1 巴彦诺尔墓丝绸袋内发现的羊骨
（蒙古国哈拉和林博物馆藏，徐弛摄）

会先行埋葬墓主人，再以唐代礼俗举行墓主人的葬礼。仆固乙突墓志记载：

> 仪凤三年（678）二月廿九日遘疾，终于部落，春秋卌有四……凡厥丧葬，并令官给，并为立碑。即以其年岁次戊寅（678）八月乙酉朔十八日壬寅永窆于缬碖原，礼也。[1]

仆固乙突二月廿九日去世，直到将近半年后的八月十八日才举行葬礼，这半年的时间足以使遗体腐烂，这可能是仆固乙突墓中没有发现其遗骸的原因之一。因此，巴彦诺尔墓的墓主人也可能基于同样

1 杨富学:《蒙古国新出土仆固墓志研究》,《文物》2014 年第 5 期，第 78 页。

原因先行按照本民族葬俗埋葬。

关于铁勒的葬俗，考古发现可以印证汉文文献的记载。在巴彦诺尔墓西北部约 30 公里处发现的额布根图布拉西（Өвгөнтийн булш）墓葬中发现了一具骸骨，陪葬一匹马、一只狗以及仿制拜占庭金币等物品。巴图宝力道依据《隋书·铁勒传》对铁勒葬俗的记载，认为此为铁勒贵族的墓葬。他据此推测，巴彦诺尔墓的墓主人和仆固乙突有可能采取上述方式安葬。[1]

但巴彦诺尔墓中的骨骸有火化痕迹，说明巴彦诺尔墓墓主人的遗骨应该也已经被火化，不可能拥有类似这些墓葬中的完整骸骨。结合文献记载和考古发现，目前所知采用火葬的高级铁勒贵族，均为最高级别的铁勒各部首领。如薛延陀可汗夷男去世后，即采用火葬："夷男之卒，皆来会葬，焚尸卒哭。"又如《册府元龟》记载，开元七年（719）二月丁未，"投降突厥延陀磨览死，赠中郎将，依蕃法葬"，所谓"蕃法葬"即为火葬，根据李思摩墓志中记载的"仍任蕃法烧讫，然后葬"可知。再如《旧唐书》卷一二一《仆固怀恩传》提到"九月九日，（仆固怀恩）死于灵武，部曲以乡法焚而葬之"。可见同为金微都督的仆固怀恩亦为火葬。这么多来自不同部落的铁勒贵族葬俗告诉我们，考古学家发现的这种土葬习俗不适用于仆固乙突和巴彦诺尔墓墓主人。

从草原族群的习俗来看，仆固乙突"以仪凤三年二月廿九日遘疾，终于部落"，但在半年以后，"以其年岁次戊寅八月乙酉朔十八日壬寅永窆于缬碢原，礼也"。[2] 这即所谓"待时而葬"，让人想到《周书·突厥传》记载的突厥葬俗：

1　Батболд, *Мартагдсан Пугу Аймаг,* Улаанбаатар, 2017, p. 114.

2　杨富学：《蒙古国新出土仆固墓志研究》，《文物》2014 年第 5 期，第 78 页。

图 2-2 疑似铁勒人墓地墓中遗骸
（图片摄自蒙古国国家博物馆，徐弛摄）

> 择日，取亡者所乘马及经服用之物，并尸俱焚之，收其余
> 灰，待时而葬。春夏死者，候草木黄落；秋冬死者，候华叶荣
> 茂，然始坎而瘗之。[1]

巴彦诺尔墓中的骨殖是火葬后放入丝绸袋的。一些学者据此认为，巴彦诺尔墓受到了突厥火葬葬俗的影响。而火葬的原因可能与突厥贵族一样，是认为火焰可以清洁他们的身体："突厥巫师使罗马使臣行逾火焰，谓此清净其身。"[2] "待时而葬"与火葬这两种葬俗均与突厥葬俗不谋而合。巴彦诺尔墓墓主人死亡后，其宗属完全可以先行火葬，将剩下的骨殖保存半年，在行葬礼时再放入唐廷为其营建的

---

1 《周书》卷五〇《突厥传》，中华书局，1971 年，第 910 页。
2 〔法〕沙畹：《西突厥史料》，第 177 页。

陵墓中，不需要担心因等待葬礼举行而导致尸体腐烂的问题。但实际情况是，巴彦诺尔墓墓主人的宗属并未选择这种做法，而是用焚烧过的羊骨代替遗骸，放入唐廷为其修建的大墓中。

那么，为何要把墓主人的随身物品和宝物埋在巴彦诺尔墓中呢？既然墓主人没有葬于此处，铁勒人究竟是怎样看待这座大墓的呢？在蒙古国中部的 Vaart 和 Naima-Tolgoi 等地发现的突厥遗址给我们提供了参照系。在这两个遗址中，同样没有发现人类埋葬痕迹，但在 Vaart 遗址的墓坑内，有一个不大的木箱，里面有黄金制品和丝绸碎片。[1] 在 Naima-Tolgoi 遗址中，封土堆的下面发现了马的骨头、马具和皮带残片，[2] 斯热金认为，这类带封土的遗存可能是一个祭祀－墓葬复合体。[3] 可见，封土下面埋葬宝物，不埋葬死者骸骨，是这一时期突厥贵族的习惯。与之类似，毗伽可汗宝藏埋在陵园献殿附近的百宝箱中。[4] 毗伽可汗陵园的宗庙（献殿）中放置着毗伽可汗和其可敦的石像，是后人祭拜他们的场所。由此可见，这一时期漠北突厥贵族的埋宝处并非逝者的埋葬处，而是逝者的祭祀地。

从草原族群的视角看，巴彦诺尔墓墓主人的后代可能依照突厥习俗，将此墓的封土堆视作突厥葬俗里进行祭祀仪式的祭祀堆，将逝者的贵重物品放置在其下，如草原风格的金罐、仿制拜占庭金币

1　C.Doijsuren, "An Early Medieval Find from Nothern Mongolia," *Acta Archaeologica*,1967. T. XIX. pp.429-430. 转引自〔俄〕尼古拉·斯热金《蒙古中世纪早期突厥人的葬俗》，权乾坤译，《北方民族考古》第 6 辑，第 202 页。

2　C.Doijsuren , "An Early Medieval Find from Nothern Mongolia," *Acta Archaeologica*,1967. T. XIX. pp.429-430. 转引自〔俄〕尼古拉·斯热金《蒙古中世纪早期突厥人的葬俗》，权乾坤译，《北方民族考古》第 6 辑，第 202 页。

3　〔俄〕尼古拉·斯热金：《蒙古中世纪早期突厥人的葬俗》，权乾坤译，《北方民族考古》第 6 辑，第 202 页。

4　林梅村：《毗伽可汗宝藏与中世纪草原艺术》，《上海文博论丛》2005 年第 1 期，第 69 页。

等，起到祭祀死者的作用。仆固乙突墓旁发现的带有突厥如尼文的银罐证实了笔者的这一猜想。仆固乙突的后人在这里祭祀时，在仆固乙突墓的封土处埋入了一个银罐，[1] 但在墓中并未发现仆固乙突的骸骨，而是另行安葬。因此，巴彦诺尔墓和仆固乙突墓更可能是按照与突厥贵族类似的习俗，将贵重物品埋在封土这种草原族群的祭祀中心的下面。

此外，我们将这两座墓跟突厥贵族墓葬进行比较，会发现有如下相同点。

火葬仪式。据《周书·突厥传》，突厥"死者，停尸于帐，子孙及诸亲属男女，各杀羊马，陈于帐前，祭之，绕帐走马七匹，一诣帐门，以刀剺面，且哭，血泪俱流，如此者七度，乃止。择日，取亡者所乘马及经服用之物，并尸俱焚之，收其余灰，待时而葬。春夏死者，候草木黄落；秋冬死者，候华叶荣茂，然始坎而瘗之"。[2] 巴彦诺尔墓和仆固乙突墓反映出了火葬习俗，仆固乙突墓志中反映出了"待时而葬"的特征，因此我们可以推测，巴彦诺尔墓墓主人和仆固乙突在死亡时均经过了这样一组火葬仪式，并待时而葬，与突厥贵族类似。

封堆。封堆被林俊雄称为"精英的封堆"，他认为大型封堆多见于前斯基泰和斯基泰时期，至匈奴－萨尔马特时期之后，突厥－蒙古君主们不再建造大型的封堆了。[3] 但这种传统其实并未断绝，在第一突厥汗国可汗陵寝——佗钵可汗陵（布古特遗址）和伊德尔遗址又出现了封堆。因此，巴彦诺尔墓和仆固乙突墓的封堆可能同样

1　〔蒙〕巴图宝力道、奥特功:《突厥、回鹘文中的"娑匐 Säbig"一词考释》,《草原文物》2015年第 2 期, 第 113 页。

2　《周书》卷五〇《突厥传》, 第 910 页。

3　〔日〕林俊雄（Hayashi Toshio）:《欧亚草原游牧政权的出现与成熟——精英封堆的发展与衰落》, 卓文静、刘文锁译,《欧亚译丛》第 2 辑, 第 53 页。

被突厥和铁勒人看作"精英的封堆"。笔者在 2019 年夏天拜访了图瓦的阿尔然 1 号墓，目测其规模达到了令人震惊的尺寸，根据格里雅兹诺夫（M. P. Gryaznov）的研究，其直径宽达 110 米，在葬礼中大约有 300 匹马被屠宰，可能有超过 1 万人参与。[1] 但到了唐时，封堆的规模显然不可与早期墓葬同日而语，巴彦诺尔墓和仆固乙突墓的封堆分别为直径 36 米和直径 20 米，远小于阿尔然大墓，但均大于前述第一突厥汗国贵族墓葬。从草原族群的视角来看，封堆无疑成为其权力的象征，同样也是祭祀的地点，巴彦诺尔墓墓主人的后代可能依照突厥习俗，将此墓的封土堆视作突厥葬俗里进行祭祀仪式的祭祀堆，将逝者的贵重物品放置在其下，起到祭祀死者的作用。第二突厥汗国的贵族就不再建造祭祀封堆，而是将祭祀封堆改成唐朝风格的献殿，后人在献殿中祭祀逝者。

方形墓园。巴彦诺尔墓墓园规模达到 200 米 ×180 米，仆固乙突墓墓园规模为 108 米 ×87 米，均大于第一突厥汗国可汗的规模。虽然为唐朝所修，亦可成为仆固部统治者权力的展示。

汉式石碑。两种墓葬形式均有汉式石碑，虽然巴彦诺尔墓的墓碑暂未找到，但仆固乙突墓墓碑的残块已被找到。与前述两突厥墓相比，仆固乙突墓墓碑采用了汉文，不再是粟特文与婆罗谜文。其实在上面刻写何种文字其效果可能没有太大区别，在当时的漠北地区，大部分游牧民识字的可能性不会太高。但竖立墓碑在草原早已成为权力的象征。从草原族群的视角来看，巴彦诺尔墓与仆固乙突墓竖立墓碑，起到的是树立权威的作用。

壁画与陶俑。在唐人眼中，在第二突厥汗国的可汗陵寝中要

1　M. P. Gryaznov, *Der Grosskurgan von Aržan in Tuva, Südsibirien Materialien zur Allgemeinen und Vergleichenden Archäologie* 23, Munich, 1984. 转引自〔日〕林俊雄《欧亚草原游牧政权的出现与成熟——精英封堆的发展与衰落》，卓文静、刘文锁译，《欧亚译丛》第 2 辑，第 53 页。

"立祠庙，刻石为像，四壁画其战阵之状"。[1] 虽然壁画中并未出现任何战阵场景，但巴彦诺尔墓内两侧龛随葬的陶俑很好地弥补了这一不足。墓中按照唐墓规制放置的符合正三品丧葬礼仪的陶俑，正好是按照一定的阵型排列。其中出土了骑士俑，还有唐墓内极为罕见的甲骑具装马，上面无人乘骑。唐墓中的甲骑骑士俑应该均为仪仗功能，在草原贵族看来，这些壁龛中的无人乘骑的马，可能代表的是死者在战争时的坐骑。而墓中身穿胡锦的木俑以及四神木俑、胡人木俑等，在他们看来代表的是异域的文化和奢侈品，是权力的象征。

　　宝物。主墓室中的木棺和木箱中放置着墓主人收藏的宝物，但未放置遗骸。"突厥事火，不施床，以木含火，故敬而不居"，[2] 对于这一时期突厥和铁勒贵族来说，木头是火的源泉，需要崇敬。正因如此，木箱可以存放逝者生前的重要物品。从草原族群的视角来看，该地作为祭祀地，祭祀地的下面正是草原贵族贮存宝物的场所。火焰可以清净身体，故使用火葬。但火葬后的遗骸放置在哪里，我们并不清楚。

　　可见，虽然唐朝在此为巴彦诺尔墓墓主人修建了大型墓葬，但铁勒上层贵族的葬俗并未彻底唐朝化，而是在唐朝墓葬的外壳下，坚守了与突厥相似的旧俗。对唐朝来说，巴彦诺尔墓和仆固乙突墓是唐朝皇帝赏赐给官员的灵魂安居之地，更是唐朝在漠北统治的象征；对墓主人及其后人来说，这两座隆起的封堆在草原上足够引人注目，易于辨识，方便后人祭祀。与突厥汗国的贵族墓葬布古特陵、毗伽可汗陵、阙特勤墓等类似，墓葬高大的封堆或地表可见的

1　《旧唐书》卷一九四上《突厥传上》，第 5177 页。
2　（唐）慧立、彦悰:《大慈恩寺三藏法师传》卷二，孙毓棠等点校，中华书局，2000 年，第 28 页。

汉式石碑、园墙、碑亭等是他们最为看重的，是其权力的展示。通过这些事物证明本部落与中原王朝的关系密切，来向周围的各个部落彰显他们的权威；而墓中的唐朝壁画、明器对墓主人及其后代来说，相当于他们从中原获得的奢侈品，同样是一种权力的象征。[1]除了遗骸的葬式之外，巴彦诺尔墓和仆固乙突墓中还有一些与突厥墓葬相似的地方，也暗示了突厥对铁勒贵族的深刻影响。

第二节　墓主人的族属——铁勒仆固部

　　巴彦诺尔墓的墓主人为唐代羁縻体系下铁勒部落的首领，已经是中外大多数学者的共识。但巴彦诺尔墓的墓主人属于铁勒的哪个部落？纽约大学教授史书仁根据附近的仆固乙突墓，推测巴彦诺尔墓墓主属于铁勒仆固部，是其贵族阶层的另一名成员。[2]笔者认同他的观点，原因如下。

　　首先，仆固乙突墓与此墓相隔不远，两墓隔图勒河相望，直线距离仅有 14 公里左右。由于仆固乙突墓的发现，蒙古国学者认为在乙突墓附近的契丹时期城址——和日木·登吉古城（Хэрмэн

1　Sören Stark, "Luxurious Necessities: Some Observations on Foreign Commodities and Nomadic Polities in Central Asia in the Sixth to Ninth Centuries," *Complexity of Interaction along the Eurasian Steppe Zone in the First Millennium AD.*, pp.463-502.

2　Sören Stark, "Aspects of Elite Representation among the Sixth- and Seventh-Century Türks," Nicola Di Cosmo, Michael Maas ed., *Empires and Exchanges in Eurasian Late Antiquity- Rome, China, Iran, and the Steppe, ca. 250-750*, Cambridge University Press, 2018, p. 351.

дэнжийн балгас）[1] 即为唐代羁縻统治时期的金微都督府。[2] 与仆固乙突墓相比，和日木·登吉古城与巴彦诺尔墓之间的距离更近。因此，巴彦诺尔墓为仆固部都督的墓葬是很有可能的。

其次，在蒙古国考察中，我们通过无人机航拍图像，发现巴彦诺尔墓的周围疑似还有多座与巴彦诺尔墓和仆固乙突墓形制相近的墓葬，疑为唐墓，巴彦诺尔墓是其中规模较大的一座。鉴于巴彦诺尔墓发现了大量壁画，其附近的疑似墓葬遗迹也可能存在壁画。蒙古国考古学家考虑到该国现在尚无妥善保存出土壁画的条件，所以没有进行挖掘。虽然蒙古国考古学家认为这类遗迹为突厥时期带墓道的大中型墓葬，[3] 但笔者认为，巴彦诺尔墓所在之处，很有可能是仆固部落贵族的墓葬群。

值得注意的是，图勒河作为蒙古国的三大河流之一，很容易被想象为部落间的天然边界。东潮在论文中写道："巴彦诺尔墓位于乙突墓以南约 30 公里（实际为乙突墓西南 14 公里左右——引者注），图勒河的南岸，巴彦诺尔苏木的东北部。《旧唐书》中提到的'分置瀚海、燕然、金微、幽陵等九都督府'中的瀚海（瀚海都督府，羁縻府州时期铁勒回纥部的治所——引者注）很可能最初设置于此。这里很可能就是安北都护府统治的中心地带，即瀚海和燕然两都督府的所在。巴彦诺尔墓的墓主应该同乙突墓墓主一样，是唐羁縻府

1　〔蒙〕A.Ochir, A.Enkhtor：《和日木·登吉古城》，滕铭予译，《边疆考古研究》第 5 辑，科学出版社，2006 年，第 187 页。

2　冯恩学：《蒙古国出土金微州都督仆固墓志考研》，《文物》2014 年第 5 期，第 87 页。

3　陈永志、萨仁毕力格、程鹏飞、丹达尔、阿·奥其尔、巴·昂哈巴雅尔、赫·策仁彬巴、昂格勒苏荣：《蒙古国布尔干省达欣其楞苏木詹和硕遗址发掘简报》，《草原文物》2015 年第 2 期，第 23 页。内蒙古自治区文物考古研究所和蒙古国游牧文化研究国际学院联合考古队发掘了同在布尔干省的詹和硕遗址，就在巴彦诺尔墓以西的不远处，Ⅱ号遗址与巴彦诺尔墓附近遗址群形制相同，但根据中蒙考古学家的发掘，Ⅱ号遗址并非墓葬，而是匈奴时期的半地穴式房屋。

州制度下的都督。"[1] 东潮错误地估计了两座墓葬间的距离，也低估了当时铁勒仆固部、回纥部的规模，因此得出两墓分属不同都督府的结论。但我们通过考察发现，巴彦诺尔并非瀚海和燕然两都督府的所在，而是仍属金微都督府管辖范围，依然属于仆固部。虽然巴彦诺尔墓与仆固乙突墓分别位于图勒河两岸，但图勒河的水量随季节变化有较大差异，在不同年份水量大小也有很大区别。除某些降水特别丰沛年份的夏季之外，在一年内的大部分时间，牧民骑马都可以轻易渡过图勒河。漠北还有漫长的冬季，河水会封冻结冰。因此，图勒河很难作为部落间的天然边界。图勒河两岸均属仆固部，是合情合理的。

最后，同为唐朝羁縻府州时期的思结部卢山都督墓园，形制更接近突厥墓葬，和金微都督仆固乙突墓及巴彦诺尔墓的墓葬风格完全不同（详见后文介绍）。[2] 仆固乙突墓和巴彦诺尔墓同属一种墓葬风格系统，说明两座墓葬的墓主人同属一个部落的可能性很大。

第三节　巴彦诺尔壁画墓墓主人
——仆固歌滥拔延

东潮根据巴彦诺尔墓与乙突墓在墓葬形制上的共同点，推断出

1　東潮「モンゴル草原の突厥オテターン・ヘレム壁画墓」『德岛大学综合科学部人間社会文化研究』第 21 辑、2013 年、36 頁。

2　鈴木宏节「唐の羈縻支配と九姓鉄勒の思結部」『内陸アジア言語の研究』第 30 辑、2015 年、227 頁。

巴彦诺尔墓墓主当是和仆固乙突一样的部落都督，又结合墓葬天井
数量、壁画题材、随葬物品等因素，认为该墓主的社会地位很可能
比乙突更高。[1] 根据仆固乙突墓志，乙突南征北战，西讨西突厥，平
叛阿史那贺鲁，又东征靺鞨，西讨吐蕃，凭借战功，被封为"右骁
卫大将军，依旧都督，加上柱国、林中县开国公，食邑一千户"。[2]
唐置"左右骁卫，大将军各一人，正三品"。[3] 在讨伐阿史那贺鲁后，
仆固乙突的职事官已为左武卫大将军，根据《唐六典》，左武卫大
将军已经是正三品，为将军的最高级别。所以在乙突"东征靺鞨，
西讨吐蕃"之后，只能平级调动，转为担任同为正三品的右骁卫大
将军。仆固乙突已经官居高位，巴彦诺尔墓比乙突的墓葬等级还要
高，墓主可能是一位为唐朝立下更为卓著功勋的人物。

　　我们再从墓葬的时间来看。耶申科根据现有墓葬中出土的唐官
员形象的陶俑以及马匹所佩鞍带的类型，判断该墓入葬时间大致为
7 世纪中期之后，也就是东突厥汗国正式被纳入唐朝之后。[4] 根据蒙
古国考古学家对陶俑的检测，巴彦诺尔墓陶俑的制作时间在 670 年
前后 70 年之内。[5] 郭云艳通过墓葬出土的拜占庭金币及仿制品中具
有明确时间信息的两枚希拉克略统治早期的金币索里得（Solidus），
将墓葬的时间限定在 620 年之后。[6] 东潮详细地研究了墓葬的形制、

1　東潮「モンゴル草原の突厥オテターン・ヘレム壁画墓」『德岛大学综合科学部人间社会文化研
　　究》』第 21 辑、2013 年、36 页。

2　杨富学：《蒙古国新出土仆固乙突墓志研究》，《文物》2014 年第 5 期，第 78 页。

3　《唐六典》卷二四《诸卫》，第 619 页。

4　〔俄〕耶申科：《中国壁画中的早期突厥人形象与蒙古国新发现墓葬中的陶俑》，杨瑾、梁敏
　　译，《河西学院学报》2017 年第 1 期，第 23 页。

5　Saran Solongo, Ayudai Ochir, Saran Tengis, Kathryn Fitzsimmons & Jean- Jacques Hublin,
　　"Luminescence Dating of Mortar and Terracotta from a Royal Tomb at Ulaankhermiin Shoroon
　　Bumbagar, Mongolia," *Science & Technology of Archaeological Research*, Vol.1, 2015, p.1.

6　郭云艳：《论蒙古国巴彦诺尔突厥壁画墓所出金银币的形制特征》，《草原文物》2016 年第 1
　　期，第 122 页。

壁画、随葬品，认为此墓应该建于唐在漠北实行羁縻府州制度时期
（630—682）。[1] 李丹婕将唐朝在漠北羁縻统治的时间纠正为自贞观
二十一年（647）灭铁勒诸部确立"六府七州"体制起，到仪凤四
年（679）阿史那泥熟匐自立为可汗，纠集二十四州首领起兵反叛
为止。[2] 这两位学者的说法均有值得商榷的地方。陈子昂《燕然军人
画像铭并序》记载：

> 龙集丙戌，有唐制匈奴五十六载，盖署其君长，以郡县畜
> 之，荒服赖宁，古所莫记。是岁也，金微州都督仆固始桀骜，
> 惑乱其人。[3]

丙戌年，即垂拱二年（686），"有唐制匈奴五十六载"，说明唐朝官
方认定的羁縻统治时间自630年始。贞观四年（630）唐朝出兵平突
厥，当时，"于朔方之地，自幽州至灵州置顺、祐、化、长四州都督
府，又分颉利之地六州，左置定襄都督府，右置云中都督府，以统
其部众"。[4] 但在东突厥灭亡之后，漠北又迎来了新的统治者薛延陀。
因此，将唐朝在漠北羁縻统治的起始时间定为贞观二十一年在铁勒
诸部确立"六府七州"体制更为恰当。

　　关于结束时间，笔者不赞同李丹婕的观点，因为在仪凤四年
随阿史那泥熟匐造反的二十四州首领属漠南单于都护府，与漠北无
关。直到开耀元年（681），漠北连年大旱，饥馑和灾荒导致铁勒部

1　東潮「モンゴル草原の突厥オテターン・ヘレム壁画墓」『德岛大学综合科学部人间社会文化研究』第21辑、2013年、36页。

2　李丹婕：《初唐铁勒酋长政治身份的多重表达——细读蒙古巴彦诺尔壁画墓》，《艺术史研究》第19辑，第159页。

3　（唐）陈子昂：《陈子昂集》卷六《志铭》，徐鹏校点，上海古籍出版社，1960年，第137页。

4　《旧唐书》卷一九四上《突厥传上》，第5163页。

互相劫掠，引起大乱，同罗、仆固等部叛唐，唐朝在漠北的统治才开始动摇。而前引文中"龙集丙戌，有唐制匈奴五十六载"，说明唐朝认定的漠北羁縻统治结束时间应为垂拱二年，即该墓之时代下限。但仆固乙突（635—678）死后不久，漠北很快就陷入动荡，因此该墓属于乙突之子的概率较小，墓主人更有可能是仆固乙突的祖父或父亲，即歌滥拔延或思匐。

我们先来分析仆固歌滥拔延。经巴图宝力道考证，"思匐"一词源于官号"娑匐"，即突厥语中的"Säbig"，仆固乙突之父思匐之名来自他的官号。[1] 而思匐因之得名的北族官号"Säbig"却源于其父歌滥拔延，《通典》中有"大酋婆匐俟利发歌蓝伏延"，[2]《新唐书》中有"延陀灭，其酋娑匐俟利发歌滥拔延始内属，以其地为金微州，拜歌滥拔延为右武卫大将军、州都督"[3] 之记载。在仆固乙突墓新发现的刻有如尼文的银碗上，也有"Säbig"一词，巴图将银碗上的话考释为"娑匐乙德思：愿幸福、安宁，祝吉祥"，他认为，银碗上出现的"娑匐乙德思"这一名称，与墓志上的"仆固乙突"的读音非常接近，让人很容易联想该银碗是给墓主仆固乙突的献祭品。[4] 所以，仆固乙突和其父的北族官号"娑匐"均继承于歌滥拔延。此外，护雅夫认为，在漠北地区，实力强大的部族首领用"俟利发"的官称，而实力较弱的部族首领只能用"俟斤"的官称。[5] 根据前

1　〔蒙〕巴图宝力道、奥特功：《突厥、回鹘文中的"娑匐 Säbig"一词考释》，《草原文物》2015年第 2 期，第 113 页。

2　（唐）杜佑：《通典》卷一九九《边防十五》，中华书局，1988 年，第 5467 页。巴图宝力道认为"婆匐"即"娑匐"的误写。参见〔蒙〕巴图宝力道、奥特功《突厥、回鹘文中的"娑匐 Säbig"一词考释》，《草原文物》2015年第 2 期，第 111 页。

3　《新唐书》卷二一七下《回鹘传下》，中华书局，1975 年，第 6140 页。

4　〔蒙〕巴图宝力道、奥特功：《突厥、回鹘文中的"娑匐 Säbig"一词考释》，《草原文物》2015年第 2 期，第 113 页。

5　護雅夫「東突厥官称号考：鉄勒諸部の俟利発と俟斤」『東洋学報』46-3、1963 年、315 頁。

文，歌滥拔延的官号即为俟利发，说明在歌滥拔延的统治下，仆固部十分强盛。可见歌滥拔延在唐朝羁縻统治漠北之前，就是一代枭雄。

　　而巴彦诺尔墓中出土的两个官帽，可以分别对应歌滥拔延的大将军与娑匐俟利发两个身份。其中，图 2-3 中所示三梁冠，被研究者认为与李勣墓出土的三梁进德冠类似。[1]《旧唐书·舆服志》记载：

> 亲王，远游三梁冠，金附蝉，犀簪导，白笔……三品以上三梁，五品以上两梁，犀簪导。九品以上一梁，牛角簪导。[2]

在唐朝的官制体系下，巴彦诺尔墓发现的三梁冠意味着墓主人为三品以上高级官员。而歌滥拔延为左武卫大将军，恰为正三品。[3]

　　另外一个则为金冠（图 2-4）。巴彦诺尔墓出土的金冠重 449.5克，装饰有忍冬花草纹。笔者认为，金冠代表了墓主人在部落中的地位与权势。毗伽可汗墓中出土的金冠能反映出与巴彦诺尔墓金冠之间的等级差异。毗伽可汗金冠有五个立板，每板分别镶嵌 1-3颗红宝石，总数在 12 颗以上。王冠上的基本纹样，是锤鍱出的忍冬花草纹，最值得注意的是正中梁上锤鍱出一只展翅鸟的形象，鸟尾上方为葵花状日轮。阙特勤头像上冠帽正中也有一只与毗伽可汗王冠上完全一样的鸟，只是冠的外形接近中原的幞头而与毗伽可汗王冠略有不同。两人一为可汗，一为特勤，身份地位有高下之别，两

1　東潮「モンゴル草原の突厥オテターン・ヘレム壁画墓」『徳島大学綜合科学部人間社会文化研究』第 21 輯、2013 年、25 頁。

2　《旧唐书》卷四五《舆服志》，第 1930 页。

3　《唐六典》卷二四《诸卫》，第 619 页。

图 2-3　三梁冠

（巴彦诺尔墓出土，蒙古国哈拉和林博物馆藏，徐弛摄）

图 2-4　金冠

（巴彦诺尔墓出土，蒙古国哈拉和林博物馆藏，徐弛摄）

件王冠外形的差别应该是两人身份地位不同的反映。[1]

毗伽可汗陵金冠与巴彦诺尔墓金冠的共同点是均有忍冬花草纹装饰，但毗伽可汗的金冠正面多了一只鸟，相较巴彦诺尔墓金冠，其形制更为华丽，可能是因为毗伽可汗的地位高于巴彦诺尔墓墓主人。如前所述，歌滥拔延在漠北地区的身份为仆固部落的娑匐俟利发，通过两个金冠的对比，反映出歌滥拔延作为娑匐俟利发，在草原世界的地位较高，但仍低于可汗。因此，巴彦诺尔墓中出土的三梁冠与金冠，恰可分别对应歌滥拔延的大将军与娑匐俟利发两个身份。

与歌滥拔延相比，巴彦诺尔墓为仆固思匐之墓的可能性就要小很多。根据墓志和史料记载，在薛延陀被灭之后，歌滥拔延率仆固部内附唐朝，思匐和乙突相继继承了歌滥拔延金微都督一职。在汉文史料中，有多处提到歌滥拔延，但竟没有一处提到乙突的父亲思匐。乙突墓志中也存在类似的现象，"祖歌滥拔延，皇朝左武卫大将军、金微州都督。父思匐，继袭金微州都督，并志识开敏，早归皇化"。[2]歌滥拔延为左武卫大将军，官居正三品，在乙突墓志中被详细记载。而仆固乙突的父亲、第二任金微都督仆固思匐，仅仅是在青年时期随歌滥拔延"早归皇化"，墓志中没有提到他的功绩。此外，墓志中也没有提到他受封过大将军等三品官职，其身份与墓中出土的三梁冠不符。

石见清裕认为，思匐与铁勒叛乱有关。他整理了此时关于铁勒叛乱的史料发现，显庆五年（660）十月，郑仁泰讨思结、拔野古、仆固、同罗四部并斩其首领；龙朔二年（662）三月，郑仁泰在天

1　陈凌：《突厥汗国与欧亚文化交流的考古学研究》，上海古籍出版社，2013年，第151页。

2　杨富学：《蒙古国新出土仆固墓志研究》，《文物》2014年第5期，第77页。

山破铁勒，契苾何力安抚铁勒诸部，诛伪叶护、设、特勤等。石见
清裕据此认为，此时仆固部的首领应为思匐，思匐在担任金微都督
时造反，在显庆五年或龙朔二年被诛杀。[1] 根据《旧唐书》的记载，
龙朔（661—663）年间铁勒回纥、同罗、仆固部造反：

> 龙朔中，婆闰死，俀比粟毒主领回鹘，与同罗、仆固犯
> 边，高宗命郑仁泰讨平仆固等，比粟毒败走，因以铁勒本部为
> 天山县。[2]

龙朔三年（663），铁勒叛乱平息。但赵靖、杨富学认为，郑仁泰所
斩的这支仆固并非仆固部主体，而是被安置于灵州都督府的一支。
原因是其首领被称为"渠首"，而非都督；最关键的是，赵靖、杨
富学根据仆固乙突墓志"及父殁传嗣，还授本部都督。……俄以贺
鲁背诞，方事长羁，爰命熊罴之军，克剿犬羊之众。公乃先鸣制
胜，直践寇庭，无劳拔帜之谋，即取搴旗之效"分析，乙突继位
后，征讨阿史那贺鲁叛乱时为657年，在此之前思匐就已去世，[3] 而
叛乱最早发生于660年，因此叛乱者并非思匐。笔者赞同这一观点。

此外，前引《燕然军人画像铭并序》记载："龙集丙戌，有唐
制匈奴五十六载……金微州都督仆固始桀骜，惑乱其人。"[4] 丙戌年，
即垂拱二年，金微州都督仆固始桀骜，惑乱其人，"始"字说明，垂
拱二年这次叛乱，是唐朝统治漠北以来金微都督的首次造反。这一

1　石见清裕「羁縻支配期の唐と铁勒仆固部——新出『仆固乙突墓誌』から见て」『東方学』第
　　127 辑，2014 年，7—8 页；汉译见〔日〕石见清裕《羁縻支配时期的唐与铁勒仆固部——以
　　〈仆固乙突墓志〉为中心》，载氏著《唐代的民族、外交与墓志》，第 212 页。
2　《旧唐书》卷一九五《回纥传》，第 5197—5198 页。
3　赵靖、杨富学：《仆固部与唐朝关系考》，《新疆大学学报》2011 年第 6 期，第 61 页。
4　《陈子昂集》卷六《志铭》，第 137 页。

任金微都督应是仆固乙突之后的第四代金微都督。[1] 因此，石见清裕的推测值得商榷，657 年之前就去世的第二任金微都督思匐并未造反。通过分析时间线我们发现，唐朝于贞观二十一年正月设置金微都督府，歌滥拔延始任金微都督，思匐于 657 年或之前就已去世，自歌滥拔延担任都督至思匐去世，不足十年，说明思匐担任都督至多仅有几年时间，通过可能属于歌滥拔延的巴彦诺尔墓反映的时代特征来看，思匐甚至有可能担任都督不足一年就去世。思匐在这一极短的时间内没有获得功劳，这很可能是他在史书中阙载，也未担任大将军的原因。从史料、墓葬规格、墓中出土的三梁冠等来判断，巴彦诺尔墓为仆固思匐之墓的可能性较小。

此外，巴彦诺尔墓主墓室中还出土一只栩栩如生的木鸟（图3-19），这个木鸟可能是鸠杖的杖头。鸠杖，也叫王杖，是古代朝廷为老人特制的一种拐杖，因拐杖上端有一木雕的鸠鸟而得名，在甘肃武威地区墓葬中多次发现。鸠鸟是古代的"不噎之鸟"，朝廷以此来表达对老人们饮食正常、身体健康的良好祝愿，是政府以立法的形式维护和保障老年人生活权益的一种养老尊老制度。[2] 玄宗曾在宫殿赐杖赐宴，以示敬老。《新唐书》记载，开元二年（714）九月，"丁酉，（玄宗）宴京师侍老于含元殿庭，赐九十以上几、杖，八十以上鸠杖，妇人亦如之，赐于其家"。[3] 可见在唐朝官员的墓中发现鸠杖，是很有可能的。巴彦诺尔墓墓室发现的鸟型木俑与武威磨嘴子汉墓中的鸠杖非常相似，中间底部断裂，断裂处可见一个弧

1　杨富学：《唐代仆固部世系考——以蒙古国新出仆固氏墓志铭为中心》，《西域研究》2012 年第 1 期，第 75 页。

2　山西博物院、甘肃省博物馆、武威市博物馆、高台县博物馆编著《陇右遗珍：甘肃汉晋木雕艺术》，山西人民出版社，2013 年，第 41 页。

3　《新唐书》卷五《玄宗本纪》，第 123 页。

形凹槽，很可能是拐杖的插口。根据杨富学的研究，我们得知歌滥拔延在 647 年始任首任金微都督，而其孙仆固乙突在 657 年就已经接任，说明思匐在任时间很短，只有率众归唐的歌滥拔延年龄有可能超过 80 岁。同理，乙突死于 44 岁，其后继者担任都督的时间过短，也不可能超过 80 岁。鸠杖的出现说明巴彦诺尔墓墓主人年龄可能已经高达 80 岁，这为巴彦诺尔墓属仆固歌滥拔延而非其他金微都督又提供了强有力的证据。

综上所述，笔者认为巴彦诺尔墓墓主人最有可能是仆固乙突的祖父——仆固歌滥拔延。

巴彦诺尔壁画墓为唐朝羁縻府州时期的墓葬，墓主人为铁勒部落首领，墓中同时显示出了唐朝与突厥的文化特征。最新的检测结果显示，墓中本来被认为是墓主人的骨骸，实际上是羊骨，墓主人的骨骸不知去向。巴彦诺尔墓墓主人的遗骸可能被另行安葬。更重要的是，巴彦诺尔墓的性质需要被重新审视。从该墓表现出的特点来看，铁勒上层贵族的葬俗并未彻底唐朝化，而是在唐朝墓葬的外壳下，坚守了与突厥相似的旧俗。对唐朝来说，巴彦诺尔墓和仆固乙突墓是唐朝皇帝赏赐给官员的陵墓，更是唐朝在漠北统治的象征；但对墓主人及其后人来说，这两座墓葬相当于毗伽可汗陵的献殿，是后人祭奠墓主的场所，而非墓葬。

通过与卢山都督的墓葬进行对比，从考古的角度进一步印证了与仆固乙突墓形制相近的巴彦诺尔墓，其墓主与乙突同属铁勒仆固部。巴彦诺尔墓等级高于仆固乙突墓，因此墓主只可能是比乙突功劳更大的金微都督。由于仆固乙突去世后一年，即发生了漠北各部落反叛之事，唐朝在漠北的羁縻统治很难继续维持下去，因此巴彦诺尔墓只可能是乙突之前两任金微都督的墓葬。

歌滥拔延的官号为娑匐俟利发，虽不像可汗那样尊贵，但由于其率部归降之功，获得朝廷的重视，因此得以在唐廷的帮助和许可下修建一座规格如此之高的墓葬。巴彦诺尔墓中反映出墓主身份的两个不同形制的金冠，可以与仆固歌滥拔延大将军和娑匐俟利发的二重身份相对应。从乙突继任年代推算，思匐在任时间极短即去世；另外，在墓室中发现的鸠杖说明墓主去世时超过 80 岁，在几任金微都督中，只有率众归唐的歌滥拔延最有可能符合这一条件。因此，级别比乙突墓还高的巴彦诺尔壁画墓，最有可能是在漠北地区与唐朝均有重要地位的首任金微都督仆固歌滥拔延之墓，而非史书阙载的第二任金微都督仆固思匐之墓。

第三章 唐朝羁縻制度下的巴彦诺尔壁画墓

　　根据对巴彦诺尔墓情况的综合研究，笔者完全赞同前贤的一些判断：巴彦诺尔墓的形制和壁画风格并非当地传统，而是典型的唐墓规制，从壁画题材、陶俑、冠帽等来看，都表明墓主是接受唐朝册封的显贵。此墓应该建于唐在漠北实行羁縻府州制度时期，墓主最有可能是获得唐朝将军封号的部落首领歌滥拔延。

　　巴彦诺尔墓长斜坡墓道、多天井、单室土洞墓的墓葬形式符合唐前期的"京畿模式"。这一墓葬模式由初唐继承，整合前代墓葬制度后形成。基本结构包括墓道、天井、过洞、侧龛、甬道、墓门及墓室，在墓葬形制、规模、壁画和随葬品方面表现出相当的规范性和严格的等级性。李丹婕在东潮等人研究的基础上，依据宿白和齐东方对唐墓等级和分期的研究，[1] 将巴彦诺尔墓与同时期的唐墓进行比较，把巴彦诺尔墓修建的时间和等级进一步断为高宗、武则天至玄宗前期（650—712），至少为五品以上官员的墓葬，[2] 笔者完全赞同李丹婕对该墓葬为"京畿模式"以及修建时间的判断，并找到了新的证据：唐墓中棺椁放置的位置在不同地区有一些区别，例如在关中地区棺椁放在主墓室西侧，在太原地区棺椁放在主墓室北侧，而新疆阿斯塔那墓地的棺椁位置则不尽相同，[3] 巴彦诺尔墓在墓室西侧放置棺椁，与关中地区墓葬的习惯一致。但依据新的研究成果和墓中的发现，笔者并不赞同李丹婕将此墓等级定为至少为五品以上官员的结论。依据程义的研究，高宗、武则天时期（650—705）关中地区三品以上官员墓葬的特点为：有石人、石虎、石羊、石柱各一对，封土堆为山形或圆锥形，地下部分为单室或双室，长斜坡墓道、多天井、多小龛，通常有石门、石棺床，俑群的数量在100 件左右，镇墓俑高 60 厘米以上，其他俑高 22 厘米。[4] 通过这些要素，特别是关于随葬俑数量、高度更细致的划分，笔者认为该墓葬为高宗、武则天时期三品以上官员的墓葬。关于巴彦诺尔墓墓主人的品级，笔者在墓中还找到了其他证据，其中最重要的就是墓中的列戟。通过分析墓中的列戟，会对唐朝羁縻制度的认识有非常重要的补充。接下来，笔者将从上述角度对该墓葬展开分析。

1　齐东方：《试论西安地区唐代墓葬的等级制度》，北京大学考古系编《纪念北京大学考古专业三十周年论文集：1952—1982》，文物出版社，1990 年，第 286—310 页；宿白：《西安地区的唐墓形制》，《文物》1995 年第 12 期，第 41—47 页，后收入《魏晋南北朝唐宋考古文稿辑丛》，文物出版社，2011 年，第 148—159 页。

2　李丹婕：《初唐铁勒酋长政治身份的多重表达——细读蒙古巴彦诺尔壁画墓》，《艺术史研究》第 19 辑，第 146 页。

3　张建林：《唐墓壁画中的屏风画》，《远望集——陕西省考古研究所华诞四十周年纪念文集》，第 726—727 页。

4　程义：《关中地区唐代墓葬研究》，文物出版社，2012 年，第 337 页。

第一节　羁縻时期的两座墓葬
——巴彦诺尔墓与仆固乙突墓对比

要研究巴彦诺尔墓，必须连同附近的同为羁縻府州时期墓葬的仆固乙突墓一起研究。仆固乙突墓（图3-1）陵园园墙为南北长108米、东西宽87米的长方形；封土直径约20米，高5米。墓葬为带斜坡墓道的土洞墓，有3个过洞和3个天井。一对壁龛位于第二个天井两侧，侧龛中共有至少54个彩绘泥立俑，16个骑马俑。第三个天井下发现有仆固乙突墓志。墓室为3.6米×3.5米，墓室两侧有两个天王俑和两个镇墓兽，墓室中还发现了40多个木俑，题材包括侍从、马、骆驼、鱼、迦陵频伽、鸟等。但与巴彦诺尔墓不同的是，仆固乙突墓中没有壁画，且内壁更加粗糙。[1]关于两个墓葬的具体情况，我们通过表格对比如下（表3-1）。

---

[1] 对仆固乙突墓的介绍，主要参考А.Очир, С.В.Данилов, Л.Эрдэнэболд, Ц.Цэрэндорж, *Эртний Нүүдэлчдийн Бунхант Булшны Малтлага, Судалгаа: Төв Аймгийн Заамар Сумын Шороон Бумбагарын Малтлагын Тайлан*, Улаанбаатар, 2013；〔日〕东潮：《蒙古国境内的两座突厥墓——乌兰克热姆墓和仆固乙突墓》，筱原典生译，《北方民族考古》第3辑，第31—43页；Jonathan Karam Skaff, "The Tomb of Pugu Yitu (635-678) in Mongolia: Tang-Turkic Diplomacy and Ritual," *Competing Narratives between Nomadic People and their Sedentary Neighbours*, Algyő, 2019。

表3-1　巴彦诺尔墓与仆固乙突墓墓葬主要情况对比

墓葬	巴彦诺尔墓	仆固乙突墓
墓园形制	200 米 × 180 米	108 米 × 87 米
封土规模	直径 36 米	直径 20 米
过洞和天井数量	4 过洞、4 天井	3 过洞、3 天井
壁龛数量	1 对，第四天井两侧	1 对，第二天井两侧
墓道壁画	有	无
墓室壁画	有	无
随葬俑数量	141 个	约 121 个
天王俑	1 对，高 59.5、66 厘米	1 对，高约 60 厘米
墓葬总长度	47 米	30 米
墓志铭	无	有

　　资料来源：А.Очир, Л.Эрдэнэболд, С. Харжаубай, Х.Жантегин, *Эртний Нүүдэлчдийн Бунхант Булшны Малтлага Судалгаа*, Улаанбаатар, 2013, pp.52-149；〔蒙〕阿·敖其尔等：《蒙古国布尔干省巴彦诺尔突厥壁画墓的发掘》，萨仁毕力格译，《草原文物》2014 年第 1 期，第 20—22 页；А.Очир, С.В.Данилов, Л.Эрдэнэболд, Ц.Цэрэндорж, *Эртний Нүүдэлчдийн Бунхант Булшны Малтлага, Судалгаа: Төв Аймгийн Заамар Сумын Шороон Бумбагарын Малтлагын Тайлан*, Улаанбаатар, 2013；А.Очир, Л.Эрдэнэболд, *Эртний Нүүдэлчдийн Урлагийн Дурсгал*, Улаанбаатар, 2017。

　　通过表 3-1，我们可以一目了然地看出巴彦诺尔墓几乎所有可能与等级制度有关的指标均高于仆固乙突墓。关于天井，李丹婕通过将巴彦诺尔墓与显庆四年（659）尉迟敬德墓、麟德元年（664）郑仁泰墓、咸亨元年固原南郊史铁棒墓、上元二年（675）阿史那忠墓等墓葬比较发现，巴彦诺尔墓 4 个天井以及 4 个过洞的设置，是为了体现墓主在唐朝官僚系统中的品阶和地位。[1]

---

[1] 李丹婕：《初唐铁勒酋长政治身份的多重表达——细读蒙古巴彦诺尔壁画墓》，《艺术史研究》第 19 辑，第 146 页。

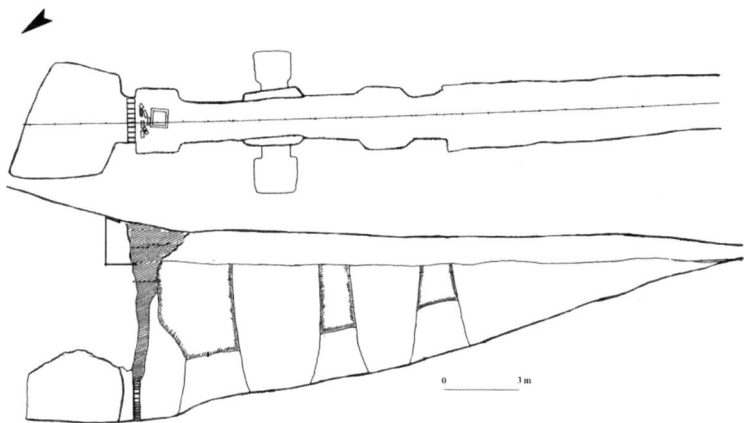

图 3-1　仆固乙突墓示意图

在所有物资均需从中原调拨的情况下，唐王朝还要不远万里来到漠北修建这种完全唐朝风格的墓葬，一定有其考虑。其中最有可能的目的，就是增加羁縻府州统治下居民对唐朝的认同。关于这个问题，李鸿宾有过较为深入的研究。他从民族与族群、胡汉（民族）关系、汉化问题、涵化问题、文化认同、民族（族群）认同等六个方面考虑认同的问题。[1] 他认为，"以夷制夷"的老套路始终有其作用，拉拢、诱惑、奖赏，并将他们纳入儒家忠君的文化序列里，是朝廷处理多民族势力聚合一起努力的目标。他对羁縻府州的问题也予以解释，认为羁縻府州是唐朝不能进行同质化的一个权宜之计，但可能已经是那种环境下最佳的处置方法。[2]

1　关于这些概念的具体解释，见李鸿宾《墓志所见唐朝的胡汉关系与文化认同问题》，中华书局，2019 年，"序言"，第 23—32 页。

2　李鸿宾：《墓志所见唐朝的胡汉关系与文化认同问题》，第 280—281 页。

　　李鸿宾的研究非常具有启发性。那么巴彦诺尔墓和仆固乙突墓是否也体现出唐朝这样的用意呢？根据仆固乙突墓志中"天子悼惜久之，敕朝散大夫、守都水使者、天山郡开国公麹昭，监护吊祭，赙物三百段，锦袍、金装带、弓箭、胡禄、鞍辔等各一具。凡厥丧葬，并令官给，并为立碑。即以其年岁次戊寅八月乙酉朔十八日壬寅永窆于缬碯原，礼也"[1]的记载，可以证实仆固乙突墓的营建和葬礼全部由唐朝操办。而关于巴彦诺尔墓是否为唐朝修建的问题，学者们已经从规制、壁画、陪葬俑等角度分析，得出巴彦诺尔墓与当时流行的唐墓风格十分类似，符合"京畿模式"的结论。但林英等发现了巴彦诺尔墓中的一些非唐墓葬俗元素，例如发现大量拜占庭金币、墓门用青石封门而非封砖、不设墓志等情况，与乙突墓不同。[2] 李丹婕发现，巴彦诺尔墓和仆固乙突墓相比，虽有整体效仿唐墓的显著特点，但没有墓志，她认为主持巴彦诺尔墓墓主人葬事时有熟知唐朝丧葬制度的官员或工匠参与，但很可能并非唐朝官方主导，葬事主持者在各种墓葬要素中进行了选择，采纳了建筑、图像和器物等视觉性要素，文字性的墓志则被舍弃。整座墓葬的要素配置经过了精心设计，根本目的是表现墓主的身份、权力和地位，进而强化本部在漠北地区的权威。[3] 但笔者认为，李丹婕的上述观点值得商榷，实际上，巴彦诺尔墓和仆固乙突墓一样，均为唐朝营建，并非由墓主人主导修建。接下来笔者将通过对各个要素的进一步分析来证明这一点。

1　杨富学：《蒙古国新出土仆固墓志研究》，《文物》2014年第5期，第78页。
2　林英、萨仁毕力格：《族属与等级：蒙古国巴彦诺尔突厥壁画墓初探》，《草原文物》2016年第1期，第125页。
3　李丹婕：《初唐铁勒酋长政治身份的多重表达——细读蒙古巴彦诺尔壁画墓》，《艺术史研究》第19辑，第162页。

一　随葬俑

在巴彦诺尔墓和仆固乙突墓的考古报告中，蒙方学者对随葬俑的数量记录得比较模糊，对文物的识别亦有一些值得商榷之处，因此有必要进一步梳理和研究。2019 年，笔者在蒙古国考古研究所巴图宝力道研究员的带领下，实地考察了巴彦诺尔墓和仆固乙突墓，并走访了收藏巴彦诺尔墓出土文物的哈拉和林博物馆，以及收藏仆固乙突墓出土文物的乌兰巴托扎纳巴扎尔博物馆，取得了第一手材料。因此，下文将对两座墓葬随葬俑的数量进行更为准确的梳理。

巴彦诺尔墓中的陶俑保存较为完好，大多发现于两座壁龛内。壁龛内摆放有彩绘男女俑、骑马俑、狗俑、猪俑、驼俑、羊俑等。在 A 龛中发现立俑 49 件，羊俑 1 件，鸡俑 1 件，狗俑 1 件，猪俑 1 件，骑马俑 6 件；B 龛发掘出立俑 41 件，驼俑 1 件，骑马俑 12 件，共计 113 件。天王俑 2 件、镇墓兽 2 件。男女俑高 22—24 厘米，两个天王俑分别高 66 厘米和 59.5 厘米。[1] 此外，巴彦诺尔墓中还出土了一些独特的木俑。根据考古报告，这些木俑均在墓室中被发现。虽然墓中发现的木制品数量不多，但制作工艺复杂多样。墓葬的主墓室中出土木制品共 12 种，约 20 件，包括女侍、胡人以及迦陵频伽、青龙、白虎、朱雀、玄武等神兽。[2] 随葬俑共计 141 件。

1　А.Очир, Л.Эрдэнэболд, С. Харжаубай, Х.Жантегин, *Эртний Нүүдэлчдийн Бунхант Булшны Малтлага Судалгаа*, Улаанбаатар, 2013, pp.52-149;〔蒙〕阿·敖其尔等：《蒙古国布尔干省巴彦诺尔突厥壁画墓的发掘》，萨仁毕力格译，《草原文物》2014 年第 1 期，第 20—22 页；А.Очир, Л.Эрдэнэболд, *Эртний Нүүдэлчдийн Урлагийн Дурсгал,* Улаанбаатар, 2017.

2　А.Очир, Л.Эрдэнэболд, С. Харжаубай, Х.Жантегин, *Эртний Нүүдэлчдийн Бунхант Булшны Малтлага Судалгаа*, Улаанбаатар, 2013, p.197.

　　在仆固乙突墓中，陶俑同样主要发现于两个壁龛中。龛里共有
54 件风帽俑，其中 A 龛 25 件，B 龛 29 件；14 件骑马俑，包括风
帽骑马俑以及胡人骑马俑，其中 A 龛 5 件，B 龛 9 件。另外，A 龛
内还有 3 件幞头男侍俑。在墓室两侧，有 2 个天王俑及 2 个镇墓兽，
共 75 件陶俑。仆固乙突墓中的陶俑与巴彦诺尔墓相比，制作技法类
似，但制作更精良，由于曾被严重盗扰，陶俑损毁严重，原本数量
应该更多。其墓中立俑的高度在 21—24 厘米，天王俑的高度在 60
厘米左右，[1] 墓室中还发现了多个木俑，题材包括侍从、马、骆驼、
鱼、迦陵频伽、鸟等，共约 47 件。[2] 根据笔者统计，共约 121 件俑，
由于不少陶俑已经残破，实际上数量应该更多，考古报告中提到木
俑和陶俑共有约150件，[3] 因此，仆固乙突墓中的俑总数在121—150
件之间。

1　А.Очир, Л.Эрдэнэболд, С. Харжаубай, Х.Жантегин, *Эртний Нүүдэлчдийн Бунхант Булшны Малтлага Судалгаа*, Улаанбаатар, 2013, pp.32-37. 同时参考박아림, 낸시 S. 몽골 바양노르 벽화묘와 복고을돌묘 출토 용과 비잔틴 금화 연구. 중앙아시아연구, 2017, 22(1), p.84; Jonathan Karam Skaff, "The Tomb of Pugu Yitu (635–678) in Mongolia: Tang–Turkic Diplomacy and Ritual," *Competing Narratives between Nomadic People and their Sedentary Neighbours*, Algyő, 2019, p. 301。

2　А.Очир, С.В.Данилов, Л.Эрдэнэболд, Ц.Цэрэндорж, *Эртний Нүүдэлчдийн Бунхант Булшны Малтлага, Судалгаа: Төв Аймгийн Заамар Сумын Шороон Бумбагарын Малтлагын Тайлан*, Улаанбаатар, 2013；〔日〕东潮：《蒙古国境内的两座突厥墓——乌兰克热姆墓和仆固乙突墓》，筱原典生译，《北方民族考古》第 3 辑，第 31—43 页；Jonathan Karam Skaff, "The Tomb of Pugu Yitu (635–678) in Mongolia: Tang–Turkic Diplomacy and Ritual," *Competing Narratives between Nomadic People and their Sedentary Neighbours*, Algyő, 2019.

3　А.Очир, С.В.Данилов, Л.Эрдэнэболд, Ц.Цэрэндорж, *Эртний Нүүдэлчдийн Бунхант Булшны Малтлага, Судалгаа: Төв Аймгийн Заамар Сумын Шороон Бумбагарын Малтлагын Тайлан*, Улаанбаатар, 2013.

表 3-2　巴彦诺尔墓与仆固乙突墓随葬俑种类与数量

单位: 件

墓名	材料	种类															总数	
		镇墓兽	天王俑	风帽俑	文官俑	侍女俑	男侍俑	骑马俑	骑马伎乐俑	甲骑具装马	驼俑	马俑	青龙白虎朱雀玄武	迦楼罗	迦陵频伽	其他动物		
巴彦诺尔墓	陶俑	2	2	36	44	14	0	11	4	2	1	1	0	0	0	4	121	141
	木俑	0	0	0	0	10	2	0	0	0	0	2	4	0	1	1鸠	20	
仆固乙突墓	陶俑	2	2	54	0	0	3	14	0	0	0	0	0	0	0	0	75	约121
	木俑	0	0	0	3	15	5	0	0	0	2	2大4小	0	4	8	2鱼	约47	

说明: 巴彦诺尔墓壁龛中发现的 4 件木制文官俑因发现位置与陶俑一致, 在考古报告中被算作陶俑, 记入陶俑数量中, 此处沿用。两墓中其他木俑均发现于主墓室, 陶俑均发现于壁龛。仆固乙突墓考古报告中未计入所有木俑, 具体种类及个数, 部分依据额尔敦宝力道文中的表格, 表格未列者, 依据笔者清点数目, 总数与个数只能尽量精确。

资料来源: А.Очир, Л.Эрдэнэболд, С. Харжаубай, Х.Жантегин, *Эртний Нүүдэлчдийн Бунхант Булшны Малтлага Судалгаа*, Улаанбаатар, 2013, pp.52-149; А.Очир, С.В.Данилов, Л.Эрдэнэболд, Ц.Цэрэндорж, *Эртний Нүүдэлчдийн Бунхант Булшны Малтлага, Судалгаа: Төв Аймгийн Заамар Сумын Шороон Бумбагарын Малтлагын Тайлан*, Улаанбаатар, 2013.

(一) 别敕葬、诏葬与随葬俑

《唐六典》卷二三云: "凡丧葬则供其明器之属, 别敕葬者供, 余并私备。三品以上九十事, 五品以上六十事, 九品已上四十事。当圹、当野、祖明、地轴、鞍马、偶人, 其高各一尺; 其余音声队与僮仆之属，威仪、服玩，各视生之品秩所有，以瓦、木为之，其长率七寸。"[1] 可见由甄官署统一供应明器的墓葬，即属于别敕葬。受别敕葬制度优待的墓葬，其随葬俑可以比制度规定的更多。如《唐会要》卷三八《葬》："其别敕优厚官供者，准本品数十分加三等，不得别为华饰。"[2] 巴彦诺尔墓和仆固乙突墓墓主人均官居三品，根据制度规定，可随葬120个陶俑。[3] 其中的随葬俑数量虽然超出制度规定的三品以上的90个，但也并未逾制，而是在别敕葬的规制范围之内。另外，巴彦诺尔墓和仆固乙突墓的墓主人为漠北部落酋长，墓葬位于漠北地区，显然当地没有自备明器的条件。因此，明器只能由甄官署供应，应属别敕葬无疑。其实，高宗至玄宗时期有一大批墓葬中的陈设超过了常规制度规定的数量。因此，无论是巴彦诺尔墓还是仆固乙突墓，虽然随葬俑数量偏多，但都是这一时期在别敕葬制度下获得优待的正常现象。根据吴丽娱的研究，在唐代，墓葬拥有朝廷所给之特殊规格以及护丧使的派遣，应为诏葬。别敕葬不一定等同于派遣了护丧使的诏葬，但诏葬一定在别敕葬之内。根据仆固乙突墓志所述，"敕朝散大夫、守都水使者、天山郡开国公麹昭，监护吊祭……凡厥丧葬，并令官给，并为立碑"。[4] 由此可见，仆固乙突墓应属诏葬，但巴彦诺尔墓中没有发现文字，无法推断朝廷是否派遣护丧使，只能暂定为别敕葬。吴丽娱认为，唐朝对蕃将和投唐部落首领的丧葬常常给以诏葬的待遇，如泉男生、论弓仁、阿史那毗伽特勒与回纥王子奢秉义等，都曾为之派设监护使，并尊

1　《唐六典》卷二三，第597页。

2　《唐会要》卷三八《葬》，第811页。

3　程义：《关中地区唐代墓葬研究》，第162页。根据《唐六典》《通典》《唐会要》等文献和考古发掘情况综合考虑，唐朝时同级别的官员墓葬中的随葬俑数量在不同时期存在差异。根据程义的研究，在649—684年，依据制度，三品以上官员可随葬120个随葬俑。

4　杨富学：《蒙古国新出土仆固墓志研究》，《文物》2014年第5期，第78页。

重其本民族习俗。诏葬一般不给外官，但对蕃将也有例外。她发现，拓跋寂于开元二十四年（736）薨于银州，是唐前期诏葬施于边将的一个先例。[1]而巴彦诺尔墓与仆固乙突墓的发现，将别敕葬与诏葬施于边将的时代从玄宗开元年间提前至高宗统治时期。

（二）陶俑分类与初步研究

1. 陶俑的题材

在巴彦诺尔墓和仆固乙突墓中，出土了文官俑、站立风帽俑、侍女俑、骑马俑、骑马伎乐俑、天王俑、镇墓兽等多种多样的陶俑。首先，我们先从题材角度进行分析。

（1）文官俑、站立风帽俑、侍女俑、骑马俑、骑马伎乐俑

在巴彦诺尔墓出土陶俑中数量最多的几类是文官俑、站立风帽俑、侍女俑、骑马俑以及骑马伎乐俑（图3-2），这几类俑也是这一时期唐墓中常见的题材。李丹婕发现巴彦诺尔墓武士俑、风帽俑和骑马伎乐俑与乾封二年苏定方墓中的同类题材接近，并将侍女俑与麟德元年郑仁泰墓、乾封二年段伯阳妻高氏墓、总章元年（668）李爽墓中的侍女俑对比，发现发型、服饰等均极为相似，这一定程度上也可证明巴彦诺尔墓同样是这一时期的墓葬。[2]

在仆固乙突墓的侧龛中，只发现了风帽俑、骑马风帽俑、骑马胡人俑以及为数极少的男侍俑（图3-3），由于墓葬盗扰严重，大多已残，从出土情况来看，陶俑不仅数量少于巴彦诺尔墓，种类亦少于巴彦诺尔墓。但其墓室中的木俑种类和数量，远多于巴彦诺尔墓，因此随葬俑的总数与巴彦诺尔墓非常接近。

1　吴丽娱：《终极之典——中古丧葬制度研究》，中华书局，2012年，第672—673页。

2　李丹婕：《初唐铁勒酋长政治身份的多重表达——细读蒙古巴彦诺尔壁画墓》，《艺术史研究》第19辑，第157页。

图 3-2　巴彦诺尔墓中的文官俑、风帽俑、侍女俑、骑马俑、骑马伎乐俑

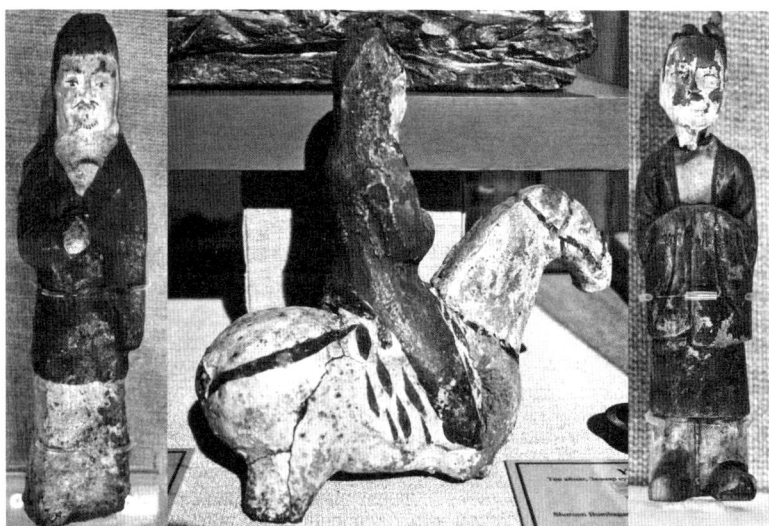

图 3-3　仆固乙突墓中的风帽俑、骑马俑、文官俑

（蒙古国扎纳巴扎尔博物馆藏，徐弛摄）

　　骑马伎乐俑、甲骑俑是巴彦诺尔墓中独有的陶俑。骑士拿着各种乐器正在吹奏，马穿着铁甲，铁甲以银色颜料涂色，但大多已褪色，露出了下面的红色。唐墓中的甲骑具装骑士俑，目前仅见于懿德太子墓、李寿墓和段元哲墓。[1] 甲骑具装在唐朝较少应用于战争，多用于仪仗，唐墓中的甲骑骑士俑应该均为仪仗功能，[2] 巴彦诺尔墓中的甲骑具装伎乐俑证明了这一点。但墓中还出现了甲骑具装战马（图3-4），保存完好，同类型的陶俑目前未在唐墓中发现。甲骑马在草原族群的眼中依然是战争中沿用的战马，曾在这一时期漠北地区的岩画中广泛出现（图3-5、图3-6）。[3]

图 3-4　巴彦诺尔墓中的骑士俑与甲骑具装马陶俑
（蒙古国哈拉和林博物馆藏，徐弛摄）

1　陕西省考古研究院、乾陵博物馆编著《唐懿德太子墓发掘报告》，科学出版社，2016年，第309页；陕西省博物馆等：《唐李寿墓发掘简报》，《文物》1974年第9期，第76页；中国科学院考古研究所编著《西安郊区隋唐墓》，科学出版社，1966年，第46页。

2　陈丽萍：《试谈唐懿德太子墓出土的甲骑具装俑的历史价值》，《文博》2011年第6期，第49页。

3　Nikita Konstantinov, Vasilii Soenov and Dimitry Cheremisin, "Battle and Hunting Scenes in Turkic Rock Art of the Early Middle Ages in Altai," *Rock Art Research*, Vol. 33, No. 1, 2016, p. 11.

图 3-5　漠北地区岩画中的甲骑具装骑士，突厥时期
（巴图宝力道供图）

图 3-6　俄罗斯阿尔泰斯克省阿尔泰山 Chaganka 岩画点的
甲骑具装骑士，突厥时期

（2）镇墓兽、天王俑

巴彦诺尔墓中的镇墓兽一个是狮子形态，一个为人面鸟喙和偶蹄（图3-7）。这两种不同类型的镇墓兽在唐朝有专门的名称，在文献中被称为"祖明、地轴"，河南巩义康店镇砖厂唐墓出土的两件镇墓兽，兽面背部墨书"祖明"二字，这说明人面镇墓兽为"地轴"。[1] 巴彦诺尔墓中的"祖明"及"地轴"区分非常明确，与唐代规制完全吻合。根据李丹婕的研究，这种镇墓兽的组合在河北南和郭祥夫妇墓中曾出现过，该墓葬建于垂拱四年（688），与巴彦诺尔墓属同一时期。[2] 仆固乙突墓的"祖明"亦为类似狮子的兽面，但"地轴"为猪鼻人面，爪足（图3-8）。这种类型的猪鼻地轴见于张臣合墓，可见两墓中的祖明、地轴同为高宗时期的风格。此时的镇

图3-7　巴彦诺尔墓中的天王俑和镇墓兽

1　郑州市文物考古研究所编《中国古代镇墓神物》，文物出版社，2004年，第181页；张文霞、廖永民：《隋唐时期的镇墓神物》，《中原文物》2003年第6期，第69页。参见沈睿文《唐镇墓天王俑与毗沙门信仰推论》，《乾陵文化研究》（五），三秦出版社，2010年，第138页。

2　李丹婕：《初唐铁勒酋长政治身份的多重表达——细读蒙古巴彦诺尔壁画墓》，《艺术史研究》第19辑，第154页。

图3-8　仆固乙突墓中的天王俑和镇墓兽
（蒙古国扎纳巴扎尔博物馆藏，徐弛摄）

墓兽兽面、人面区别明显，开始出现蹄足，后肢蜷曲，呈蹲踞式。肩部有齿形鬣毛两到三缕。踏板较厚，为岩石状。风格简约，比较接近现实的兽类。[1]

　　天王俑在文献中被称为"当圹、当野"，程义在《关中地区唐代墓葬研究》中对唐代不同时期的天王俑做了分类研究。他根据踏板和脚踩物的不同，将这一时期的天王俑分为两种类型。Ⅱa式，仅有树墩形踏板，脚下不踩小鬼和动物。纪年标本出土于麟德元年新城公主墓、麟德元年郑仁泰墓、总章元年张臣合墓。Ⅱb式，踏板较薄，脚下踩一趴卧动物。纪年标本出土于乾封二年苏君墓、总章元年李爽墓。[2]天王俑的形象从巴彦诺尔墓到仆固乙突墓有了较大转变（图3-7、图3-8），按照程义的分类，巴彦诺尔墓中的天王俑为Ⅱa式，仆固乙突墓中的天王俑为Ⅱb式，这两座墓中出土的天王俑虽然属于不同类型，但均为高宗时期的常

1　程义：《关中地区唐代墓葬研究》，第117页。
2　程义：《关中地区唐代墓葬研究》，第119—120页。

见风格。

（3）动物俑

动物俑亦为唐墓中的常见元素。在巴彦诺尔墓中，出土了陶制马、驼、羊、鸡、狗、猪俑等。但在仆固乙突墓中，除了骑士俑骑的马之外，并未在侧龛发现单独的动物陶俑的痕迹。与之相反的是，仆固乙突墓主墓室中出土了大量木制动物俑，如驼俑、马俑、不同大小和造型的鸟俑以及鱼俑。出现这种变化的原因，还有待进一步探究。

综上所述，从陶俑的风格和特点来看，笔者推断巴彦诺尔墓的建造时间约在高宗显庆至总章年间，建造时间应早于仆固乙突墓。

2. 陶俑的制作方法

巴彦诺尔墓和仆固乙突墓中随葬俑的制作方法，是先用细泥制作，之后刷上彩绘。这与关中地区发现的部分陶俑的制作方法相似。额尔敦宝力道和夏南悉等学者认为，巴彦诺尔墓、仆固乙突墓的陶俑和吐鲁番地区发现的陶俑在所用颜料上有一定相似之处。他们认为，巴彦诺尔墓的骑马伎乐俑、镇墓兽、天王俑表面的天蓝色在长安地区很少出现，但在中亚经常出现，需要考虑两座墓葬中的陶俑与吐鲁番阿斯塔那墓中陶俑的关系。[1] 虽然陶俑上的颜料可能与西域有关，但从制作方法来看，吐鲁番地区的陶俑与这两座墓葬的陶俑并不相同。阿斯塔那墓中的大型陶俑是用木头交叉捆绑作为支撑点，然后在木棍上捆扎芦苇或其他草类，做出内部形状后，再上一层粗泥做出俑类的细部，如五官表情、衣纹皱褶等。[2] 根据仆固乙突墓中断成几截的天王俑来看，该俑内部不存在木头交叉捆绑做

1　박아림，낸시 S. 몽골 바양노르 벽화묘와 복고을돌묘 출토 용과 비잔틴 금화 연구. 중앙아시아연구，2017, 22(1), p. 84.

2　姚书文：《阿斯塔那出土小型泥俑的制作方法》，《新疆文物》2009 年第 2 期，第 87 页。

支撑。

前文中证明，两座墓葬均为别敕葬，因此，墓中的明器是依据唐朝制度，在甄官署的统一安排下制作的。但由于陶俑难以长距离运输，所以在墓葬旁就近制作是唯一的选择。不过这种临时搭建的作坊制作出的陶俑，很难像关中地区发现的同级别墓葬中的陶俑那样精美。这一推测得到蒙古国考古学家敖其尔的肯定，根据蒙方考古学家检测，巴彦诺尔墓陶俑中的泥土与当地的泥土一致。

（三）木俑分类与初步研究

《唐六典》记载："凡丧葬则供其明器之属……以瓦、木为之。"这说明，木俑和陶俑一样，亦为明器，是唐代墓葬制度中的重要组成部分。在巴彦诺尔墓和仆固乙突墓中，就出土了一些独特的唐代木俑。从考古报告和发掘现场的图片来看，除巴彦诺尔墓壁龛中的4个木制文官俑外，大多数木俑是在主墓室中被发现的。

1. 木俑的题材

巴彦诺尔墓主墓室中出土木制品共12种，[1] 约20件，包括女侍、胡人以及迦陵频伽、青龙、白虎、朱雀、玄武等神兽，还有马和水鸟等动物。虽然墓中发现的木制品数量不多，但制作工艺非常有趣。这些雕像制作非常精美，外面涂着美丽的彩色颜料。

在附近的仆固乙突墓中，同样出土了许多有着特殊器型的木俑，也均发现在墓室中，共有约47件，题材包括侍从、马、骆驼、鱼、迦陵频伽、鸟、青龙、白虎、朱雀、玄武等。

1　А.Очир, Л.Эрдэнэболд, С. Харжаубай, Х.Жантегин, *Эртний Нүүдэлчдийн Бунхант Булшны Малтлага Судалгаа*, Улаанбаатар, 2013, p.197.

（1）迦陵频伽俑

　　根据考古报告，"迦陵频伽"（Kalavinka）木俑在巴彦诺尔墓中
发现1件，用木材刻画而成的鼓腹而立的人胸、鸟尾神兽形象，穿
着斜衽开襟的衣服，衣襟绘有黑、绿、红色纹饰，大腿旁钻孔。身
体的主体、头、腿、翅膀都是分别制作然后再组装起来的。原物所
表现的衣襟上绘制出了各种颜色的花纹。[1]

　　这种"迦陵频伽"形制的木俑在仆固乙突墓中亦有发现（图
3-9），除了有两个鸟身人首"迦陵频伽"之外，亦有多个鸟形"迦
陵频伽"，斯加夫将其原型比定为佛教的迦楼罗（Garuda）。仆固乙

图3-9 仆固乙突墓出土迦陵频伽木俑

1　А.Очир, Л.Эрдэнэболд, С. Харжаубай, Х.Жантегин, *Эртний Нүүдэлчдийн Бунхант Булшны*
Малтлага Судалгаа, Улаанбаатар, 2013, p.198.

突墓中的类似木俑不仅数量多，保存情况也好于巴彦诺尔墓。

（2）侍从俑

巴彦诺尔墓主墓室中侍从俑保存状况尚可的，可见图3-10中的12件，均仅剩胸部以上部分，胸部以下的衣服已腐朽。考古人员识别出五件木制女性胸像，因为保存状况差，只能大致判断为发髻堆系在头上的女性胸像。另外还分辨出四件木刻男性胸像，因为木雕长期处在潮湿环境中，保存状况较差，颜色已经不清楚，面容也已经模糊不清。木俑的眼、鼻、口、耳用红色颜料染绘。木雕像上的其他部分用了棕黄色、黑色、红色颜料。[1]从女性的头部来看，木俑体现了典型的唐代仕女发饰和妆容，而男性主要形象特征为络腮胡、高鼻深目，是典型的胡人样式。

这类木俑在仆固乙突墓中亦有多个。而且，仆固乙突墓的木人俑保存状况比巴彦诺尔墓好得多，除了木制胸像以外，还有不少连衣服都基本保存完好的木俑，让我们看到了木制胸像的全貌。木女俑身着带有联珠纹的丝绸上衣，下身穿初唐时期常见的条纹长裙。

另外，仆固乙突墓中戴尖帽、下身穿虎纹裤的胡人俑样式也十分罕见。仆固乙突墓中出土了两件虎纹裤胡人俑，其中一个手持马球杆（图3-12）。与巴彦诺尔墓相比，仆固乙突墓中的侍从俑种类和数量明显更多。斯加夫发现，唐代发现木俑最多的墓葬可能是位于吐鲁番阿斯塔那的73TAM206号墓。而仆固乙突墓中的木俑数量可能是现存唐代墓葬中第二多的。[2]

1　А.Очир, Л.Эрдэнэболд, С. Харжаубай, Х.Жантегин, *Эртний Нүүдэлчдийн Бунхант Булшны Малтлага Судалгаа*, Улаанбаатар, 2013, pp.202-204.

2　Jonathan Karam Skaff, "The Tomb of Pugu Yitu (635-678) in Mongolia: Tang-Turkic Diplomacy and Ritual," *Competing Narratives between Nomadic People and their Sedentary Neighbours*, Algyő, 2019, p.301.

图 3-10　巴彦诺尔墓主墓室出土的木侍女俑和男俑

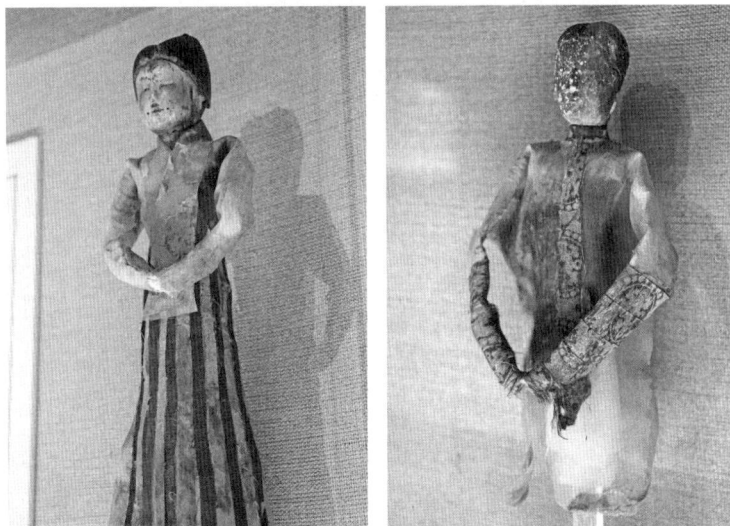

图 3-11　仆固乙突墓出土木俑

（徐弛摄）

图 3-12　仆固乙突墓中虎纹裤胡人俑

（3）四神俑

四神俑为青龙、白虎、朱雀、玄武木俑。巴彦诺尔墓、仆固乙突墓出土的四神俑（图 3-13—17）中的青龙、白虎，上有神仙骑乘。仙人骑龙虎是我国自战国以来的传统题材，发展到汉代达到一个高峰，但其往往是作为仙界场景的一个要素或主纹的辅助出现的。到了南北朝时期，仙人神兽的组合已经成为墓室绘画的主要题材。这种仙人与神兽共同嬉戏的表现形式是南朝的特点，从中可以看出南朝贵族的优裕自在，采取汉化政策的北魏的画像石棺之图像应是在南朝的影响下产生的。而在同期或稍后的北方，采用仙人骑

图3-13　巴彦诺尔墓中的白虎头　　　　图3-14　仆固乙突墓中的白虎头

图3-15　巴彦诺尔墓中的玄武　　　　　图3-16　仆固乙突墓中的玄武

图3-17　巴彦诺尔墓中的神仙骑乘俑

龙虎题材的做法更加流行，其流风蔓延至隋唐乃至明清建筑装饰。[1]
隋唐时期，在壁画中绘制及石雕线刻青龙白虎朱雀玄武四神形象的

1　刘卫鹏：《浙江余杭小横山南朝画像砖墓飞仙和仙人》，《中国国家博物馆馆刊》2016年第9期，
　　第49页。

墓葬常见，但以木俑雕刻四神的仅见于巴彦诺尔墓及仆固乙突墓。仆固乙突墓中的四神保存状况不佳，在博物馆，笔者发现了玄武的身体和白虎的头部。

　　巴彦诺尔墓墓道中有四神壁画及四神木俑，但仆固乙突墓中仅发现了四神木俑。齐东方认为，社会发展经过一段时期的稳定，军功集团的地位逐渐被文官甚至近宠宦官取代，人们失去了用仪仗俑群表现地位的兴趣，仪仗俑群逐渐消失，长墓道、带小龛的墓也成为不必要的形式，因此随葬品和墓葬形制出现了同步变化。[1] 从初唐到盛唐，四神图像逐渐从墓道两侧进入墓室之内，四神图像是为墓主人到彼岸服务的，其位置从墓道移至墓室，说明墓葬修建者关于四神的信仰发生了变化。[2] 巴彦诺尔墓等墓中木雕四神中的青龙、白虎均有神仙骑乘，又发现在墓室里，可能起引导死者灵魂以及护佑的作用。

　　（4）马车

　　见于巴彦诺尔墓（图3-18）。根据发掘简报，我们得知主墓室北侧铺放长方形木质供台，其上摆放各种供品，包括木雕的马、骆驼、车等。[3] 根据图录和考古报告，我们发现两匹木雕的枣红色骏马。笔者认为，由于马和两个车轮均发现在祭台上，应该是组合使用的，因此我们应该将两匹马和车看作一组木雕车马俑。而主墓室放置这辆马车的作用，可能与四神有关。意义可能是在四神的护佑下，主人搭乘马车，到达自己的灵魂栖居之所。

1　齐东方：《唐代的丧葬观念习俗与礼仪制度》，《考古学报》2006年第1期，第61—84页。

2　吴思佳：《唐代墓室壁画中四神的形制走向与道教意义》，《中国美术研究》2017年第1期，第122页。

3　〔蒙〕阿·敖其尔等：《蒙古国布尔干省巴彦诺尔突厥壁画墓的发掘》，萨仁毕力格译，《草原文物》2014年第1期，第16页。

图 3-18　巴彦诺尔墓中的马车残件

（5）鸠杖杖头

见于巴彦诺尔墓。巴彦诺尔墓中发现的木鸟长 11.6 厘米，宽 2.47 厘米，高 3 厘米，与前述迦陵频伽、朱雀的造型完全不同（图 3-19）。根据武威磨嘴子汉墓（图 3-20）及其他甘肃地区发现的汉晋墓葬内同类型木俑来看，木鸟放在棺材旁边。说明木鸟可能是鸠杖的杖头。

此外，仆固乙突墓中还发现了独特的木雕鱼俑（图 3-21），目

图 3-19　巴彦诺尔墓中的鸠杖头

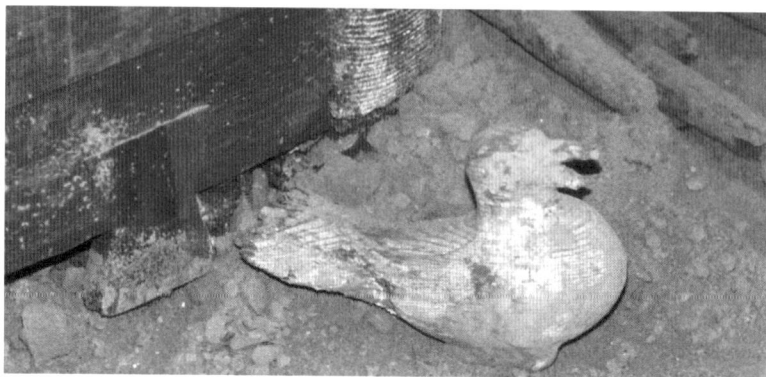

图 3-20　磨嘴子汉墓鸠杖杖头出土现场

图 3-21　仆固乙突墓中的木雕鱼俑

前我们无法解释鱼俑的意义，可能还需要更多证据才能够证明。

2. 与国内木俑的对比研究

木俑在中原地区的墓葬中非常罕见，仅见的几例，与巴彦诺尔墓和仆固乙突墓中木俑在墓中的摆放位置、制作技法以及题材都不尽相同。例如在懿德太子墓中发现了大量木俑，共计 162 件，但目前保存较好的只有 8 件，均为彩绘风帽俑；陪葬乾陵的永泰公主墓也出土过木俑，以一整块木头雕刻而成，敷一层白底将木胎完全遮盖再着色；[1] 又如河南省焦作市博物馆藏有 5 件胡人舞蹈木俑；[2] 扬州及周边发现的五代木俑，棱角分明，以一整块木头雕刻而成。[3] 但巴彦诺尔墓和仆固乙突墓中的木俑，是分别制作出身体的各个部件再拼接而成，且雕刻精美写实，与上述木俑不尽相同。类似的木俑，可以在河西走廊到吐鲁番一带找到原型。

2019 年 9 月，在甘肃省武威市天祝县祁连镇岔山村北的山顶之上，发现了武周天授二年（691）吐谷浑王族成员喜王慕容智墓。[4] 其主墓室中木俑的制作风格和器物组合与巴彦诺尔墓惊人相似。墓中主墓室发现的迦陵频伽、四神、侍从等题材的木俑，以及墓中木俑的制作风格，与巴彦诺尔墓和仆固乙突墓中的同类器物极为相似。

关于侍女俑，我们将仆固乙突墓和吐鲁番阿斯塔那 206 号张雄夫妇墓出土木俑（图 3-22）进行对比，发现两者均身着联珠纹丝绸上衣以及初唐时期常见的条纹长裙。慕容智墓中也有类似的木制人俑出现。这座墓葬保存状况极佳，墓中随葬品几乎未经扰动。据墓葬发掘者介绍，这座墓葬中的木俑是围着主墓室中的胡床环绕一圈

1　陕西省考古研究院、乾陵博物馆编著《唐懿德太子墓发掘报告》，第 360 页。

2　赵维娜、景文娟：《乾陵陪葬墓出土木俑浅析》，《乾陵文化研究》（七），三秦出版社，2012 年，第 20—21 页。

3　南京大学历史学院文物考古系等：《江苏扬州市秋实路五代至宋代墓葬的发掘》，《考古》2017 年第 4 期，第 59 页。

4　甘肃省文物考古研究所、武威市文物考古研究所、天祝藏族自治县博物馆等：《甘肃武周时期吐谷浑喜王慕容智墓发掘简报》，《考古与文物》2021 年第 2 期，第 15 页。

图 3-22　阿斯塔那墓出土女俑

排列（图 3-23）。因此我们推测，巴彦诺尔墓和仆固乙突墓中的这些木俑的作用，可能是侍奉墓主人。

仆固乙突墓中身着虎纹裤的侍从俑，在甘肃开元十八年（730）穆泰墓中亦有类似发现。该俑头戴白色尖顶高帽，身穿高领窄袖缺胯右衽长袍。下穿虎纹小口皮裤，足穿黑履（见图 3-24）。[1]

通过比较发现，仆固乙突墓和慕容智墓中的木侍从俑有一些共同点是巴彦诺尔墓木俑不具备的。仆固乙突墓和慕容智墓均有不同大小、样式更多样化的木侍从俑，而巴彦诺尔墓中的木雕侍从俑风格和大小较为单一。这些风格多样的木俑，也出土于宁夏盐池 M3 唐墓。该墓葬为武周时期都尉何府君之墓，根据墓志，何府君为大夏月氏人。其附近的 M6 墓葬出土有胡旋舞石门，可知这个墓葬群埋葬的可能为六胡州的昭武九姓何氏家族。[2] 由此可见，仆固乙突墓作为建造时间更晚的墓葬，与武周时期的慕容智墓和何府君墓有更多的相

1　林健：《甘肃出土的隋唐胡人俑》，《文物》2009 年第 1 期，第 72 页。
2　宁夏回族自治区博物馆：《宁夏盐池唐墓发掘简报》，《文物》1988 年第 9 期，第 50—55 页。

图 3-23　慕容智墓中的木俑

图 3-24　穆泰墓出土胡人牵驼俑

似性，而巴彦诺尔墓建造时间较早，没有体现出这些特点。

　　在 2019 年发现的慕容智墓中，四神木俑亦完整地在主墓室中出土（图 3-25）。出现在主墓室里的四神木俑虽然只发现了此三例，但四神并非第一次出现在主墓室里。有很多唐墓用壁画的形式在主墓室的四方绘制四神。[1]

　　在巴彦诺尔墓和仆固乙突墓的木俑中，侍女俑、四神俑体现出深刻的中原文化因素，"迦陵频伽"木俑以及仆固乙突墓出土的胡人俑等则体现出浓厚的外来文化风格。此时河西地区与漠北交通便利，乙突死后，仆固部造反，皇帝即调河西骑士前来平叛。"天子命左豹韬卫将军刘敬周发河西骑士，自居延海入以讨之，特敕左补

图 3-25　慕容智墓中的玄武

---

[1]　吴思佳：《唐代墓室壁画中四神的形制走向与道教意义》，《中国美术研究》2017 年第 1 期，第 120—122 页。

阙乔知之摄侍御史，护其军。"[1] 由于河西与漠北之间常常需要进行兵员调动，因此河西至漠北的草原丝绸之路长期畅通。因此，一种可能是这些木俑来自河西走廊。当然也不能排除另一种可能，即这些木俑实际上并不特殊，本应广泛存在于高宗、武后时期的高规格墓葬中，但只有位于新疆、甘肃以及蒙古国的这几处墓葬，因保存条件适宜，才有机会使其在千年后重现人间。关于这一问题的进一步探讨，还有待更多发现。

二 葬具

巴彦诺尔墓主墓室中用于盛放墓主人遗骸的容器为木质棺椁，在棺内又置小型木箱，盛放死者骨殖。[2] 虽然根据最新检测结果，巴彦诺尔墓中有焚烧痕迹的"墓主人遗骸"实为羊骨，但这没有改变我们对巴彦诺尔墓墓主人葬俗的认识。我们认为墓主深受突厥文化影响，可能采用了火葬。仆固乙突墓中也存在相同的情况，仆固乙突墓中置木质棺椁，但里面同样只发现了一些焚烧过的羊骨。[3]

乙突"以仪凤三年二月廿九日遘疾，终于部落"，但在半年以后，"以其年岁次戊寅八月乙酉朔十八日壬寅永窆于缬硌原，礼也"。[4] 这即所谓"待时而葬"，同样让人想到《周书·突厥传》里突厥的葬俗：

> 择日，取亡者所乘马及经服用之物，并尸俱焚之，收其余

---

1 《陈子昂集》卷六《志铭》，第137页。

2 Батболд, *Мартагдсан Пугу Аймаг,* Улаанбаатар, 2017, pp. 114-117.

3 Батболд, *Мартагдсан Пугу Аймаг,* Улаанбаатар, 2017, pp. 114-117.

4 杨富学：《蒙古国新出土仆固墓志研究》，《文物》2014年第5期，第78页。

灰，待时而葬。春夏死者，候草木黄落；秋冬死者，候华叶荣
茂，然始坎而瘗之。[1]

仆固乙突与巴彦诺尔墓墓主人一样，也深受突厥葬俗影响，不
想将自己的尸骨放入木棺内。史料记载："突厥事火，不施床，以木
含火，故敬而不居，但地敷重茵而已。"[2] 沙畹在参考《柏朗嘉宾蒙
古行纪》(*Jean du Plan de Carpin*) 后发现，"突厥巫师使罗马使臣行
逾火焰，谓此清净其身"。[3] 可见突厥事火的最初理由，是他们认为
自身不洁，而火焰十分干净，可以清洁他们的身体。而木中含火，
因此同样洁净，故"敬而不居"。

使用木棺实际是遵循了唐朝的丧葬制度，在唐朝，"大唐制，诸
葬不得以石为棺椁及石室。其棺椁皆不得雕镂彩画、施户牖栏槛，
棺内又不得有金宝珠玉"。[4] 但按照别敕葬制度的优待，如同时期的
郑仁泰等人一样，两墓的墓主人依制是可以使用石制葬具的。事实
上，唐朝是尊重草原族群的信仰和崇拜的，比如李世民信任的李思
摩。他在西突厥时，在漠北统领铁勒各部，到了东突厥，劝颉利可
汗归唐，对颉利可汗忠心耿耿，在危难中仍不离不弃。入唐之后赐
姓李，深受重用。李思摩的墓葬虽然没有发掘简报可供参考，但其
墓志记载"仍任蕃法烧讫，然后葬"。[5] 虽然我们不知李思摩墓是
否采用石棺床，但既然唐朝如此尊重李思摩的信仰，允许他采用蕃

1　《周书》卷五〇《突厥传》，第 910 页。
2　《大慈恩寺三藏法师传》卷二，第 28 页。
3　〔法〕沙畹：《西突厥史料》，第 177 页。
4　《通典》卷八五《礼四十五》，第 2299 页。
5　《大唐故右武卫大将军赠兵部尚书谥曰顺李君（思摩）墓志铭并序》，张沛编著《昭陵碑石》，
　　三秦出版社，1993 年，第 113 页；吴钢主编《全唐文补遗》第 3 辑，三秦出版社，1996 年，
　　第 339 页。

法烧葬，那么是有可能采用石制葬具的。对李思摩来说，这也是值得写入墓志的荣耀。据阿史那忠墓发掘简报，阿史那忠墓墓室西侧有砖砌棺床，长 3 米、宽 2.1 米、高 0.3 米，[1] 可见，由于皇帝的信任，阿史那忠对自己的墓葬中的关键要素有决定权，因此采用了石制棺床，这也符合草原上的突厥人采用石围墓作为自己墓葬的传统习俗。但沈睿文认为，由于他娶了李世民和韦贵妃之女定襄县主，墓中出土了棺钉，因此墓中一定有木制棺椁。阿史那忠可能没有采用烧葬，但这只是孤例。在突厥墓葬中，盛殓骨灰多用石棺或骨灰陶瓮，绝少使用木制葬具，甚至裸身掩于土坑之中时，突厥人也不敢安魂于任何木制葬物之上。[2] 因此笔者认为，两墓如采用石制葬具，可能墓主人是会做出妥协埋葬在墓中的。但两墓均未使用石制葬具，可能另有原因。

　　根据前文中程义的研究，按照巴彦诺尔墓的级别，它是可以拥有石门、石棺床等葬具的，[3] 但巴彦诺尔墓中本应有的石制品却全部缺失。仆固乙突墓也存在类似情况，虽然有墓志盖和墓志铭，但其上却没有唐朝同时代这一等级墓志上的精美雕刻装饰，可见仆固乙突墓志很可能是石匠在当地雕刻的。仆固乙突墓不仅有墓志，墓上还立有碑，但也没有采用石棺，说明没有使用石棺与当地缺乏石匠无关。可见，在两座墓葬修建时，是没有给墓葬使用石棺这一选项的。巴彦诺尔墓和仆固乙突墓为何在这么重要的葬具选择问题上没有任何商量的余地，要全部使用木棺呢？

　　笔者推测，使用木棺的原因与唐朝耗费心力为仆固乙突和巴彦诺尔墓墓主人修建唐式墓葬的原因如出一辙，即用一整套的汉式礼

1　王玉清等：《唐阿史那忠墓发掘简报》，《考古》1977 年第 2 期，第 132 页。

2　刘永连：《突厥丧葬风俗研究》，广西师范大学出版社，2012 年，第 147 页。

3　程义：《关中地区唐代墓葬研究》，第 337 页。

仪将其安葬，用这种方式将仆固部及漠北其他部族纳入儒家忠君的文化序列里，以期将多部族势力聚合。李鸿宾认为，"以夷制夷"的老套路始终有其作用，拉拢、诱惑、奖赏，并将他们纳入儒家忠君的文化序列里，是朝廷处理多民族势力聚合一起努力的目标。[1] 在如此遥远的地方修建这种高级别墓葬，耗资巨大。根据巴图宝力道的研究，仆固部在漠北拥有巨大影响力，其势力在漠北举足轻重，统治漠北地区的政权想要在漠北站稳脚跟，都要与仆固部保持友好关系或联姻。[2] 如李丹婕所述，兴建高规格大墓不仅仅是为了让仆固部对唐朝保持忠诚，而是要向来参加葬礼的漠北各部宾客进行展示。葬礼一方面可以显示墓主与唐朝的关系密切，展示墓主所在部落的权力和地位；另一方面，这种葬礼更是唐朝向漠北各部展示力量的机会。唐朝用一场隆重的葬礼，告诉来参加葬礼的漠北各部首领和贵族，忠于唐朝将给他们带来显赫地位和大量好处。唐朝以修建高规格唐式墓葬和举办隆重葬礼的方式，以仆固部为示范，加速漠北各部族的汉化，是其在漠北进行羁縻统治的一个重要尝试，目的是强化漠北各部对自己的认同。而仆固乙突也作为铁勒仆固部忠君的代表，以蕃臣像的形式守卫乾陵。在长安的各部族蕃臣贵族在参加乾陵的祭祀活动时，亦会看到仆固乙突的石像。二者相互呼应，为羁縻统治下的部族汉化做出示范。

而对没有如此重要地位的铁勒部落首领，唐朝仅用立碑的方式增加其认同，不干涉其原有葬俗。如第二任卢山都督墓园，根据考古报告，该遗址范围 70 米 × 40 米，共发现了 6 座石围墓，石围墓的石板都只有一面有花纹，[3] 可见这里为卢山都督家族合葬墓。与之

1　李鸿宾：《墓志所见唐朝的胡汉关系与文化认同问题》，第 280—281 页。

2　Батболд, *Мартагдсан Пугу Аймаг*, Улаанбаатар, 2017, pp.211-213.

3　鈴木宏节「唐の羈縻支配と九姓鉄勒の思結部」『内陸アジア言語の研究』第 30 辑、2015 年、227 頁。

类似，仆固乙突墓和巴彦诺尔墓所在的范围为仆固部的葬地，笔者2019 年暑假在仆固乙突墓和巴彦诺尔墓进行实地考察，发现这里还有很多有园墙的封土堆，但规模较小，可能为仆固部其他成员的墓葬。在这一范围内，已经有两座按照唐制营建的墓葬。两者比较，可以看出唐朝以仆固部为示范，在漠北推行唐朝葬俗；而对较为偏远的思结部，则没有付出如此多的心血。

三　墓志与立碑

　　巴彦诺尔墓没有随葬墓志，这一直是研究的一个谜团，墓上是否有石碑，更是无人知晓。李丹婕认为，未随葬墓志这一事实尤其暗示了巴彦诺尔墓葬事主持者对"视觉"而非"文字"媒介的重视，认为这次葬事有熟知唐朝丧葬制度的官员或工匠参与，但很可能并非唐朝官方主导，葬事主持者显然在各种墓葬要素中进行了选择，采纳了建筑、图像和器物等视觉性要素，文字性的墓志则被舍弃了。[1] 我们在前文中已厘清该墓葬是唐朝主导建造的事实，虽然从草原贵族的角度来看，这是一处祭祀场所，也在别敕葬的制度下，按照墓主人家属的意见在墓中添加了很多该墓葬特有的内容，但墓主人家属在关键问题上没有决定权。墓中没有发现墓志，绝非葬事主持者有意舍弃文字要素。接下来，我们将参考漠北羁縻府州时期其他都督的墓葬，解开巴彦诺尔墓没有墓志和墓碑的谜团。

　　首先我们可以确定，仆固乙突墓既有墓志，也有立碑。仆固乙

1　李丹婕:《初唐铁勒酋长政治身份的多重表达——细读蒙古巴彦诺尔壁画墓》,《艺术史研究》第 19 辑，第 157 页。

突墓志（图3-26）记载，"凡厥丧葬，并令官给，并为立碑"。仆固乙突墓志现世后，墓志中记载的这块石碑依然不知所踪。可就在最近，蒙古国考古学家在巴彦诺尔墓附近的牧民家中，发现了仆固乙突的墓碑残块（图3-27）。该残碑被牧民搬来，用作筑井的建筑构件，垒在一堆乱石之中。残碑上"乙突""金微都督""开国子"等字样清晰可见，可以与仆固乙突墓志对应，足以证明该碑为仆固乙突墓前的石碑。2023年8月，笔者在布尔干省博物馆外的草坪上看到了这块神道碑。在该碑最后，"寅八月乙酉"几个字清晰可辨，与仆固乙突墓志上"戊寅八月乙酉朔十八日壬寅永窆于缬碢原"一致。另外，从"乙突"二字的写法来看，石碑与墓志字体完全一样，应为同一个石匠所刻。因此石碑与墓志应为同时制作，同时放置。

在仆固乙突墓发掘后的次年，当地一位牧民在墓茔附近放牧时发现了一件刻有突厥如尼文的银折肩罐，文字如下：

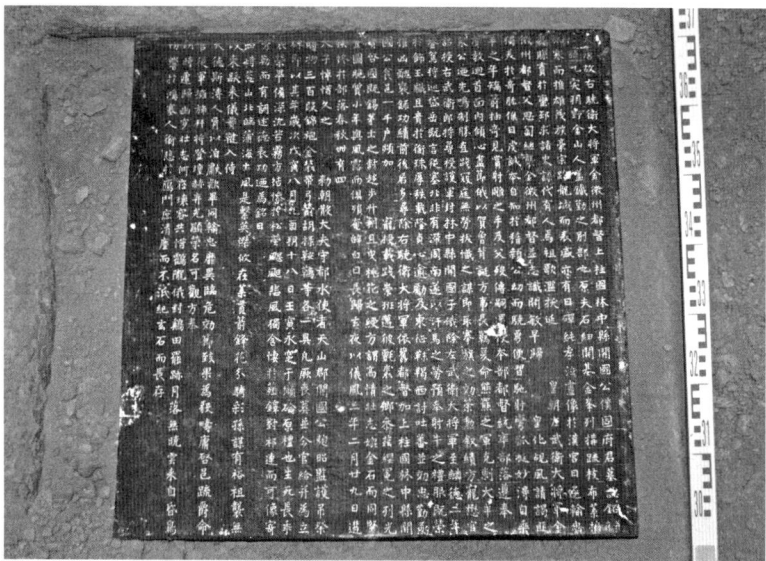

图3-26　仆固乙突墓志

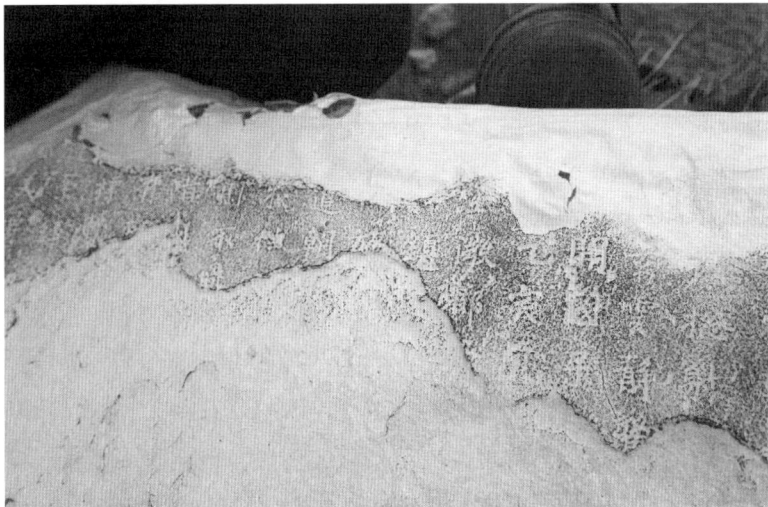

图 3-27　金微都督仆固乙突墓碑残片
（巴图宝力道摄）

Qutluɣ boluŋ a! Säbigdäš ay! Qïblïɣ enlig boluŋ a!

概译：祝您幸福，啊！娑匐德式啊！天神善良和恩爱啊！[1]

　　羁縻府州时期，突厥如尼文仍未发明，因此该银折肩罐可能是仆固部的后人祭祀乙突时使用的。他们每次祭祀，应该都可以看到仆固乙突墓前的石碑。因此在某种程度上，立碑确实可以起到一定效果，但这种效果是非常有限的，很难起到增进认同的作用。

　　关于巴彦诺尔墓的石碑也出现了新的线索。在离巴彦诺尔墓西南约 20 公里处有辽代三连城遗址，在其中的青陶勒盖古城中，蒙古

1　〔蒙〕巴图宝力道、奥特功：《突厥、回鹘文中的"娑匐 Säbig"一词考释》，《草原文物》2015 年第 2 期，第 113 页。文中将该文物命名为银碗。但根据孙机先生的研究，这种类型的器具被他归类为 I 型折肩罐。见孙机《论近年内蒙古出土的突厥与突厥式金银器》，《文物》1993 年第 8 期，第 48—58 页；另见氏著《中国圣火——中国古文物与东西文化交流中的若干问题》，辽宁教育出版社，1996 年，第 260—277 页。

国考古学家发现了两个龟趺。巴图宝力道认为，其中一个龟趺可能就是契丹人从巴彦诺尔墓上搬过去的，[1] 因此他认为，巴彦诺尔墓是有石碑的，但还有待进一步研究。不过基于巴彦诺尔墓中没有发现墓志这一情况，笔者还是倾向于认为巴彦诺尔墓上也没有石碑，但这绝不意味着唐朝在修建巴彦诺尔墓时摒弃了文字要素。我们已知仆固乙突墓墓志、石碑为同一人制作，且同时设置，另外，同时期其他羁縻都督府所在的位置也发现了汉文石碑。日本学者铃木宏节发表了关于卢山都督府的论文，文中介绍了唐朝羁縻统治时期铁勒思结部一位都督的墓碑，但其墓葬的葬式与突厥石围墓类似。[2] 唐朝在没有干涉思结部卢山都督葬俗的情况下，依然要在他的葬地立碑并刻写其生平功绩，因此，很难相信唐朝在修建巴彦诺尔墓时，没有依照丧葬制度派遣石匠去漠北制作墓志和石碑。笔者推测，巴彦诺尔墓没有墓志最有可能的原因是给巴彦诺尔墓制作墓志和墓碑的石匠在去漠北途中染疾或发生意外去世，再次派遣石匠又很难按期举行葬礼，这才导致巴彦诺尔墓没有墓志。

四　赐物

根据仆固乙突墓志，"天子悼惜久之，敕朝散大夫、守都水使者、天山郡开国公魏昭，监护吊祭，赗物三百段，锦袍、金装带、弓箭、胡禄、鞍鞯等各一具"。[3] 笔者在小节标题中之所以没有使用乙突墓志中出现的"赗物"，是因为根据《说苑》中的解释，"赗

1　来自巴图宝力道与笔者的私下交流。

2　鈴木宏節「唐の羈縻支配と九姓鉄勒の思結部」『内陸アジア言語の研究』第 30 輯、2015 年、229−230 頁。

3　杨富学：《蒙古国新出土仆固墓志研究》，《文物》2014 年第 5 期，第 78 页。

者何？丧事有賵者，盖以乘马束帛。舆马曰賵，货财曰赙，衣被曰
禭，口实曰唅，玩好曰赠。知生者赙、賵，知死者赠、禭。赠、禭
所以送死也，赙、賵所以佐生也"。[1] 可见，"赙物"是赐予死者家
属的，不会在墓中体现。又依唐令，"诸职事官薨卒，文武一品赙物
二百段，粟二百石；二品物一百五十段，粟一百五十石；三品物
百段，粟百石……其别敕赐者，不在折限"。[2] 仆固乙突墓的"赙
物三百段"超过所有级别的官员，可见应属别敕葬，同时送来的
锦袍、金装带、弓箭、胡禄、鞍辔等物亦属经过精心挑选的赏赐。
本小节主要讨论的是墓中的御赐器物，应称为"赠"或"禭"，而
非帮助生者家属生活的"赙物三百段"。按照唐朝传统，本小节标
题采用了含义更为广泛的"赐物"，"赐"在唐朝墓志中，既可指赐
生者的财物，也可指赐逝者的随葬物。[3]

　　史书中还记载过羁縻府州时期漠北的其他羁縻都督去世后，朝
廷赐物吊祭的案例。例如，"贞观二十二年,（瀚海都督）吐迷度为
其侄乌纥所杀……太宗恐回纥部落携离，十月，遣兵部尚书崔敦礼
往安抚之，仍以敦礼为金山道副将军。赠吐迷度左卫大将军，赙物
及衣服设祭甚厚"。[4] 史书中记载"赙物及衣服设祭甚厚"，但未记
载赠予的具体物品种类。

　　仆固乙突墓志中提到高宗赐予他随葬品"锦袍、金装带、弓
箭、胡禄、鞍辔等各一具"，虽然仆固乙突墓历经盗掘，这些贵重

1　（汉）刘向撰，向宗鲁校证《说苑校证》，中华书局，1987 年，第 492 页。

2　《通典》卷八六《礼四十六》，第 2333 页。又见吴丽娱《唐丧葬令复原研究》，见天一阁博
　　物馆、中国社会科学院历史研究所校证《天一阁藏明钞本天圣令校证（附唐令复原研究）》
　　下册，中华书局，2006 年，第 710 页。

3　朱鹏东统计并列举了唐朝各墓志中赐物的内容，见朱鹏东《唐代赗赙礼俗研究》，硕士学位
　　论文，延安大学，第 17—54 页。

4　《旧唐书》卷一九五《回纥传》，第 5197 页。

物品没有留存下来，但在巴彦诺尔墓中，仆固乙突墓志提到的这些赐物大多可在墓中找到。

（一）锦袍

巴彦诺尔墓中出土了至少三种织锦：第一种没有纹饰；第二种上面的图案为某种植物；第三种可能是来自西域，上面能看到联珠纹和里面人物的裤腿，根据裤腿的式样，可以判断其为胡人，应该也是来自西域、中亚等地的样式。关于"锦袍"的定义，根据文献，锦袍在唐代一般来说指有华美纹饰的服装，特别是来自西域乃至更远地区的华美服饰。如吐谷浑"其妻衣织成裙，披锦袍，辫髻于后，首戴金花"[1]、康国"丈夫剪发，锦袍"[2]、越底延国"王及庶人剪发，衣锦袍，不开缝"[3]、波斯"其王坐金羊座，戴金花冠，衣锦袍、织成帔，饰以真珠宝物"[4]。可见皇帝赐的锦袍最有可能是巴彦诺尔墓中发现的第三种织物残片——胡锦（图3-28）。

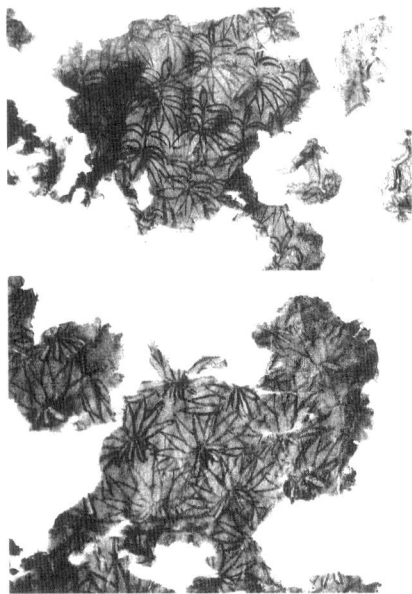

图3-28　巴彦诺尔墓中出土的织锦残片之一

1　《通典》卷一九〇《边防六》，第5165页。

2　《通典》卷一九三《边防九》，第5255页。

3　《通典》卷一九三《边防九》，第5278页。

4　《通典》卷一九三《边防九》，第5270页。

图 3-29 巴彦诺尔墓中出土的织锦残片之二

图 3-30　蒙古国西沃图突厥祭祀遗址的石人

而唐朝皇帝特赐仆固乙突和巴彦诺尔墓墓主人胡锦，可能也有投其所好的意味。而在甘肃武威慕容智墓中，发现了多件锦袍，保存更为完好。

在蒙古国发现过身穿锦袍的草原石人。蒙古国前杭爱省伊森巨勒苏木西沃图山的山坡阳面突厥祭祀遗址的石人身上的纹饰，[1] 应该是体现出他身穿锦袍的模样。

（二）金装带

"金装带"一词同样源于仆固乙突墓志。从带扣来看，巴彦诺尔墓中发现了两个正常尺寸的金带具。第一个带具，带扣镶宝石，长 4.65 厘米，宽 3.29 厘米。该带扣应为唐朝所赐。据《通典》：

> 上元元年八月，敕文武官三品以上，金玉带，十二銙；四品，金带，十一銙；五品，金带，十銙；六品、七品，并银

1　中国内蒙古自治区文物考古研究所、蒙古国游牧文化研究国际学院、蒙古国国家博物馆编《蒙古国古代游牧民族文化遗存考古调查报告（2005—2006 年）》，文物出版社，2008 年，第 196—197 页。

带，九镑。[1]

前文提到，巴彦诺尔墓墓主最有可能为仆固歌滥拔延，为正三品以上官员。根据《通典》，上元元年（674）将官员带具进行了制度化规定，正三品以上金玉带，十二镑。巴彦诺尔墓发现的金带具为方镑，镶有宝石，但该宝石为其他材质，应非玉石，但这一发现与墓主人正三品以上高官的身份基本吻合，但镑的数量已经很难判断。这件金带具应为墓主人作为正三品官员日常佩戴的，而非朝廷在墓主人死后派人吊祭时赏赐的。

与之类似，慕容智墓的金带具也为金镶宝石（图3-33）。慕容智墓的金镑带保存较为完整，长114厘米，宽3.5厘米。镑带上的方镑长3.5厘米，宽3.39厘米，从形制和大小来看，慕容智墓金镑与巴彦诺尔墓的金镑类似，均为镶宝石金镑。慕容智为左玉钤卫大将军，正三品，镶宝石金镑带符合其身份与地位。[2]慕容智死于武周时期，在上元元年之后，此时三品以上官员应着金玉带，但慕容智

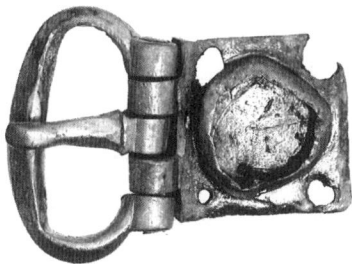

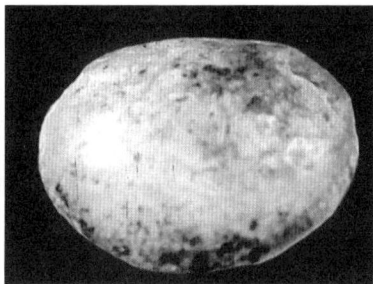

图3-31　巴彦诺尔墓中的金带扣　　　图3-32　巴彦诺尔墓中的宝石

1　《通典》卷六三《礼二十三》，第1769页。

2　甘肃省文物考古研究所编《王国的背影——吐谷浑慕容智墓出土文物》，文物出版社，2022年，第116—119页。

图 3-33　慕容智墓中的金带扣

的金銙带也没有镶玉。由此可见，所谓金玉带，玉可以用其他宝石代替。

　　另一个突厥式带具，更有可能是仆固乙突墓志中提到的"金装带"，是墓主人去世后皇帝赏赐的。这个金带具上的图案以卷草纹为主。孙机先生在《论近年内蒙古出土的突厥与突厥式金银器》一文中，将俄罗斯的科比内2号墓、施罗斯特基第一地点2号墓、库赖第4地点3号墓与中国内蒙古的奈林稿木头营子2号墓、敖汉旗李家营子2号墓、山西平鲁出土的蹀躞带上的金銙做了比较（图3-34），库赖地区和施罗斯特基第一地点2号墓均在今俄罗斯境内的阿尔泰边疆区，是突厥的主要活动范围。根据史料来看，唐朝确实会赏赐突厥贵族金装带。《册府元龟》记载，开元十二年（724）七月，"令寄可汗锦袍、钿带、银盘、胡餅（即胡瓶），至宜领取"。[1]可见，唐朝皇帝赏赐给部落首领的金带并不一定是微型的，而是日常生活中可以使用的。内蒙古出土的金銙虽然充满突厥色彩，但

1　（宋）王钦若等编《册府元龟》卷九七九《外臣部·和亲第二》，周勋初等校订，凤凰出版社，2006年，第11332页。

李家营子 2 号墓出土的金带具，有的在背面刻有"匠郭俱造"的字样，因此孙机先生认为李家营子的金带具为汉地工匠所造，并进一步分析指出，这些金带具深受突厥人喜爱，是唐朝为了投其所好专门打造的款式。此外，施罗斯特基第一地点 2 号墓还同时出土了"大历元宝"，不仅说明了墓葬的时间，也说明了墓主和唐朝之间有一定关系。[1]巴彦诺尔墓出土的金带具配饰与李家营子和俄罗斯阿尔泰边疆区出土的款式都比较相似，可见如李家营子的一样，巴彦诺尔墓出土的卷草纹突厥式金装带亦有可能为唐朝制作并赏赐。

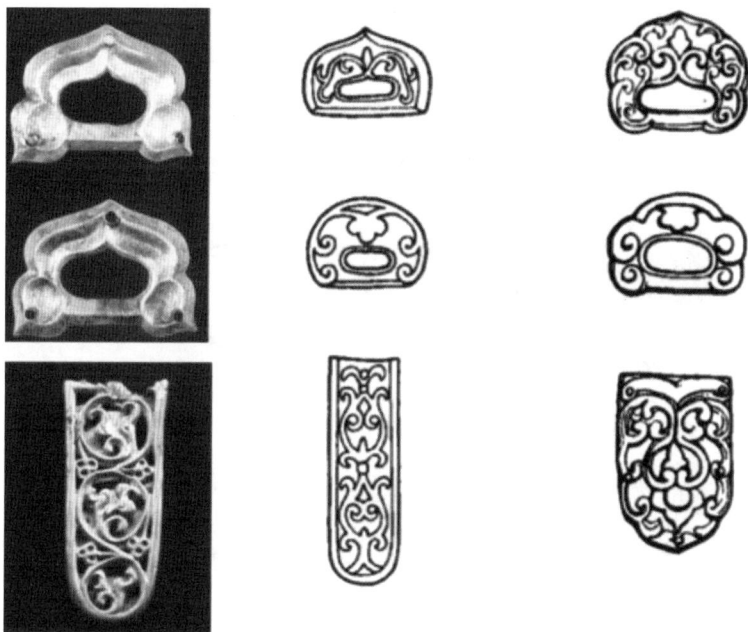

图 3-34　巴彦诺尔墓出土金带具（左）、俄罗斯发现金带具（中）、
李家营子 2 号墓出土金带具（右）

1　孙机：《论近年内蒙古出土的突厥与突厥式金银器》，《文物》1993 年第 8 期，第 55 页。

斯加夫认为，墓葬中有三条微缩版的金带具，可以对应仆固乙突墓志中的"金装带"，应该为唐朝所赐。[1] 巴彦诺尔墓确实出土了远小于正常尺寸的金装带，实为两条（图3-35），以带扣为代表，均为金制，第一件长 2.37 厘米，宽 1.29 厘米；第二件长 2.02 厘米，宽 1.7 厘米。但笔者发现，这些所谓的微缩版"金装带"仅有带扣及极少的同尺寸配件，很难拼凑成完整的带具，因此笔者认为，这些微型带扣更像是墓中出土的突厥式金带具上垂于带下的那部分。

这种微型带扣在库赖第4地点1号突厥墓和毗伽可汗陵中均有出土。从图3-36、图3-37中可见，有两个远小于正常尺寸的带扣，垂在金带具下方。这些微型金带扣的材质与前述锁具、马具、三梁冠的铜鎏金也不同，因此，斯加夫的说法值得商榷，目前没有证据

图 3-35　巴彦诺尔墓出土的微型带扣

1　Jonathan Karam Skaff, "The Tomb of Pugu Yitu (635-678) in Mongolia: Tang−Turkic Diplomacy and Ritual," *Competing Narratives between Nomadic People and their Sedentary Neighbours*, Algyő, 2019, p. 300.

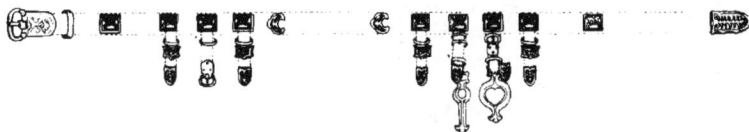

图 3-36　库赖第 4 地点 1 号突厥墓出土金带具

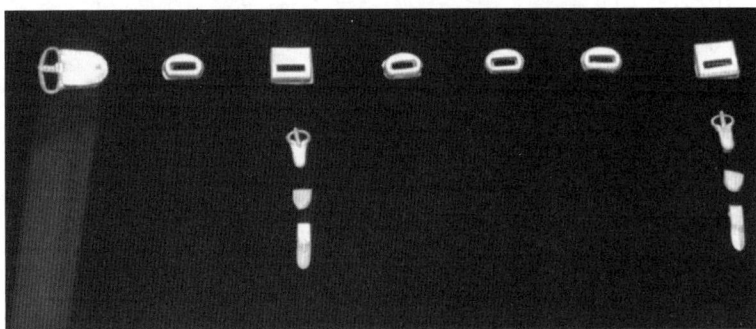

图 3-37　毗伽可汗陵随葬的金带具

（蒙古国和硕柴达木博物馆藏，孙群萃摄）

把这些所谓的微型金带具与仆固乙突墓志中的"金装带"对应上，这些微型金带具只是带具上的垂饰。

巴彦诺尔墓还出土了带有牛纹饰的金带銙（图 3-38）。巴彦诺尔墓出土了数个不同形状的金箔及金带具的带銙，上面均有仅见于此墓的动物图案。许多学者如东潮、耶申科等都注意到了这一图案，认为可能是巴彦诺尔墓所属部落的徽记，但并未对此进行进一步深入研究。[1] 徽记（Tamga，Tamgha），是欧亚大陆游牧民族及其

1　東潮「モンゴル草原の突厥オテターン・ヘレム壁画墓」『德岛大学综合科学部人間社会文化研究』第 21 辑、2013 年、26 頁；Sergey A. Yatsenko, "Image of the Early Turks in Chinese Murals and Figurines from the Recently-Discovered Tombs in Mongolia," *The Silk Road,* Vol.12, 2014, p.18；〔俄〕耶申科：《中国壁画中的早期突厥人形象与蒙古国新发现墓葬中的陶俑》，杨瑾、梁敏译，《河西学院学报》2017 年第 1 期，第 22 页。

图 3-38　巴彦诺尔墓出土的金带銙
（徐弛摄）

图 3-39　阙特勒碑上的徽记
（徐弛摄）

图 3-40　磨延啜碑上的徽记
（徐弛摄）

文化影响地区使用的一种抽象性"印"或"戳"，通常是某一部落、族群或家族的徽标，远古时期和中世纪广泛流行于欧亚大陆游牧民族中（例如伊兰人、萨尔玛提亚人、斯基泰人、突厥人和蒙古人）。考古学家认为徽记是研究现代和远古文化的第一手资料。[1] 需要澄清的是，带銙上面的牛形式样绝非通常意义上所说的游牧民的徽记。如阙特勒碑和磨延啜碑上的抽象简笔画，才是我们认为的徽记。考古报告中认为该图案为牛。[2] 笔者认为，该带銙上的元素为畏兽，与佛教有关，应为当时唐朝的流行元素，但出现在此处可能没有特别的宗教含义，也不是徽记，详细的分析见于后文。

1　Sergey A. Yatsenko, "Image of the Early Turks in Chinese Murals and Figurines from the Recently-Discovered Tombs in Mongolia," *The Silk Road,* Vol.12, 2014, p.23;〔俄〕耶申科：《中国壁画中的早期突厥人形象与蒙古国新发现墓葬中的陶俑》，杨瑾、梁敏译，《河西学院学报》2017 年第 1 期，第 26 页。

2　А.Очир, Л.Эрдэнэболд, С. Харжаубай, Х.Жантегин, *Эртний Нүүдэлчдийн Бунхант Булшны Малтлага Судалгаа*, Улаанбаатар, 2013, pp.153-154.

（三）马具

仆固乙突墓志中提到，皇帝还赐予乙突鞍鞯，鞍鞯即为马鞍和马鞍下面的垫子。在巴彦诺尔墓中，我们找到了铜鎏金马镫、铜鎏金马衔（图3-41）。马镫长6厘米，宽4.2厘米；马衔有两套，长8.5厘米，宽1.2厘米，它们的尺寸远小于正常的马具，应是专门为随葬打造的。此外，鎏金铜带扣、铜环（图3-42、图3-43）等遗物均为马具的一部分。这些物品与墓中门上的铜鎏金锁、门闩的制作工艺一致，与三梁冠制作工艺也相同，应为同一个产地制作，可见墓中铜鎏金物品的产地应该是中原地区。结合仆固乙突墓志中提到的鞍鞯，笔者判断这些物品均为皇帝赐予的随葬品。慕容智墓中的发现与之类似，有一套鎏金银马具（图3-44）。[1]

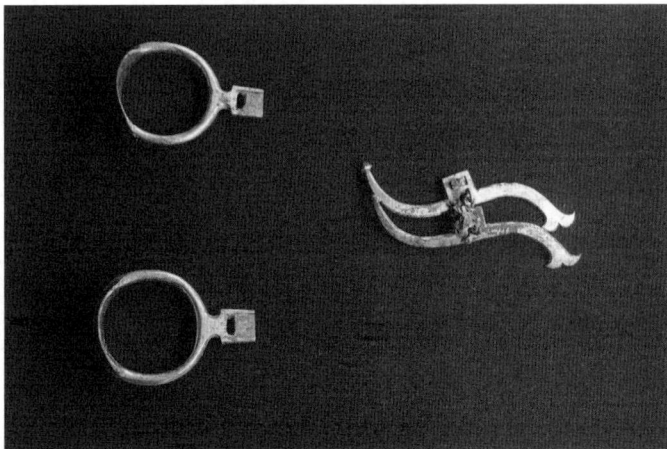

图3-41　巴彦诺尔墓出土的铜鎏金马镫与马衔
（蒙古国哈拉和林博物馆藏，徐弛摄）

---

[1]　甘肃省文物考古研究所编《王国的背影——吐谷浑慕容智墓出土文物》，第104—105页。

图 3-42　巴彦诺尔墓中的鎏金铜带扣

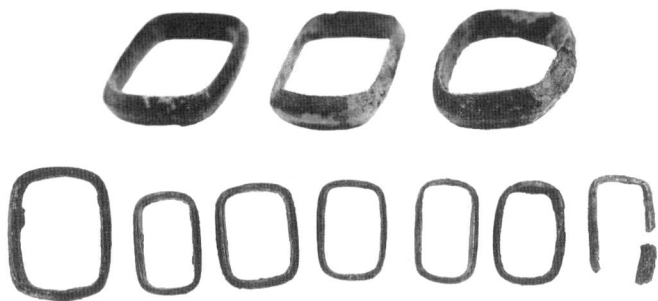

图 3-43　巴彦诺尔墓中的鎏金铜环

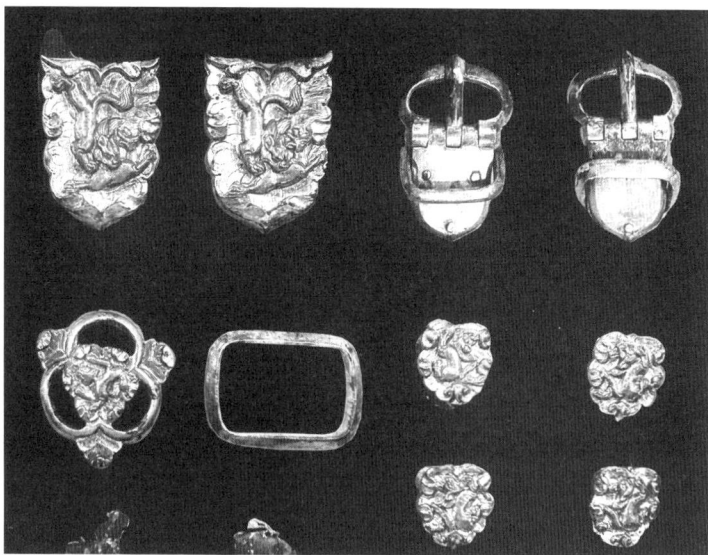

图 3-44　慕容智墓的鎏金银马具

（四）三梁冠

巴彦诺尔墓中出土了两个冠，其中一个为三梁冠，被研究者认为与李勣墓出土的三梁进德冠类似。[1]《旧唐书·舆服志》记载：

> 亲王，远游三梁冠，金附蝉，犀簪导，白笔……三品以上三梁，五品以上两梁，犀簪导。九品以上一梁，牛角簪导。[2]

笔者不能判断巴彦诺尔墓出土的三梁冠是否为进德冠，但可以确定的是，在唐朝的官员体系下，巴彦诺尔墓发现三梁冠，意味着墓主人为三品以上高级官员。[3] 这个三梁冠跟李勣墓出土的三梁冠相

图 3-45　巴彦诺尔墓出土的三梁冠

（蒙古国哈拉和林博物馆藏，徐弛摄）

1　東潮「モンゴル草原の突厥オテターン・ヘレム壁画墓」『德岛大学综合科学部人間社会文化研究』第 21 辑、2013 年、25 頁。

2　《旧唐书》卷四五《舆服志》，第 1930 页。

3　《唐六典》卷二四《诸卫》，第 619 页。

比，明显要小得多，长 9.5 厘米，宽 4.5 厘米，高 7.2 厘米，材质同样为铜鎏金；簪导长 12.3 厘米，显然非一个成年人可以戴上，同前述马衔、马镫一样，是为随葬而制。

综合来看，仆固乙突墓志中提到的物品可能并非偶然，这些物品在巴彦诺尔墓、慕容智墓中基本均有发现。可见，自高宗时期开始，周边地区受羁縻统治的首领去世后，唐朝（武周）会按品级赐予类似的随葬品，从习惯逐渐形成了制度。尽管如此，巴彦诺尔墓中多出来的微型三梁冠，却不见于其他贵族墓葬，其原因或有二：一方面，可能因为巴彦诺尔墓时代较早，制度尚未形成；另一方面，也能看出唐朝统治者对巴彦诺尔墓墓主人极为重视。

第二节　巴彦诺尔墓壁画中服色与羁縻制度

关于墓道壁画中的人物，东潮和李丹婕已经进行了对比研究。东潮认为，墓道中的人物与关中壁画相比，绘制水平较为逊色。[1] 李丹婕认为，墓道整体样式与苏定方墓、郑仁泰墓的出行仪仗图较为接近，仪卫图细部的人物是对长乐公主墓墓道仪卫人物的效法。[2] 在他们研究的基础之上，笔者认为壁画上出现的身穿唐朝样式官服的

1　東潮「モンゴル草原の突厥オテターン・ヘレム壁画墓」『德岛大学综合科学部人间社会文化研究』第 21 辑、2013 年、19—22 页。

2　李丹婕：《初唐铁勒酋长政治身份的多重表达——细读蒙古巴彦诺尔壁画墓》，《艺术史研究》第 19 辑，第 149—150 页。

汉人官员，不仅是壁画的内容，也是这一时期漠北羁縻府州的真实情况。

　　我们在前文中已经证明，巴彦诺尔墓墓主人很有可能是首任金微都督仆固歌滥拔延，羁縻都督、刺史由部落酋长担任。但长史以下，就可以参以汉官。贞观二十年（646）秋，包括仆骨在内的铁勒十一姓归附唐朝时，曾"乞置汉官"，不久又遣使至灵州，"因请置吏"。次年正月，以漠北铁勒诸部置羁縻府州，诸酋长奏请置参天可汗道，"岁贡貂皮以充租赋，仍请能属文人，使为表疏"。[1] 在羁縻府州设汉官，本来也是唐朝治理羁縻府州的常例。于是，"太宗为置六府七州，府置都督，州置刺史，府州皆置长史、司马已下官主之"。[2] 可见，羁縻府州制度下的漠北地区都督府中亦有此类汉官，因此墓中壁画上的汉官一定程度上也反映出羁縻都督府的现实情况。

　　唐朝的文官以不同颜色的官服表示散官品级高低，壁画上的官员身着不同颜色的官服，通过这些官服我们可以确定墓主人送葬队伍中官员的品级，同时为推测墓主人的品级高低提供依据。《唐会要》记载：

　　　　上元元年八月二十一日敕："一品已下文官并带手巾、算袋、刀子、砺石，其武官欲带者亦听之。文武三品已上服紫，金玉带，十三銙。四品服深绯，金带，十一銙。五品服浅绯，金带，十銙。六品服深绿，七品服浅绿，并银带，九銙。八品服深青，九品服浅青，并鍮石带，八銙。庶人服黄铜铁带，七銙。"前令九品已上，朝参及视事，听服黄。以洛阳县尉柳延

1　《资治通鉴》卷一九八，"贞观二十一年正月丙申"条，第6245页。
2　《旧唐书》卷一九五《回纥传》，第5196页。

服黄夜行，为部人所殴，上闻之，以章服紊乱，故以此诏申明之。朝参行列，一切不得着黄也。[1]

通过壁画我们可以看到，墓道西壁为首之人身着深红色官服，第二人身穿青绿色官服，第三人身穿大红色官服，第四人明显较小，为侍从。墓道东壁第一人身穿大红色官服，第二人身穿青绿色官服，第三人身穿大红色官服，第四人明显较小，为侍从。依据史料，我们可以很明显地发现其中的等级差异。"四品服深绯"，因此我们知道墓道西壁为首之人是这些官员中散官品级最高的，为四品；西壁第三人以及东壁第一人、第三人共三位，为五品；东、西壁第二人的服装可能原为青色，但保持青色需要使用青金石做染料，不用这种染料就很容易褪色。我们现在看到的可能是褪色后的样子，因此这两位可能为八品或九品。虽然我们只知道墓主人仆固歌滥拔延的职事官为正三品，并不知道其散官品级，但墓主人作为部落首领，散官品级应该不会低。墓道两侧壁画中送葬队伍的官员散官最高为四品，因此，墓主人的散官应高于四品，这与我们之前对墓主人品级的推测也完全相符。

关于羁縻府州设置的官员种类，我们通过史料亦可知。"太宗为置六府七州，府置都督，州置刺史，府州皆置长史、司马已下官主之。"[2]可见羁縻都督府内，除都督之外的高等级官员有长史、司马等。

《唐六典》中没有记载羁縻府设置的官员种类，但记载了上中下都督府的官员种类。在这些都督府内，除都督外的最高级别长官为长史，一人。在巴彦诺尔墓中，长史即为壁画中穿深红色衣服的官员，四品。在大都督府中，长史为都督以下最高级别官员，从三

1　《唐会要》卷三一《舆服上·章服品第》，第664页。
2　《旧唐书》卷一九五《回纥传》，第5196页。

品；中都督府中，别驾为都督以下最高级别官员，正四品下；下都
督府中，别驾为都督以下最高级别官员，从四品下，但这些官员品
级在高宗年间多有变动。巴彦诺尔墓为 647—657 年间建造，可能
为永徽年间的墓葬。在永徽年间，高宗改别驾为长史，[1]因此羁縻州
的长史级别可能与此时中下都督府的长史（《唐六典》中记为别驾，
为开元年间复置）类似，为正四品或从四品。穿大红色衣服的有三
人，可能为司马，五品。此时中下都督府的司马品级为正五品下或
从五品下，亦可参照。另外两人可能为级别更低的录事参军、录事
等官吏，为八品或九品。正如罗新所述，都督、刺史由部落酋长担
任，但长史以下参以汉官，特别是录事参军，用汉官者甚多，也许
是因为其职责在于文书行政，即所谓"能属文人，使为表疏"。[2]

　　通过巴彦诺尔墓壁画中官员的衣着色彩，我们可以推测出羁縻
都督府中官员的散官级别，长史为四品，司马为五品，录事参军等
官吏可能为八品以下。这为研究羁縻都督府中的官员设置及其品级
提供了新的依据。

第三节　巴彦诺尔墓中的列戟与羁縻制度

　　前文中提到，巴彦诺尔墓墓道两壁分别绘有三杆列戟。墓道

1　《唐六典》卷三〇《三府都护州县官吏》，第 743 页。
2　罗新：《蒙古国出土的唐代仆固乙突墓志》，《中原与域外——庆祝张广达教授八十嵩寿研讨会
　　论文集》，第 56—63 页。

东壁列戟位于第一人北侧，地上置一长方形戟架，其上插立三杆
长戟，戟头系有长条状旌旗，迎风飘扬。戟架长 92 厘米，高 60
厘米，三杆列戟自南向北分别高 180 厘米、160 厘米、150 厘米，
宽 2 厘米。西壁列戟与东壁类似，戟架高 81 厘米，长 100 厘米，
三杆列戟自南向北分别高 176 厘米、170 厘米、164 厘米，宽 2
厘米（图 3-46、图 3-47）。[1] 壁画上出现列戟是唐朝贵族墓葬
中的常见现象，但壁画中仅有六杆列戟是首次出现。在唐朝史料
中，没有记载可以拥有六杆列戟的官员等级，因此此列戟图有重
要的研究价值。

图 3-46　巴彦诺尔墓壁画东壁列戟图　图 3-47　巴彦诺尔墓壁画西壁列戟图

1　A.Очир, Л.Эрдэнэболд, С. Харжаубай, Х.Жантегин, *Эртний Нүүдэлчдийн Бунхант Булшины Малтлага Судалгаа*, Улаанбаатар, 2013, pp.33-38.

一　唐代的列戟制度

　　唐代列戟制度主要是通过戟架上施戟杆数的多少来表示其主人身份地位、等级以及权力的一种规定。《唐六典》卷四记载：

　　　　凡太庙、太社及诸宫殿门，各二十四戟；东宫诸门，施十八戟；正一品门，十六戟；开府仪同三司、嗣王、郡王，若上柱国·柱国带职事二品已上及京兆·河南·太原府、大都督、大都护门，十四戟；上柱国·柱国带职事三品已上、中都督府、上州、上都护门，十二戟；国公及上护军·护军带职事三品，若下都督、中下州门，各一十戟。[1]

　　根据《唐六典》的记载我们可以发现，列戟可分为宫庙、官府列戟和权贵列戟，北朝隋唐时期出土列戟图的墓葬较少，一般集中分布于当时都城附近的高等级墓葬中，墓主几乎均为身份显赫的皇亲国戚，因而一般认为，墓葬壁画中的列戟属于权贵列戟。权贵列戟一般分为申请、审核、颁发、收回四个流程，由礼部、卫尉寺、武器署等几个部门联合管理。因此，列戟制度是北朝隋唐时期政治及礼仪制度重要的组成部分。

　　自隋唐以来，列戟制度变化不大。官员列戟数量的标准，应该是根据其品级而定的。而拥有列戟的标准，是官员至少达到三品以上，这一点隋唐以来从未改变。如《隋书·柳彧传》，柳彧为屯田

1　《唐六典》卷四《尚书礼部》，第 116 页。

侍郎"时制三品以上，门皆列戟"。[1] 虽然不知道隋朝列戟数量与官员品级的对应关系，但根据后世的史料，三品作为拥有列戟的最低标准此时应已经确定下来。

成书于开元二十六年（738）的《唐六典》记载了唐朝前期的列戟制度。关于列戟制度的最后一句话是"国公及上护军·护军带职事三品，若下都督、中下州门，各一十戟"。[2] 因此我们得知，《唐六典》成书时期，列戟制的最低标准为国公及上护军、护军带职事三品。

天宝六载（747）四月八日，唐朝进行了一次制度改革，对列戟制的内容进行了微调，但大体上没有大的变动。

> 敕改仪制令："庙社门、宫殿门，每门各二十戟。东宫每门各十八戟。一品门十六戟。嗣王、郡王，若上柱国、柱国带职事二品，散官光禄大夫已上、镇国大将军已上各同职事品，及京兆河南太原府，大都督、大都护，门十四戟。上柱国、柱国带职事三品，上护军带职事二品，若中都督、上州、上都护，门十二戟。国公及上护军带职事三品，若下都督、中下州，门各十戟。并官给。"[3]

可见天宝六载之后，列戟为三品以上官员拥有的制度依然保持不变。在贞元五年（789）又进行了一次列戟制调整：

> （贞元）五年十二月十九日，中书门下奏："应请列戟官准

1　《隋书》卷六二《柳彧传》，第 1481 页。

2　《唐六典》卷四《尚书礼部》，第 116 页。

3　《唐会要》卷三二《舆服下·戟》，第 686 页。

仪制令，正一品，开府仪同三司、嗣王、郡王，并勋官上柱
国、柱国等带职事三品已上，并许列戟。"

六年四月八日敕："文散官光禄大夫、镇国大将军已上，各同
职事品。近日散试官，使带高阶者众，恐须商量者。伏请准旧
制令本文，取带三品已上正员职事官为定。"敕旨："宜依。"[1]

贞元五年这次调整再次明确重申，"伏请准旧制令本文，取带三
品以上正员职事官为定"。将列戟制的标准由较为模糊的三品以上，
确定为正三品以上。可见列戟制虽然不断微调，但隋唐以来三品以
上官员才可拥有列戟的这一标准并未变动。结合考古材料看，目前
所见到的绘有列戟图的墓葬，墓主人均在三品以上。

因此，墓道壁画中的列戟图能体现墓主人的身份，例如东魏茹
茹公主墓列戟 12 杆，唐李寿墓列戟 14 杆，都符合墓主人生前的身
份。因此，在没有出土关于墓主人文字信息的墓葬中，列戟图有助
于我们判断墓主人的身份。例如潼关税村隋代壁画墓墓道壁画中的
18 杆列戟（图 3-48），成为协助考古人员判断墓主人身份特殊的重
要依据。

二　门前列戟——壁画中的列戟与门楼

就目前已知的出土材料，含有列戟的壁画在东魏北齐都城邺城
附近发现 2 例，为湾漳大墓（推测为北齐文宣帝高洋的武宁陵，列
戟 10 杆）和茹茹公主墓（列戟 12 杆）。在隋唐都城长安城附近发
现 15 例，包括潼关税村隋代壁画墓（推测为隋文帝长子杨勇墓，列

1　《唐会要》卷三二《舆服下·戟》，第 686 页。

图3-48　潼关税村隋代壁画墓东壁列戟图

戟18杆）、隋代秦州刺史韦协壁画墓（列戟数目不明）；唐李寿墓
（列戟14杆）、段简璧墓（列戟12杆）、新城长公主墓（列戟12杆）、
韦贵妃墓（列戟12杆）、阿史那忠墓（列戟12杆）、懿德太子墓
（第一天井列戟25杆、第二天井列戟24杆）、永泰公主墓（列戟12
杆）、章怀太子墓（列戟14杆）、万泉县主薛氏墓（列戟10杆）、
张去奢墓（列戟10杆）、苏君墓（推测为苏定方墓，列戟10杆）、
惠庄太子墓（列戟18杆）[1]、李邕墓（列戟可见1杆，数目不明）[2]。
但蒙古国巴彦诺尔墓极为特殊，这座墓葬远在漠北，其中却绘有列

1　陕西省考古研究所、蒲城县文体广电局：《唐惠庄太子墓发掘简报》，《考古与文物》1999年
　　第2期，第17页。
2　张蕴、卫峰、马明志等：《唐嗣虢王李邕墓发掘简报》，《考古与文物》2012年第3期，图版
　　八-3。

戟图（列戟6杆），是目前在非都城周边发现的唯一案例。

　　巴彦诺尔墓第一过洞上方绘有门楼（图3-49），在其前方为墓道，墓道两侧共绘制6杆列戟。在第四过洞上方同样绘有门楼（图3-50），但门前未发现列戟图。根据史料，唐朝的列戟安放在门前，因此列戟与门的关系非常重要。要综合分析壁画中的列戟与过洞上方的门楼以及其他壁画，才能了解列戟摆放位置不同的原因。

　　根据笔者统计，现存同时保留门楼图与列戟图的墓葬有潼关税村壁画墓、李寿墓、韦贵妃墓、懿德太子墓及永泰公主墓，均为高级别皇室贵族墓。

　　潼关税村隋代壁画墓的门楼图和列戟图位置与巴彦诺尔墓类似，门楼图位于第一过洞上方，列戟图位于墓道两侧，即在第一过洞上方的建筑前方两壁列戟各9杆，共18杆。但其他过洞上方的壁

图3-49　巴彦诺尔墓第一过洞上方门楼

图 3-50　巴彦诺尔墓第四过洞上方门楼

画与过洞及天井两侧的大部分壁画已毁。

　　李寿墓第四天井东西壁下部各绘一大型戟架。每架列戟七杆。戟架后边有房廊，象征门外列戟。第一、二、三、四过洞及甬道的南壁均绘有重楼建筑。第一过洞南壁建筑图保存极为完整，其余仅存残片。第一过洞南壁正中绘一重楼，为单檐四阿顶的全木结构，左右各有附属建筑方阁一座，用飞廊与主体建筑连成一组建筑群。因受正面空间限制，故方阁一半画在过洞上，一半外折绘于墓道两壁转角的一隅。这组建筑的布局很像唐含元殿的"夹殿两阁"，阁"与殿飞廊相接"。[1] 第一过洞的建筑显然与后面几个过洞上的建筑不一样，第四天井下方的列戟与第四过洞上方的建筑形成了组合，即在第四天井的建筑门内列戟 14 杆。

1　　陕西省博物馆等：《唐李寿墓发掘简报》，《文物》1974 年第 9 期，第 73 页。

　　韦贵妃墓第二天井绘列戟图，东壁列戟图残缺较为明显，东西两侧列戟图规格类似，西壁的白灰壁面残高 1.15—2.28 米，宽 2.32 米，底部赭红带宽约 0.21 米。红色戟架的规格基本同东壁戟架，宽 2.18 米，高 1.33 米，上层横木右端（北侧）出头，下层横木两端出头。戟架上竖插六根黑色戟杆，北面三根戟杆上部均已残缺，南面三根戟杆基本完整；戟头为三叉戟，戟杆首端涂红色，杆部涂黑色，戟下挂兽面幢幡，幢面涂绿并以黑白两色绘兽首，其下飘垂的幅条内绿外橘黄，突出其仪仗性质。较完整的戟杆高约 1.74 米。[1]

　　韦贵妃墓道之后第一过洞上方的建筑图与李寿墓相同，列戟图绘于第二天井的东西两壁。在第二过洞的顶部东西两壁，残存若干赭红条带，应该是表示檐椽，其间残存如意云纹。[2] 可见在第二过洞顶部可能亦绘有建筑图，在建筑门内有列戟 12 杆。列戟图在韦贵妃墓中似为内与外的分界线，在列戟图前有备马图、仪卫图、建筑图，但之后则均为内侍图、仕女图等。

　　永泰公主墓的列戟共 12 杆，戟架位于墓道，青龙白虎之后为阙楼，阙楼用灰白砖砌成，上有朱红栏干与贴金接头，楼顶结构已剥落。楼北有一条长墙相接，直延至戟架上，似为院墙。墙外可见山水树木。戟架前为两个马夫各牵一匹骏马。戟为白刃黑柄，刃柄相接处有一半椭圆形虎头。下为白、红、蓝、橘黄、绿五条飘带，戟架为红色。[3] 在戟架之后，均为内侍及装饰图像。

　　通过上述建筑物与戟架的组合我们可以发现一个问题，戟架与

1　陕西省考古研究院、昭陵博物馆编著《唐昭陵韦贵妃墓发掘报告》，科学出版社，2017 年，第 114 页。

2　陕西省考古研究院、昭陵博物馆编著《唐昭陵韦贵妃墓发掘报告》，第 105 页。

3　陕西省文物管理委员会：《唐永泰公主墓发掘简报》，《文物》1964 年第 1 期，第 16 页。

墓葬内表现的建筑图像息息相关，与建筑共同构成了内外的分隔标志，在戟架之前的墓道，表现的是门外的仪仗队伍，而戟架之后，壁画表现的是内侍的形象，意为宅门内或室内的场景。这些列戟与门一起共同将墓葬分为宅门内外两部分，因此，这些列戟大部分应为权贵列戟，而列戟上方或周围表现的建筑即为墓主人的宅门和院落。

三　6杆列戟与羁縻都督府的等级

巴彦诺尔墓壁画中的列戟和建筑的关系与长安周边发现的大多数案例不同。在列戟和门楼之后，画师又绘制了牵马侍从，并在最后一个过洞上方又绘制了一幅与第一过洞上方有细微区别的门楼。区别在于，第一幅门楼图上方绘有一行排成"人"字形的大雁，但最后一个过洞顶部仅绘制了建筑，没有绘制大雁。在这幅建筑图之后，墓葬的壁画才开始完全表现宅内的情景。幸运的是，我们发现懿德太子墓中的情况与巴彦诺尔墓极为相似。

懿德太子按皇帝的礼仪埋葬，墓中的所有要素体现的均是帝王等级。懿德太子墓阙楼巍峨高大，位于墓道两壁，通过墓道北壁第一过洞上方的阙楼连接，构成一组完整的门阙楼建筑画面。两壁的阙楼后连城墙，延伸至仪仗队背后的青山之间。第一过洞两壁画牵豹图，第一天井下绘列戟图，戟架前有戎装仪卫。东壁12杆、西壁13杆，共25杆列戟（图3-51）。上部绘红色斗拱、"人"字形铺作与阑额，最下部绘红色边带饰。列戟图位于壁面中下部。25杆戟插于木质戟架内。列戟为红色杆，戟头下缀虎头幡，垂下红、绿、黄三色璎珞。戟架为红色，由上下两层长板组成，戟皆插于架中。戟架前分立两组武士，每组前后各3排，每排4人，共24人。两组武

图 3-51　懿德太子墓第一天井东壁、西壁列戟图

士相隔处露出身后的戟杆和戟架。[1]

　　第二过洞两壁上部绘影作木构阑额，阑额间立蜀柱。东西壁分绘驾鹰驯犬图。接下来的第二天井东西壁又分绘列戟图，每壁 12杆，共 24 杆列戟（图 3-52）。上部绘红色斗拱、"人"字形铺作与阑额，最下部绘红色边带饰。之后的各过洞及天井东西壁则分绘男侍、女侍等内侍图案。

　　懿德太子墓中出现了两次列戟图，李求是认为，唐墓多天井、多过洞的形制，有象征统治阶级深宅大院的说法，懿德太子墓第一

––––––––––––––

1　陕西省考古研究院、乾陵博物馆编著《唐懿德太子墓发掘报告》，第 125 页。

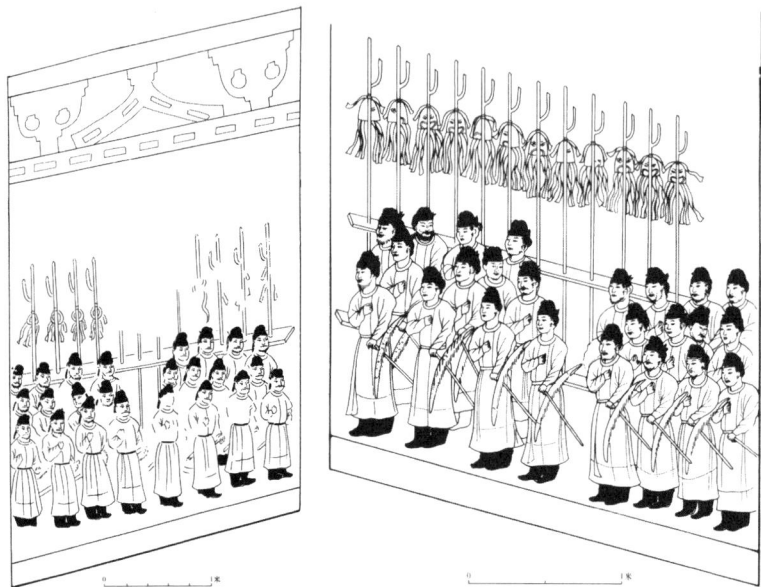

图 3-52　懿德太子墓第二天井东壁、西壁列戟图

过洞相当于宫城门，第二过洞相当于宫门，第三过洞相当于殿门。
第一天井的 25 杆戟为宫门外所施戟，第二天井的 25 杆戟应为殿门
外所施戟。[1]傅熹年也有类似观点，他认为懿德太子墓是以墓内各部
分与壁画相结合，模拟唐东宫规制：第一过洞相当于东宫城门重阳
门，第二过洞相当于东宫宫门宣明门，第三过洞相当于东宫外朝内殿
嘉德门，第四过洞相当于东宫外朝正殿显德殿，第五过洞相当于内廷
正殿前的弘教门。[2]可见懿德太子墓最后一次出现的列戟图才将墓
葬分为内外两部分，第一次出现的列戟图很可能为宫门外所施戟。

1　李求是：《谈章怀、懿德两墓的形制等问题》，《文物》1972 年第 7 期，第 46 页。
2　傅熹年：《唐代隧道型墓的形制构造和所反映的地上宫室》，《文物与考古论集》，文物出版社，
　　1986 年，第 339 页。

懿德太子墓的列戟图，给我们提供了新的思路。前文已经考证，巴彦诺尔墓墓主人为歌滥拔延，应为正三品。[1] 依勋官不同，应拥有 10 杆或 12 杆列戟，而巴彦诺尔墓壁画两侧中的列戟总数却仅有 6 杆，很明显并不符合墓主人的品级。那么，这 6 杆列戟是否代表的不是官员本人的品级，而是羁縻都督府的级别呢？

记载了开元二十六年以前列戟制度的《唐六典》提到地方行政机构门口有列戟：

> 凡太庙、太社及诸宫殿门，各二十四戟；东宫诸门，施十八戟；正一品门，十六戟；开府仪同三司、嗣王、郡王，若上柱国·柱国带职事二品已上及京兆·河南·太原府、大都督、大都护门，十四戟；上柱国·柱国带职事三品已上、中都督府、上州、上都护门，十二戟；国公及上护军·护军带职事三品，若下都督、中下州门，各一十戟。[2]

在这段史料中提到"京兆、河南、太原府、大都督、大都护门，十四戟……中都督府、上州、上都护门，十二戟……下都督、中下州门，各一十戟"，但史料中未提到羁縻都督府的列戟数量。

艾冲认为，羁縻府州县的行政层级，并不等同于正规府州县，实际上与正规府州县存在着一定差异。虽然羁縻府州与正规府州的通名完全一致，可是因中央政府对羁縻体制中的各个行政单位并不太严格要求，并且委托边地的正规都督府、都护府来统摄，故实际上它们的行政层级低于正规的府州县。虽然名义上两类府州县政治

1　徐弛：《蒙古国巴彦诺尔壁画墓墓主人考》，《暨南史学》第 20 辑，暨南大学出版社，2020 年，第 1—18 页。

2　《唐六典》卷四《尚书礼部》，第 116 页。

地位相当，但在实际的行政管理运作中，羁縻都督府略当于内地正规的州级单位，羁縻州略当于正规的县级单位。[1] 因此，尽管名义上金微都督府应该拥有列戟，但实际上金微都督府的列戟数应该比下都督府的数量还少，但具体的列戟数量，史料中并没有记载。而从巴彦诺尔墓可知，金微都督府门的列戟应为 6 杆。仆固歌滥拔延本人作为左武卫大将军，职事官为正三品，符合列戟的要求，依制应列戟 10 杆或 12 杆，但并未在壁画中表现。他墓葬中的列戟，应为金微都督府门口的列戟，第一幅建筑图表达的为金微都督府门，而第四过洞上方的建筑图，才是巴彦诺尔墓墓主人的宅门。

四　木质列戟与墓主人身份

笔者认为壁画中的列戟与墓主人本人的品级无关，经过长期研究，循懿德太子墓出现两次列戟的信息，笔者终于在巴彦诺尔墓中发现了代表墓主人品级的列戟。根据图录，巴彦诺尔墓中还发现了带孔的木器（图 3-53）以及木杆，仆固乙突墓也发现了类似的木器（图 3-54）。笔者认为，这个带孔的木器即为戟架，而本应插入孔中的木杆，即为墓主人的权贵列戟。

由于蒙古国学者不熟悉唐代制度，在巴彦诺尔墓考古报告关于木器的一章中，没有提到图中的戟架。通过仆固乙突墓的考古现场图以及发掘者巴图宝力道的描述，可知类似戟架出土于壁龛（图 3-54）。可见戟架发现的位置，应该在两侧放置陶俑的壁龛中。巴彦诺尔墓这个戟架出土于 4 号天井内侧，4 号天井上方绘有建筑图，意即巴彦诺尔墓墓主人的宅门，因此，巴彦诺尔墓与大部分拥

1　艾冲：《唐代都督府研究》，西安地图出版社，2005 年，第 186—187 页。

图 3-53　巴彦诺尔墓发现的疑似戟架

图 3-54　仆固乙突墓两侧壁龛中的戟架和列戟

有列戟壁画的关中墓葬一样，其列戟位于宅门之内。图中戟架以及对侧小龛中出土的同类木器，才是代表巴彦诺尔墓墓主人的权贵列戟。

最近，在甘肃吐谷浑喜王慕容智墓发掘简报中，也提到墓中发现了"列戟屋模型"。[1] 该"列戟屋模型"有两个，位于墓室门内侧

1　甘肃省文物考古研究所、武威市文物考古研究所、天祝藏族自治县博物馆等：《甘肃武周时期吐谷浑喜王慕容智墓发掘简报》，《考古与文物》2021 年第 2 期，第 38 页。

（图 3-55）。列戟屋模型与墓室门及上方的门楼图壁画（图 3-56）一起，共同将墓葬分成了内外两部分。慕容智为武周时期吐谷浑羁縻府州首领，年代稍晚于巴彦诺尔墓墓主人，这有力地证明在高宗、武周时期，代表墓主人身份等级的权贵列戟不仅可在壁画中反映，亦可能以木质戟架上的列戟表示。

图 3-55　慕容智墓的列戟屋模型

从巴彦诺尔墓的木
戟架上的列戟数量，可以
判断墓主人的品级。从图
3-53 中我们可以看见 4 个
小孔，但该木器明显已残，
与之对应的下半截戟架长
于带孔的戟架。根据图中
下半截戟架与上半截戟架
的长度差，笔者推测上半
截戟架原本应有 6 个小孔。
因此，巴彦诺尔墓墓主人
的列戟应为每边 6 杆，共
12 杆列戟。

按照列戟制度，巴彦
诺尔墓内木架上的列戟，
可以说明墓主人为上柱国、
柱国带职事三品以上官员。
巴彦诺尔墓中还发现了三
梁冠，为正三品官员的规
制，因此笔者推测墓主人

图 3-56　慕容智墓门楼图壁画

为仆固歌滥拔延。歌滥拔延是仆固乙突的祖父，从墓葬的各个角度
看，巴彦诺尔墓显然比仆固乙突墓更为豪华。推测歌滥拔延的职事
官可能为左武卫大将军一类的官职，正三品，勋官为上柱国。巴彦
诺尔墓墓主人的列戟共 12 杆，恰符合"上柱国、柱国带职事三品，
上护军带职事二品……门十二戟"的唐朝权贵列戟制度。仆固乙突
墓中发现的戟架上没有钻孔，因此我们很难直接确定戟架上具体放

置了几杆列戟，但通过墓志中仆固乙突的官职我们可以确定，仆固乙突墓的列戟数量应与巴彦诺尔墓一致，亦为 12 杆。

慕容智墓保存完好，又经过了科学的考古发掘，根据发掘者绘制的线图，我们可以清晰地看到两套戟架，且列戟基本完好地放置在上面。位于偏北的一套列戟保存特别完整，可以清晰地看到 5 杆列戟放置在戟架上，因此，慕容智共拥有 10 杆列戟。根据墓志，慕容智去世时的职事官为左玉钤卫大将军，正三品，未提到他拥有上柱国一类的勋官。[1] 因此拥有列戟 10 杆，刚符合"带职事三品"的列戟门槛。

慕容智墓、巴彦诺尔墓、仆固乙突墓的发现共同说明，在高宗、武周时期，代表墓主人身份和品级的列戟有时并非绘制于壁画上，而是以木质列戟表示。就笔者所知，此类木质列戟目前仅见于唐朝羁縻统治的漠北及甘青地区。由于气候原因，关中唐墓中的木质遗存发现较少，此类木质列戟究竟是羁縻统治地区的特例，还是存于大多数唐代贵族墓中的常规情况，目前尚未可知，仍有赖于考古新发现的证明。

综上所述，巴彦诺尔墓壁画上仅有列戟 6 杆的列戟图可能并非唐墓中常见的权贵列戟，而代表的是羁縻都督府的门前列戟，从考古发现的角度证实了史料中未载的羁縻府州县与正规府州县等级关系的差异，即羁縻都督府的级别低于正规下都督府。虽然名义上两类都督府政治地位相当，但实际的行政管理运作中，羁縻都督府略当于内地正规的州级单位，这对唐代羁縻制度的研究有非常重要的补充。

1　刘兵兵、陈国科、沙琛乔：《唐〈慕容智墓志〉考释》，《考古与文物》2021 年第 2 期，第 89 页。

此外，巴彦诺尔墓两侧小龛中发现的木架说明，巴彦诺尔墓的每边实际上有 6 杆列戟，共 12 杆，证明巴彦诺尔墓墓主人仆固歌滥拔延职事官为正三品，这恰与墓中随葬俑数量、天王俑高度以及三梁冠所代表的品级对应。通过这个发现，我们进一步指出墓主人勋官应为上柱国，对歌滥拔延的资料也可进行补充。

巴彦诺尔墓和仆固乙突墓的随葬俑所呈现出来的特点，说明两座墓葬受到了唐朝的别敕葬制度优待，这两座墓葬，是唐代难得的将别敕葬、诏葬应用于蕃将、边将的案例，也是其中时代最早的案例。

经过分析发现，巴彦诺尔墓和仆固乙突墓的明器总数相似，但侧重点不同。巴彦诺尔墓的侧重点在侧龛，俑的主体部分为侧龛的陶俑，共 121 件，主墓室中的木俑只有 20 件。但仆固乙突墓的侧重点明显向主墓室偏移，侧龛中的陶俑数量降至 75 件，且种类明显减少，同时取消了动物陶俑。但主墓室的木俑数量明显增多，增至 47 件，种类也显著增加，除造型类似的女侍从、马、迦陵频伽、青龙、白虎、朱雀、玄武这些巴彦诺尔墓也有的种类之外，增加了文官俑、男侍俑（包括男侍俑、胡人俑、手拿球杆的胡俑、男装女侍俑等）、驼俑、小型马俑，以及不同大小和造型的凤鸟。

约建于永徽、显庆年间的巴彦诺尔墓同时在墓道和墓室里出现了四神壁画和木俑，而建于仪凤三年的仆固乙突墓没有四神壁画，仅在墓室中有四神木俑。初唐时期，绘制在壁画墓墓道最前端的青龙、白虎，引领着军事色彩浓厚的仪仗队伍，引导墓主人从升天的"过程"进入象征"终点"的墓室。巴彦诺尔墓作为仆固歌滥拔延的墓葬，建造于更重视仪仗过程的唐高宗统治初期，而仆固乙突墓建于唐高宗时代的后期。两座墓墓葬风格的不同，反映出唐朝墓葬存在从重视墓道丧葬的"过程"到重视墓主人安息的"终点"的过渡，通过种类繁多的木俑，丰富墓主人在另一个世界的生活。

通过分别分析巴彦诺尔墓陶俑种类、数量和高度以及木俑，最终将其结合成一个整体看，我们发现巴彦诺尔墓是遵循唐高宗时期的墓葬制度建立的三品以上官员级别的墓葬，通过墓葬壁画中官员的衣着色彩，我们可以推测出羁縻都督府中官员的散官级别，长史为四品，司马为五品，录事参军等官吏可能为八品以下。在此基础上，墓中部分内容体现出了别敕葬制度的优待。墓中壁画上的列戟与壁龛中的戟架上的列戟分别代表的是羁縻府的门前列戟以及墓主本人的列戟。

巴彦诺尔壁画墓的营建反映的是唐廷的意图，目的是显示其在漠北的权威和实力，增进巴彦诺尔墓墓主人所属部落及参加葬礼的部落首领对唐朝的文化、政治认同。而墓中的精心设计可能参考了墓主人亲属的意见，体现了唐廷对当地首领及文化的尊重，其根本目的也是增进当地人对唐朝的政治认同。由于漠北的羁縻都督有部落首领和都督双重身份，在其去世后，部落很可能因权力争夺出现变乱。贞观年间已有类似的案例。"贞观二十二年，（瀚海都督）吐迷度为其侄乌纥所杀……太宗恐回纥部落携离，十月，遣兵部尚书崔敦礼往安抚之，仍以敦礼为金山道副将军。赠吐迷度左卫大将军，赗物及衣服设祭甚厚。"[1] 可见唐朝厚葬吐迷度，有"恐回纥部落携离"，安抚回纥部落之意。乙突于"仪凤三年二月廿九日遘疾，终于部落，春秋卌有四"，[2] 在乙突去世后，皇帝同样派麹昭前往吊祭安抚。就算如此，第四任金微都督依旧在仆固乙突死后不久即造反。由此可知，唐朝将巴彦诺尔墓修建得如此奢华，安抚当地部众可能是其中的一个重要目的。

---

1 《旧唐书》卷一九五《回纥传》，第 5197 页。
2 杨富学：《蒙古国新出土仆固墓志研究》，《文物》2014 年第 5 期，第 78 页。

第四章　巴彦诺尔壁画墓与草原丝绸之路

巴彦诺尔墓中的草原因素以及与草原丝绸之路的关联，主要通过墓中发现的大量金属器具、仿制拜占庭金币和钱币型金片来体现，此外，壁画等处也一定程度上体现出异域文化的影响。接下来，笔者将详细探究墓中发现的物品与文化交流的问题。

第一节　草原风格的金属器具

一　金饰物

巴彦诺尔墓出土了一些金饰，包括金耳环、金指环、金手镯等。关于唐代的指环和耳环，黄正建专门撰文进行过研究，他认为指环在唐代有神秘性、胡族性的特点，可能在北方少数族群中流行，但不是唐代大部分地区日常生活中经常使用的装饰品。[1]而关于耳环，他认为唐代人一般不戴耳环，并将戴耳环视为外国人的特征。[2]经过近年来在中国、俄罗斯、蒙古国、哈萨克斯坦、吉尔吉斯斯坦等国草原游牧地带的调查，笔者发现，在草原地区的考古发现中，从青铜时代的墓葬开始，就出土了不少金、铜制成的耳环和指环，可见佩戴耳环和指环是草原地带的游牧民长期以来的传统，那么，巴彦诺尔墓中的金饰究竟归属于何种文化呢？

我们首先来看金耳环（图4-1）。墓葬中发现的耳环长4.8厘米，宽1.57厘米，笔者在俄罗斯阿尔泰斯克博物馆调查时，发现在 Mor. Туекта Ⅷ B 墓中发现的耳环（图4-2）与巴彦诺尔墓的耳环完全相同。戈尔诺 – 阿尔泰斯克是俄罗斯联邦阿尔泰边疆区首府，阿尔泰边疆区在中国新疆以北，与新疆阿勒泰地区接壤。该墓葬是1935年在戈尔诺 – 阿尔泰斯克附近被发掘出来的，墓中发现的石头上刻写着突厥如尼文铭文，墓葬可以追溯到8世纪。同时，该墓中也出土了突厥式的金带具。此外，我们发现，巴彦诺尔墓中的耳环与毗伽可汗宝藏中的耳环非常相似。毗伽可汗宝藏中的耳环更为完整（图4-3），让我们对巴彦诺尔墓中的耳环有了更进一步的了解。

林梅村研究了毗伽可汗宝藏中的耳环，发现这些耳环与中亚粟特壁画上粟特女供养人佩戴的耳环非常相似（图4-4），年代在7—

1　黄正建：《唐代的戒指》，《走进日常——唐代社会生活考论》，中西书局，2016年，第9页。

2　黄正建：《唐代的耳环》，《走进日常——唐代社会生活考论》，第15—19页。

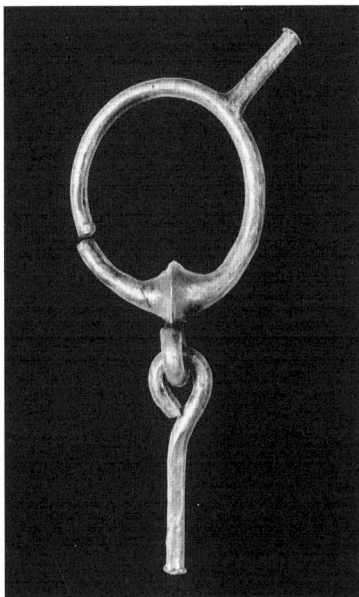

图 4-1　巴彦诺尔墓的耳环

图 4-2　Мог. Туекта Ⅷ B 墓的耳环
（阿尔泰斯克博物馆藏，徐弛摄）

图 4-3　毗伽可汗宝藏中的耳环
（蒙古国国家博物馆藏，徐弛摄）

图 4-4　中亚粟特壁画上的女供养人

（塔吉克斯坦科学院历史研究所藏。〔日〕田边胜美、前田耕作：《世界美术大全集·东洋编 15·中央亚细亚卷》，小学馆，1999 年，图版 223。转引自林梅村《毗伽可汗宝藏与中世纪草原艺术》，《上海文博论丛》2005 年第 1 期，第 76 页）

8 世纪。[1] 他据此认为，这些耳环是中亚的风格。他的推测很有道理，该壁画中不仅耳环与草原地带发现的相似，妇女手持的莲花在巴彦诺尔墓中也有发现。巴彦诺尔墓还出土了 9 件带枝的长茎金莲花，用薄金片卷成圆形，上面制成四瓣花的形象。花的下部装上管状花枝。饰件平均长 40.5 毫米，宽 9.68 毫米，厚 9.31 毫米。金片厚 0.23 毫米。总重量 15.607 克。这些金莲花可能与佛教有一定联系，笔者

1　林梅村：《毗伽可汗宝藏与中世纪草原艺术》，《上海文博论丛》2005 年第 1 期，第 76 页。

将在下文中详细分析。

墓中的金指环（图 4-5）高 3.17 厘米，宽 2.71 厘米，重 21.539 克，上有三孔，应该均镶嵌有宝石，但现在两边底座上的镶嵌物已脱落，只能看到中间的一个，但是顶部有损坏。镶嵌底座为圆形，平行排列，中间嵌座比两边的稍大。嵌座上缘和下缘用非常小（直径约 0.7 毫米）的金饰装饰，金饰之间再用 9 颗小型的炸珠排成的三角形装饰。这种指环与从新疆至山西等地墓葬中发现的镶宝石指环的款式完全不同，笔者没有找到与之相似的指环。同时，笔者还对比了拜占庭帝国的指环，也没有找到类似的款式，[1] 可见这枚指环与西方舶来品无涉，更有可能为草原地区的款式。该指环使用了炸珠工艺，这种工艺在草原地区历史悠久，自匈奴时代就十分流行，可作参考。

墓中的金手镯（图 4-6）有两件。长 8.24 厘米，宽 7.23 厘米，重 62.54 克。装有镶嵌底座，为活口手镯。手镯在镶嵌物附近断开。刚发现时，手镯上似乎粘有金和青铜饰物。其中一件发现时还附着青铜带扣、心形椭圆卷角、公羊纹金饰物、椭圆形边框中装有卷角的云纹金饰，圆角方形浅绿色的玉石镶嵌物，不明铁熔渣等物品，宝石镶嵌物已经损坏。笔者在盖蒂收藏品中找到了类似的金手镯（图 4-7），共三件，出土于阿富汗、巴基斯坦一带的游牧民生活的地区，时间约为公元前 1 世纪至公元 1 世纪。[2] 可见这类手镯可能是游牧族群长期以来的固有样式。

1　Jeffrey Spier, Sandra Hindman, *Byzantium and the West: Jewelry in the First Millenium,* New York, 2012, pp.5-183.

2　Michael Pfrommer, *Metalwork from the Hellenized East*, Malibu, 1993, pp.203-204.

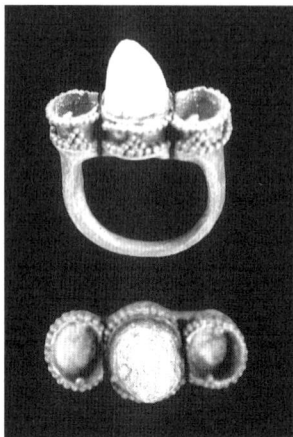

图 4-5　巴彦诺尔墓中的
　　　　金指环

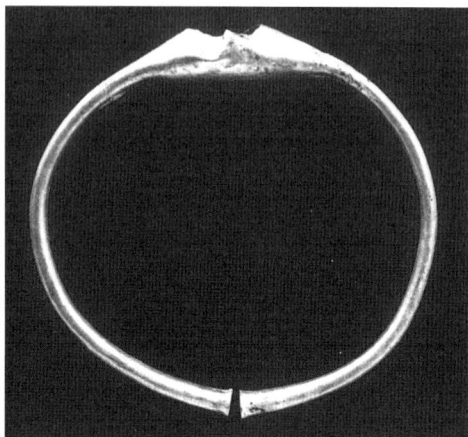

图 4-6　巴彦诺尔墓中的金手镯

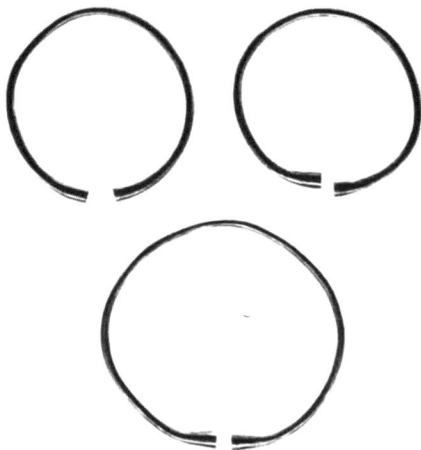

图 4-7　盖蒂收藏品中的金手镯

通过分析巴彦诺尔墓中的金饰物，笔者发现这些物品中金指环与金手镯的款式可能是仅发现于该墓中的孤例，而其中的金耳环和金莲花，可能与中亚及佛教文化有关，体现了草原丝绸之路上的文化交流。总体来看，这些金饰物虽有部分体现了文化交流的特征，但没有确切证据说明其为舶来

品。特别是墓中发现的款式独特的金指环和金手镯，向我们透露出
它们更有可能是当地的金匠打制的。

二　金罐

巴彦诺尔墓出土了一个金罐（图 4-8），该金罐呈坛形，为短
颈、直敞口、鼓腹、平底、单把的金制容器。制作工艺为锻薄打
制，可能是先用薄金片做成菱形角状，将专用的四个钉子钉在腹
部。接着在其上焊接椭圆形錾。金罐高 6.67 厘米，罐口直径 6.38 厘
米，腹部直径 8.77 厘米，重 212.99 克。

孙机发现，阿尔泰地区库赖草原和乌尔苏尔河沿岸突厥大墓的
出土物中有许多类似的银罐，其中一件是图雅赫塔 3 号墓中出土的
银罐（图 4-9），底部刻有突厥如尼文铭记，其意为"突厥设献银"。
孙机认为其为突厥某设所制。这种器型在腹上侧装单环状錾，器
肩处有一圈明显的折棱，因此被孙机先生命名为折肩罐。另一件库

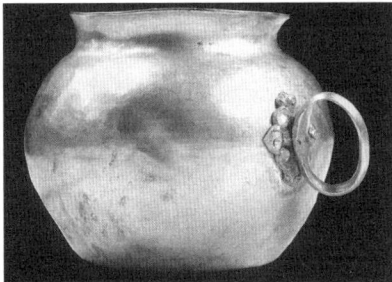

图 4-8　巴彦诺尔墓出土的金罐

图 4-9　图雅赫塔 3 号墓出土的
突厥式 I 型折肩罐

（阿尔泰斯克博物馆藏）

图 4-10　毗伽可汗陵中的金折肩罐　　　图 4-11　何家村窖藏中的鼓腹罐

赖第 4 地点 1 号墓出土的银罐下的如尼文为"英勇的旅伴 × × 人与设"，也与某设有关。[1] 巴彦诺尔墓中的金罐上的錾与这几种罐子非常类似，但没有折肩。林梅村从毗伽可汗陵识别出一批鼓腹罐，其中一件与巴彦诺尔墓中的金罐非常类似，但亦有折肩（图 4-10）。他还发现在何家村窖藏中有一件类似的银罐，没有折肩，遂将此断定为突厥式单耳鼓腹罐（图 4-11）。[2]

　　陈凌总结了欧亚大陆突厥风格的金银器，将其分为带錾折肩罐、无錾折肩罐、鼓腹溜肩罐、带盖盘口溜肩罐、带錾折肩杯、筒形杯、小耳器等种类，对突厥式金银器做了系统的梳理。[3] 我们发现巴彦诺尔墓中金罐上的錾与突厥式带錾折肩罐类似，但整体器型更像是鼓腹溜肩罐，总体而言，墓中出土的金罐为突厥式金罐应无疑问。

1　孙机：《论近年内蒙古出土的突厥与突厥式金银器》，《文物》1993 年第 8 期，第 55 页。

2　林梅村：《毗伽可汗宝藏与中世纪草原艺术》，《上海文博论丛》2005 年第 1 期，第 74 页。

3　陈凌：《突厥汗国与欧亚文化交流的考古学研究》，第 107—116 页。

三　金冠

巴彦诺尔墓出土的金冠（图2-4）在墓中被发现时，已碎成几部分，但总体完好，总重449.5克，装饰有忍冬纹。笔者认为，金冠代表了墓主人在部落中的地位与权势。毗伽可汗陵中出土的金冠（图4-12）则能反映出与巴彦诺尔墓金冠之间的等级差异。毗伽可汗金冠有五个立板，每板分别镶嵌1—3颗红宝石，总数在12颗以上。王冠上的基本纹样，是锤鍱出的忍冬纹，最值得注意的是正中梁上锤鍱出一只展翅鸟的形象，鸟尾上方为葵花状日轮。

阙特勤头像（图4-13）上冠帽正中也有一只与毗伽可汗王冠

图4-12　毗伽可汗金冠
（蒙古国国家博物馆藏，徐弛摄）

图4-13　阙特勤头像
（成吉思汗博物馆藏，徐弛摄）

完全一样的鸟，只是冠的外形接近中原的幞头，与毗伽可汗王冠略有不同。两人一为可汗，一为特勤，身份地位有高下之别，两个冠外形的差别应该是两人身份地位不同的反映。[1] 毗伽可汗陵金冠与巴彦诺尔墓金冠的共同点是均有忍冬纹装饰，但毗伽可汗的金冠正面多了一只鸟，相较巴彦诺尔墓金冠，其形制更为华丽，可能是其地位高于巴彦诺尔墓墓主人的缘故。

第二节　金币与草原丝绸之路

巴彦诺尔壁画墓中出土了大量金币，尤其是拜占庭金币。陈志强发现，像巴彦诺尔墓这样一地便发现数十枚拜占庭金币的情况，在整个东亚地区尚无第二例，即便在传统公认的丝绸之路主要通道

1　陈凌：《突厥汗国与欧亚文化交流的考古学研究》，第151页。

东段，即从我国古代西域地区直到西安、洛阳沿途的古墓中，也从来没有如此大规模的集中发现。这些拜占庭金币除两枚真币外全部为仿币，其中有些金币的印模和铭文在我国从未被发现过。[1] 据发掘简报，巴彦诺尔墓中发现的金银钱币位于棺内的木箱和供台上，共41枚，其中37枚为金币，4枚为银币。但通过考古报告及后续出版的图录来看，未见银币，出土的钱币均为金币。[2] 这些钱币出土后，引起了拜占庭研究领域的学者和相关领域的考古、历史学者的高度关注，学者们从多个角度对这批金币进行了分析。蒙古国考古学家敖其尔等人撰写的巴彦诺尔墓发掘简报提供了每枚钱币的基础信息及钱币形制特征的详细描述，为接下来的研究提供了基本资料。[3] 但该报告是用蒙古文撰写而成，导致各国学者很难使用原始材料进行研究。郭云艳逐枚解读了墓中发现的金币，对巴彦诺尔墓的金币及钱币型金片做了分类讨论，她将墓中发现的钱币大致分为三类：（1）萨珊波斯钱币背面图案的仿制品；（2）拜占庭金币索里得以及拜占庭式钱币仿制品；（3）磨损以及破损严重，无法辨识。关于这些钱币中仿制拜占庭金币的大部分问题，在郭云艳的文章中已得到很好的解决。[4] 她所做的工作为巴彦诺尔墓中金币

1　陈志强：《蒙古国拜占庭金币考古断想》，《南京政治学院学报》2016年第6期，第118页。

2　〔蒙〕阿·敖其尔等：《蒙古国布尔干省巴彦诺尔突厥壁画墓的发掘》，萨仁毕力格译，《草原文物》2014年第1期，第14—23页；А.Очир, Л.Эрдэнэболд, С. Харжаубай, Х.Жантегин, *Эртний Нүүдэлчдийн Бунхант Булшны Малтлага Судалгаа*, Улаанбаатар, 2013, pp.183-196；А.Очир, Л.Эрдэнэболд, *Эртний Нүүдэлчдийн Урлагийн Дурсгал*, Улаанбаатар, 2017, pp.220-232。蒙古文考古报告中附图39张，实际介绍40枚金币。在2017年出版的图录中，亦介绍了40枚金币，没有提到银币。

3　А.Очир, Л.Эрдэнэболд, С. Харжаубай, Х.Жантегин, *Эртний Нүүдэлчдийн Бунхант Булшны Малтлага Судалгаа*, Улаанбаатар, 2013, pp.183-196.

4　郭云艳：《论蒙古国巴彦诺尔突厥壁画墓所出金银币的形制特征》，《草原文物》2016年第1期，第115—123页。

的研究打下了基础。

　　史书仁深入研究了在仿制基础上引入了多种元素的金币，他发现其中一枚双面金币在模仿阿纳斯塔西乌斯一世（Anastasius Ⅰ，491—518 年在位）或查士丁尼一世（Justinian Ⅰ，527—565 年在位）金币的基础上，精心地重制了钱币的细节。在钱币背面添加了十字架、星星和一圈讹写铭文（pseudo inscription）；正面的人物戴着与众不同的头饰，由一个带有五个尖瓣的珍珠王冠和两对浮动丝带组成。他发现，这个人物的头冠与片治肯特壁画中的王冠十分相似。另有两枚亦在拜占庭金币原型的基础上改动了多处细节，还有五种钱币型金片和一枚仿币几乎完全独立于拜占庭原型，它们似乎均与来自粟特或巴克特里亚的元素有关。[1] 史书仁的研究提示了笔者，此前认为的仿制拜占庭钱币的原型可能不只是拜占庭钱币，还添加了来自中亚和巴克特里亚的元素。

　　根据整理，笔者发现墓中出土图案较为清晰的金币共 31 枚，另有无法辨识的钱币型金片共 11 枚。根据现有资料来看，墓中共发现了 42 枚金币及钱币型金片，未见银币。接下来将分拜占庭式钱币及仿制品、萨珊波斯钱币背面图案的仿制品、添加中亚元素的金币及钱币型金片、无法辨识的钱币型金片四类，对这些钱币逐枚进行分析。

一　拜占庭式钱币及仿制品

　　墓中发现的拜占庭金币有很多种，郭云艳根据类型的差异，

1　Sören Stark, "Aspects of Elite Representation among the Sixth- and Seventh-Century Türks," Nicola Di Cosmo, Michael Maas ed., *Empires and Exchanges in Eurasian Late Antiquity- Rome, China, Iran, and the Steppe, ca. 250-750*, Cambridge University Press, 2018, pp. 352-356.

将这些具有拜占庭货币特征的金币或钱币型金片分为以下三类：
拜占庭金币塞米塞斯仿制品（只有一面图案的钱币型金片，带有
不同时期金币崔米塞斯的正面或背面的形制特征）；拜占庭金币索
里得仿制品（只有一面图案的钱币型金片，带有不同时期金币索
里得的正面或背面的形制特征）；拜占庭的索里得及类索里得仿制
品（双面币）。[1] 笔者基于对墓中金币的观察和研究，认为这种分
类方式有其可取之处，但也有其不足。首先，根据巴彦诺尔墓考
古报告、图录和笔者在哈拉和林博物馆中对这批钱币的观察，巴
彦诺尔墓中并未发现银币，均为金币。此外，她将单面金币命名
为"拜占庭金币索里得仿制品"，将双面金币称为"拜占庭的索里
得及类索里得仿制品"，这两个名字极为相似，且难以体现不同金
币间更明显的区别，可能会引起误解。由于郭云艳只有考古报告
可资参考，但 2013 年出版的蒙古文发掘报告中的配图和介绍文字
出现了很多不匹配的情况，导致她难以对部分金币做出精准的判
断。2017 年，蒙古国出版了更加清晰的巴彦诺尔墓文物图录，且
笔者在保存巴彦诺尔墓文物的蒙古国哈拉和林博物馆进行了实地
调研，拍摄了钱币的高清图片。因此，我们有了对这批钱币进行
进一步研究的可能。

　　内马克（Aleksandr Naymark）在印第安纳大学读书期间的博士
学位论文《粟特的基督教和拜占庭元素：对古代晚期和中世纪早期
艺术和文化联系的研究》（"Sogdiana, Its Christians and Byzantium: A
Study of Cultural and Artistic Connections in Late Antiquity and Early
Middle Ages"）的第三章，深入探讨了中亚发现的拜占庭金币及仿

1　郭云艳：《论蒙古国巴彦诺尔突厥壁画墓所出金银币的形制特征》，《草原文物》2016年第1期，
　　第115页。

制品，将其分为：（1）中亚发现的有明确来源的罗马晚期钱币及拜占庭钱币；（2）中亚发现的仿制拜占庭金币和中亚发现的金片型金币仿制品。他将中亚发现的仿制拜占庭金币定义为：形制与原品相仿双面皆有图案的仿制品。中亚发现的金片仿制品又分为两类：（1）使用模具印制出图案的金片；（2）使用钱币或其仿制品锤鍱印出（foil）图案的钱币型金片。[1] 笔者非常赞同内马克教授的分类方式，但是在参考他的研究的同时，也要考虑巴彦诺尔墓的实际情况。如有些钱币保存状况较差，仅凭图像难以分辨钱币型金片为打制还是模印。又如郭云艳所述，巴彦诺尔墓中有少数一些金币较厚，双面图案不同，清晰可辨，有些可辨明为按照拜占庭金币索里得仿制而成的双面币，有些尚无证据证明其为仿制品，是故统称为拜占庭的"索里得或类索里得金币"。[2] 结合巴彦诺尔墓的实际情况，对于巴彦诺尔墓中的拜占庭钱币及仿制品按照制作方式的不同，笔者将单面纹饰的称为钱币型金片（bracteate），将双面纹饰的称为金币（coin），并进行重新分类。此外，这两者在重量上也有明显不同。笔者将其分为：（1）拜占庭金币或使用模具打制的仿制拜占庭金币；（2）使用模具打制及使用钱币或仿制品锤鍱的仿制钱币型金片。接下来将分类进行探讨。

（一）拜占庭金币或使用模具打制的仿制拜占庭金币

标准的拜占庭金币为双面，图案不同，因此需要用更厚的金片制作，所以重量会比单面的金片要重很多，因此，金币的重量是

1　A. Naymark, "Sogdiana, Its Christians and Byzantium: A Study of Cultural and Artistic Connections in Late Antiquity and Early Middle Ages", unpublished Ph. D. dissertation (Indiana University, Bloomington), 2001, pp. 91-177.

2　郭云艳：《论蒙古国巴彦诺尔突厥壁画墓所出金银币的形制特征》，《草原文物》2016年第1期，第120页。

我们分类的重要标准。经过统计，该类型的金币共 3 枚，分别为
No.276、No.259 和 No.272。

1. "骡子"拜占庭金币仿制品

所谓"骡子"（mule）拜占庭金币仿制品，是指正反面用两
种不同时期、不同形制的拜占庭金币拼接而成的仿制金币。墓内
发现了一枚正面按照福卡斯（Phocas，602—610 年在位）金币仿
制，背面模仿希拉克略一世（Heraclius I，610—641 年在位）金
币的"骡子"仿制品，为 No.276（XXM2012.5.143A）。[1] 该币
直径 2 厘米，重 3.9 克，保存状况良好，圆形，正面有凸起的边
框，中间为一个戴着扁圆十字架头冠向上看着的半身人像，此人
长发及颈，胡须浓密，是个椭圆脸型的欧洲人。眼睛、眉毛、鼻
子、嘴刻画清晰，右手拿着十字架。右侧上部有 12 个字母的拉
丁语铭文。[2] 背面为三级台阶上竖立的粗端十字架，外围有一圈
拉丁语铭文（图 4-14）。由于出现配图的错误，考古报告中误将
仿萨珊银币背面制成的钱币型金片的图片放在此处，导致郭云艳
对 XXM2012.5.143 包括的 AB 两枚金币的介绍及分类有误。尽
管考古报告中配图错误，但没有影响郭云艳对这枚金币的判断。
如她所述，其正面铭文是 CAS – PЄAPΛVCT，背面底部铭文读
作 COHO，两侧铭文的字符读作 B9V?-NΛ I PO>T HC，她认

1　文中金币编号见 A.Очир, Л.Эрдэнэболд, С. Харжаубай, Х.Жантегин, *Эртний Нүүдэлчдийн Бунхант Булшны Малтлага Судалгаа*, Улаанбаатар, 2013；А.Очир, Л.Эрдэнэболд, *Эртний Нүүдэлчдийн Урлагийн Дурсгал*, Улаанбаатар, 2017. 文中钱币编号以 2017 年图录为主，括号内为 2013 年考古报告中的编号。由于 2013 年出版的考古报告中错误较多，笔者也很难将 2017 年图录中所有钱币的编号与 2013 年考古报告中的钱币编号一一对应，只能尽量准确地将两套编号加以对应。

2　А.Очир, Л.Эрдэнэболд, С. Харжаубай, Х.Жантегин, *Эртний Нүүдэлчдийн Бунхант Булшны Малтлага Судалгаа*, Улаанбаатар, 2013, pp.183-196.

图4-14　No.276

为正面按照福卡斯金币仿制，背面模仿希拉克略金币。[1] 笔者赞同这一结论。这种仿制方法在草原上并非孤例，例如在匈牙利的Tác-Gorsium 遗址，发现了分别模仿提比略二世（Tiberius II，578—582 年在位）和莫里斯一世（Maurice I，582—602 年在位），正反面铸造在一起的仿制品索里得。[2]

　　关于这枚仿币正反面的铭文，正面较容易还原，即（FO）CAS – PЄRPΛVC，说明该币的正面是按照福卡斯金币仿制。但根据郭云艳的释读，背面的字母读起来相当混乱。这些看起来杂乱无章的铭文其实是有迹可循的，其实从背面底部的铭文可以看出，因为刻模人对金币不熟悉或者失误，所以在模具内部直接按照金币的

1　郭云艳：《论蒙古国巴彦诺尔突厥壁画墓所出金银币的形制特征》，《草原文物》2016年第1期，第121页。

2　A. Gandila, "Money and Barbarians: Same Coins, Different Functions," In *Cultural Encounters on Byzantium's Northern Frontier, c. AD 500-700: Coins, Artifacts and History*, Cambridge: Cambridge University Press, 2018, p.262.

式样刻字。由于金币为凸印，印出来的字母正好变成了镜像的。底部的字母实际上应为CONOB，代表君士坦丁堡造币厂，但其他的字母，还有待进一步识别。

2. 希拉克略一世金币

墓内还发现了两枚希拉克略一世金币，很难判断其为真品还是仿品。郭云艳对No.259（XXM2012.5.240）进行了准确的描述（图4-15）。双面，币面上有些污渍。直径2.2厘米，重3.42克。正面为一大一小两皇帝正面胸像，左侧人物偏大，蓄有短须，右侧人物较小；头戴王冠，两侧有垂饰，冠顶有十字架，两人头部之间似乎也有一枚十字架；其余部分难以辨识。背面为三级台阶上竖立的粗端十字架，十字架右下侧有希腊字母 Γ，底部铭文为CONOB。从质量和形制上来看，如果这枚金币不是仿制品，则可能是拜占庭用于对外贸易的减重版金币。这类货币可能用于一次性支付给某些部落首领，也许与拜占庭和阿瓦尔（Avar）的邦交

图4-15　No.259

关系有关。[1]

　　No.272（XXM2012.5.142），郭云艳同样对该币进行过准确的描述（图4-16）。双面，顶部镶环，直径2.1厘米，重4.6克。正面为一大一小两皇帝正面胸像，左侧人物偏大，蓄有短须，右侧人物较小；头戴王冠，两侧有垂饰，冠顶有十字架，两人头部之间似乎也有一枚十字架。两侧铭文较多，字符小难以辨识。背面为三级台阶上竖立的粗端十字架，底部铭文CONOB，两侧铭文可大致判断出VICTORIA–AVGYZ。该币从大小、重量以及形制来看，比较符合希拉克略一世统治早期金币索里得的特征，尚未有证据证明其为仿制品。[2] 笔者完全赞同郭云艳的看法。

图4-16　No.272

1　Philip Grierson, *Byzantine Coins*, University of California Press, 1982, p.100. 汉译本见〔英〕菲利普·格里尔森《拜占庭货币史》上册，武宝成译，法律出版社，2018年，第176页。

2　郭云艳：《论蒙古国巴彦诺尔突厥壁画墓所出金银币的形制特征》，《草原文物》2016年第1期，第120页。

（二）使用模具打制及使用钱币或仿制品锤鍱的仿制钱币型金片

1. 阿纳斯塔西乌斯一世金币仿制品

墓中有 5 枚钱币型金片，基本特征为肖像居中，脸部正面略微向右倾斜，肖像的脖子后面有长矛，在拜占庭帝国，从阿纳斯塔西乌斯一世至查士丁尼一世均制造过有这种特征的金币，墓中的仿制品制作较为粗糙，因此很难判断其具体的仿制对象，因此暂将墓中发现的拥有这类特征的钱币型金片统称为阿纳斯塔西乌斯一世仿制品钱币型金片。

No.277，直径 1.9 厘米，重 0.32 克，肖像脖子后面的长矛这一明显特征被工匠打造出

图 4-17 拜占庭阿纳斯塔西乌斯一世索里得

来，为阿纳斯塔西乌斯一世索里得的仿制品（图 4-18）。与之类似的 No.241、No.242 均为阿纳斯塔西乌斯一世索里得仿制品，原币的特征均被表现出来，但具体形状并不完全相同，可见这些钱币并非用同一个模具制作。

No.241，直径 1.7 厘米，重 0.09 克，为阿纳斯塔西乌斯一世索里得的仿制品，是墓中发现的最轻的金片（图 4-19）。

No.242（XXM2012.5.131），直径 1.9 厘米，重 0.12 克，为阿纳斯塔西乌斯一世索里得的仿制品（图 4-20）。

与上述 3 枚钱币型金片类似的仿制品在片治肯特和 Ahangaran

图 4-18　No.277

图 4-19　No.241

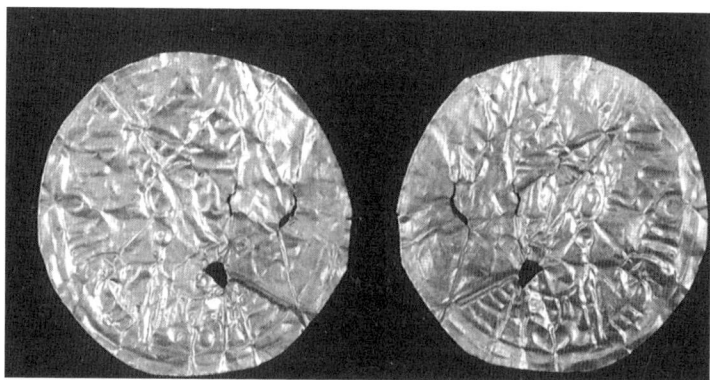

图 4-20　No.242

（塔什干南部）均有发现，片治肯特的金币（图 4-21）出土于城墙下面，后来在这里发现了纳吾斯（Naus）和纳骨瓮的碎片，可见这枚金币可能是纳骨瓮中的遗物。腊丝波波娃（Valentina Raspopova）认为片治肯特的发现可能是列奥一世（457—474 年在位）和列奥二世（474 年在位）的仿制品。[1] 而 Ahangaran 发现的那枚与之相似，但背面是罗马的母狼哺乳传说，并且上方还有两个女神像（图 4-22）。这反映了查士丁尼对古罗马的征服，他的首都是君士坦丁堡。[2] 可见，阿纳斯塔西乌斯一世或列奥一世、列奥二世的仿制币在中亚各地都较为常见。

　　No.257（图 4-23），直径 1.8 厘米，重 0.43 克，已经变黑，圆形的钱币型金片底下还粘连了一个月牙形状的钱币型金片，整体非常像日月冠的日月形象。钱币型金片上的形象单面打制，覆以黑色物质，边缘略有破损；阳面图案为皇帝正面胸像，头戴皇冠，位于

图 4-21　片治肯特发现的　　　　图 4-22　Ahangaran 发现的仿制金币
　　　　　　仿制金币

1　Valentina Raspopova, "Gold Coins and Bracteates from Pendjikent," *The Pre-Islamic History of the Indo-Iranian Borderlands,* Osterreichischen Akademie Der Wissenschaften, Wien, 1999, p.453.

2　Valentina Raspopova, "Gold Coins and Bracteates from Pendjikent," *The Pre-Islamic History of the Indo-Iranian Borderlands,* Osterreichischen Akademie Der Wissenschaften, Wien, 1999, p.457.

币面中间偏右，左下处似乎有其他图案，但无法明确辨识。俄罗斯学者判定其为提比略二世金币索里得的仿制品，但郭云艳不赞同。[1]笔者认为这应该为阿纳斯塔西乌斯一世索里得的仿制品，但亦经过改动，添加了当地的特征。钱币型金片和底下的月牙形粘连是否有特殊含义，还有待进一步讨论。

　　固原发现的唐仪凤三年（678）史道德墓中曾经发现一个金覆面（图4-24），金覆面上就有一个日月造型的金片配件（图4-25），由金片打压而成。[2] 而该墓中亦出土了仿制拜占庭金币（图4-26），上有一大孔，双面，[3] 其具体仿制对象有争议，亦有可能为阿纳斯塔西乌斯一世仿制品，但 No.257 钱币型金片与史道德墓中的仿制原型均为东罗马早期金币，应无争议。二者的用途是否一致，仍需进一

图4-23　No.257

图4-24　史道德墓出土金覆面
（罗丰编著《固原南郊隋唐墓地》，图版20）

1　郭云艳：《论蒙古国巴彦诺尔突厥壁画墓所出金银币的形制特征》，《草原文物》2016年第1期，第115—120页。

2　罗丰编著《固原南郊隋唐墓地》，文物出版社，1996年，第103页。

3　罗丰编著《固原南郊隋唐墓地》，第103页。

图 4-25　史道德金覆面上的日月冠
（徐弛摄）

图 4-26　史道德墓出土仿制
拜占庭金币
（徐弛摄）

步考察。

No.253（XXM2012.5.154），直径 1.6 厘米，重 0.18 克，上似乎有一正面略微向左倾斜的肖像，难以辨认细节。笔者在哈拉和林博物馆拍摄的图片较为清晰，发现钱币正面的肖像似为正面略微向右倾斜，钱币上人物的帽子与上述钱币中的均非常相似，该币可能亦为阿纳斯塔西乌斯一世的仿制品（图 4-27）。

图 4-27　No.253

2. 希拉克略一世金币仿制品

希拉克略一世金币仿制品钱币型金片，共 7 枚。

No.261（XXM2012.5.153），直径1.9厘米，重0.3克，金片中间有一正面较大人像，钱币的边缘有四个规律的小孔。似610—613年间拜占庭希拉克略一世皇帝发行的单人像索里得仿制品。细观之，金片左边可能有一个较小的人像，亦可能是拜占庭希拉克略一世父子二人共治时期金币的仿制品（图4-28）。

No.258呈不规则圆形，长2.6厘米，宽1.8厘米，重1.01克，整个钱币发黑，还有一些铜青色，只剩一点地方还有金色。上有一正面人像，较左的地方似乎有一个较小人像，与No.261相似，似拜占庭希拉克略一世父子二人共治时期金币的仿制品（图4-29）。

图4-28　No.261

图4-29　No.258

　　No.249，直径 2 厘米，重 0.25 克，为一小一大两皇帝正面并排胸像，右侧人物偏大，蓄有胡须；两人身着斗篷（chlamys），头戴王冠，冠顶有十字架，两人头部之间也有一枚大十字架。钱币的边缘有四个规律的小孔（图 4-30）。

　　No.252，直径 2 厘米，重 0.53 克，为一小一大两皇帝正面并排胸像，右侧人物偏大，蓄有胡须；两人身着斗篷，外罩长袍；头戴王冠，冠顶有十字架，两人头部之间也有一枚大十字架（图 4-31）。

　　No.263（XXM2012.5.141），直径 2.1 厘米，重 2.76 克，左侧边

图 4-30　No. 249

图 4-31　No. 252

缘有一大块黑色附着物。正面为一小一大两皇帝正面并排胸像，右
侧人物偏大，蓄有胡须；两人身着铠甲，外罩长袍；头戴王冠，冠
顶有十字架，两人头部之间也有一枚大十字架。背面看起来似乎附
着了另一枚锈迹严重的金属片，具体情况不清楚。有铭文，但铭文
本身并不完整，左侧完全看不出，右侧大致是 CCC？（图 4-32）。

　　No.273（XXM2012.5.148），直径 2 厘米，重 0.45 克，为一小
一大两皇帝正面并排胸像，右侧人物偏大，蓄有胡须；两人身着铠
甲，外罩长袍；头戴王冠，冠顶有十字架，两人头部之间也有一枚
大十字架。钱币型金片正面左上方与下部均有黑色污渍（图 4-33）。

图 4-32　No.263

图 4-33　No.273

No.275（XXM2012.5.270），直径2厘米，重0.17克，为一小一大两皇帝正面并排胸像，右侧人物偏大，蓄有胡须；两人身着斗篷，外罩长袍；头戴王冠，冠顶有十字架，两人头部之间也有一枚大十字架（图4-34）。

郭云艳认为，这几枚钱币型金片似拜占庭希拉克略一世父子共治时期金币仿制品，但根据拜占庭帝国发行的货币与徽章来看，当金币上出现两个人像时，地位较高者位于左侧，若出现三个人像时，则地位最高者位于中间。像这几枚钱币型金片上长者居右、幼者居左的情况从未出现。从正面形制看，这应是模仿拜占庭希拉克略一世时期金币索里得的仿制品。在仿制时制作者将两个人物的胸像按照左小右大的顺序排列，并按照这种形制大量制作金片，可能制作者有某种特定目的。[1] 笔者完全赞同郭云艳的判断。

图4-34　No.275

1　郭云艳：《论蒙古国巴彦诺尔突厥壁画墓所出金银币的形制特征》，《草原文物》2016年第1期，第119、121页。

3. 福卡斯金币仿制品

福卡斯金币仿制品钱币型金片，共 1 枚。

No.244（XXM2012.5.120.136），直径 2.1 厘米，重 0.68 克，中间隐约有一个戴着头冠的正面半身人像，此人长发及颈，胡须浓密，眼睛、眉毛、鼻子、嘴刻画较为清晰，右手似拿着十字架。钱币左边似有许多希腊字母铭文，较为清晰，其他铭文不可见，底部有一较大的孔。可能以福卡斯金币为原型打制（图 4-35）。

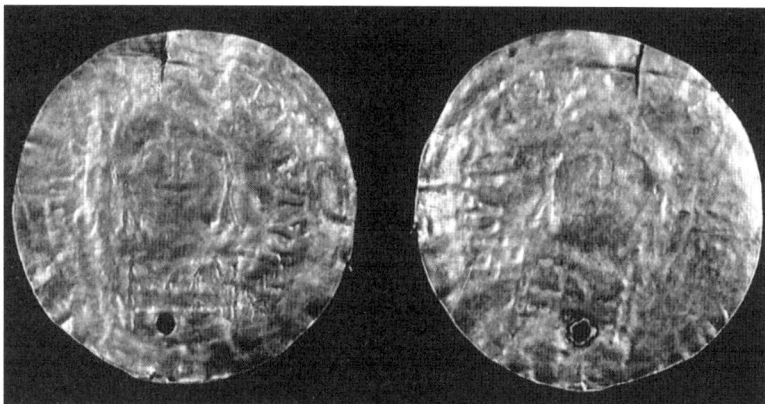

图 4-35　No.244

二　萨珊波斯钱币背面图案的仿制品

在巴彦诺尔墓中发现了萨珊波斯钱币背面图案的仿制品，共 7 枚。关于这些萨珊银币的仿制品，郭云艳已经做了详细介绍。[1] 众所

1　郭云艳：《论蒙古国巴彦诺尔突厥壁画墓所出金银币的形制特征》，《草原文物》2016 年第 1 期，第 115—117 页。由于考古报告的错误，导致郭云艳错误地将其中两枚拜占庭金币仿制品认定为萨珊银币仿制品。此外，还有两枚仿制萨珊银币的资料完全一致，可能是重复计数。依据 2017 年的图录，我们将墓中可识别的萨珊银币仿制品金片数量重新比定为 7 枚。

周知，萨珊波斯的钱币为银质，在传世文献中被称为"银钱"，为这一时期丝绸之路上的通用货币，[1]而这些仿制品均为金质。按照制作方式来看，这些金币均为使用钱币或其仿制品锤鍱出图案的钱币型金片。萨珊银币在丝绸之路上作为流通货币广为人知，而金子是更受欢迎的贵金属，因此将萨珊银币用简单的方法锤鍱成金片，几乎不可能用于流通。更值得注意的是，巴彦诺尔墓中绝大部分金币和钱币型金片上表现的都是钱币中有头像的一面，这几枚萨珊银币仿制品却表现了有火坛的背面，没有一枚模仿萨珊银币有国王头像的正面。

由于郭云艳已十分详尽地介绍了这些萨珊银币仿制品金片，笔者仅将这几枚金片的基本情况简要列举如下。

No.245（XXM2012.5.120），直径 2 厘米，重 0.17 克；No.256（XXM2012.5.135），直径 2 厘米，重 0.4 克；No.260（XXM2012.5.134），直径 2 厘米，重 0.14 克；No.262（XXM2012.5.147），直径 1.7 厘米，重 0.27 克；No.264（XXM2012.5.119），直径 2.1 厘米，重 0.17 克；No.265（XXM2012.5.128），直径 2.1 厘米，重 0.22 克；No.279（XXM2012.5.121），直径 1.9 厘米，重 0.11 克（图 4-36—42）。

从这几枚萨珊银币仿制品的形制来看，其共同特征是币面上的图案中间为圣火祭坛，两侧祭司持杖而立。与萨珊波斯银币通用的背面形制相比，这些仿制品仅保留了中间主体图案，联珠纹最外侧即为金片边缘，没有上下左右四个方向的新月抱星纹。[2]这些仿制钱币型金片之间也有一些不同，根据郭云艳的观察，编

1　李锦绣：《从漠北到河东：萨珊银币与草原丝绸之路》，《青海民族研究》2018 年第 1 期，第108 页。

2　郭云艳：《论蒙古国巴彦诺尔突厥壁画墓所出金银币的形制特征》，《草原文物》2016 年第 1期，第 115 页。

图 4-36　No.245

图 4-37　No.256

图 4-38　No.260

图 4-39　No.262

图 4-40　No.264

图 4-41　No.265

图 4-42　No.279

图 4-43　库思老二世第 27 年钱币背面

号 XXM2012.5.120（No.245），单面打压，外围两圈线纹；编号
XXM2012.5.121（No.279），外围两圈线纹，似乎有联珠纹的特
征，但不明显；编号 XXM2012.5.119（No.264），单面打压，外
围两圈半联珠纹。[1] 从这些不同来看，这些金币似乎经历过剪边，
没有上下左右四个方向的新月抱星纹可能是因为此原因。但考
古报告中的图片不甚清晰，因此我们用 2017 年出版的图录中的
编号为例，其中，No.245、No.260、No.262、No.264、No.265、
No.279 明显为萨珊银币仿制品，图像非常清晰，No.256 几乎通
体黑色，可能亦为萨珊银币仿制品，因此我们又可以发现其中很
多新的细节。

　　我们将图像方向全部转为正面，可以发现这些金币之间的不同
之处。最明显的不同就是钱币外围的语言写法。我们看到 No.245、
No.260、No.264、No.265、No.279 左下角有一个疑似巴列维字母，
有五个牙，牙的方向向左，但 No.262 钱币的类似位置多了一个小
孔，却没有五个牙的字母，仅隐约可见三个牙。No.262 的右边却有
一个非常清晰的方向向左的三牙字母，其他几枚钱币上相同位置的
字母和 No.262 的不甚相同。在与原版库思老二世钱币（图 4-43）
及其他萨珊银币对比之后可发现，前文中提到的五个牙的巴列维字
母在萨珊银币中没有出现过。因此，这些钱币的造型与上述拜占庭
金币一样，也是在仿制的基础上进行了细节上的改动。

　　综上所述，这批仿制钱币型金片的原型至少有两个，且原型可
能并非真品萨珊货币，而是萨珊银币的仿制品。换言之，这批金币
应该是利用萨珊银币的仿制品单面打压而成。

1　郭云艳：《论蒙古国巴彦诺尔突厥壁画墓所出金银币的形制特征》,《草原文物》2016 年第 1
　　期，第 116 页。

三　添加中亚元素的金币及钱币型金片

这种金币似乎基于或代表了来自粟特或巴克特里亚的要素，共8枚。但不可否认的是，它们也是在拜占庭金币的基础上创造的，因此这使得它们成为需要研究的金币中最有趣的案例。

（一）娜娜女神金币及钱币型金片

这类金币及钱币型金片有 2 枚，分别为 No. 278、No. 271。

No.278，直径 2.3 厘米，重 2.92 克。[1] 凭此，笔者认为考古报告中介绍的 XXM2012.5.143B 即为此币。该币正面有边框，中间是一幅胸像，头微微偏向左侧，头上戴有王冠。人的耳朵、眉眼、鼻子、嘴刻画清晰，耳朵上戴着耳环。帽子后面两边有四条带子。人像左右两边有文字，但已严重损毁。背面圆形的边框中有从下往上

图 4-44　No. 278

1　А.Очир, Л.Эрдэнэболд, *Эртний Нүүдэлчдийн Урлагийн Дурсгал*, Улаанбаатар, 2017, p.232.

逐渐变窄的四条横线呈金字塔状，上面有十字架。周围有拉丁语铭文（图4-44）。[1]

　　考古报告对此金币的解读是十分不充分的。下面笔者将重新解读这枚金币。No.278金币正面为四分之三侧面胸像，头戴冠盔，冠盔由一个带有五个尖瓣的王冠和两对浮动丝带组成。脑后冠带露出，带头朝下；人物的双耳戴着耳饰，像是珍珠耳环，脖子上戴着项饰。人物身着铠甲；两侧有铭文，难以辨识；背面为四级台阶上的大十字架，台阶左右两侧各有一颗八芒星，在十字架与台阶中间刻画了一个月牙。虽然骷髅地十字架两旁有八芒星的情况非常罕见，但并不是第一次出现，不过中间还有一个月牙则是第一次。

　　下侧铭文郭云艳释读为CONOB，但比较模糊。她认为，这种正背面形制属于比较常见的拜占庭帝国早期金币索里得的形制。正面的四分之三正面胸像，为5世纪中期到6世纪初期的常用形制，7世纪中后期的皇帝君士坦丁四世（Constantine Ⅳ，668—685年在位）统治时期发行过正面图案为这种形制的金币索里得，此后再未出现。而背面图案三级台阶上的粗端十字架样式最早出现于6世纪后期提比略皇帝（Tiberius Ⅱ Constantine，578—582年在位）的货币上，此时正面形制早已经改为正面胸像。而君士坦丁四世的金币索里得的背面形制为三级台阶上有大十字架，大十字架两侧还有他的两个儿子的正面立像。所以这枚金币的形制特征不属于拜占庭官方制作厂制作，属于"骡子"仿制品。[2] 史书仁深入研究了在仿制基础上引入多种元素的金币，发现这枚金币在模仿阿纳斯塔西乌斯或

1　А.Очир, Л.Эрдэнэболд, С. Харжаубай, Х.Жантегин, *Эртний Нүүдэлчдийн Бунхант Булшны Малтлага Судалгаа*, Улаанбаатар, 2013, pp.183-196.

2　郭云艳：《论蒙古国巴彦诺尔突厥壁画墓所出金银币的形制特征》，《草原文物》2016年第1期，第117—118页。

早期查士丁尼一世金币的基础上精心地重制了钱币的细节，在背面添加了十字架、星星和一圈伪造铭文。正面的人物戴着与众不同的头饰，由一个带有五个尖瓣的珍珠王冠和两对浮动丝带组成。[1] 关于钱币上的铭文，笔者咨询了辛威廉（Nicolas Sims-Willams）教授，他认为这些铭文很像粟特文，但并没有实际的意义，可能是很熟悉粟特人的工匠模仿的拉丁语铭文。[2] 虽然学者们对这枚金币的原型还存在不同意见，但其是以拜占庭金币为原型制作的仿制品这一观点没有争议。

史书仁发现，这枚金币上人物的金冠与片治肯特壁画中的王冠十分相似（图4-45）。[3] 笔者发现，该钱币上的人像除头冠是粟特地区风格外，其所戴的耳环与撒马尔罕阿弗罗西亚卜大使厅壁画上粟特人所戴的耳饰也极为相似（图4-46）。虽然钱币中人像脖子上是否有项链很难判断，但脖子中间的椭圆形挂件，也与大使厅壁画上人物的项链非常相似。如果我们将钱币上人像头冠上及身上的大圆点视作联珠纹，那就可以完全与壁画中的人物形象对应。由此可见，钱币上的人物与粟特人应该有非常密切的关系。

但关于钱币上特殊的头冠，仍有进一步研究的余地。Vondrovec认为，这一时期中亚制造的钱币可能借鉴了萨珊和粟特印章的凹雕图案。[4] 这几枚金币除了有拜占庭金币的影子，可能还结合了萨珊和

1　Sören Stark, "Aspects of Elite Representation among the Sixth- and Seventh-Century Türks," Nicola Di Cosmo, Michael Maas ed., *Empires and Exchanges in Eurasian Late Antiquity- Rome, China, Iran, and the Steppe, ca. 250-750*, Cambridge University Press, 2018, pp. 352-356.

2　邮件询问，2020 年 3 月 12 日。

3　Sören Stark, "Aspects of Elite Representation among the Sixth- and Seventh-Century Türks," Nicola Di Cosmo, Michael Maas ed., *Empires and Exchanges in Eurasian Late Antiquity- Rome, China, Iran, and the Steppe, ca. 250-750*, Cambridge University Press, 2018, pp. 352-356.

4　K.Vondrovec, "Coins from Gharwal (Afghanistan)," *Bulletin of the Asia Institute*, 2003, 17, pp. 159-175.

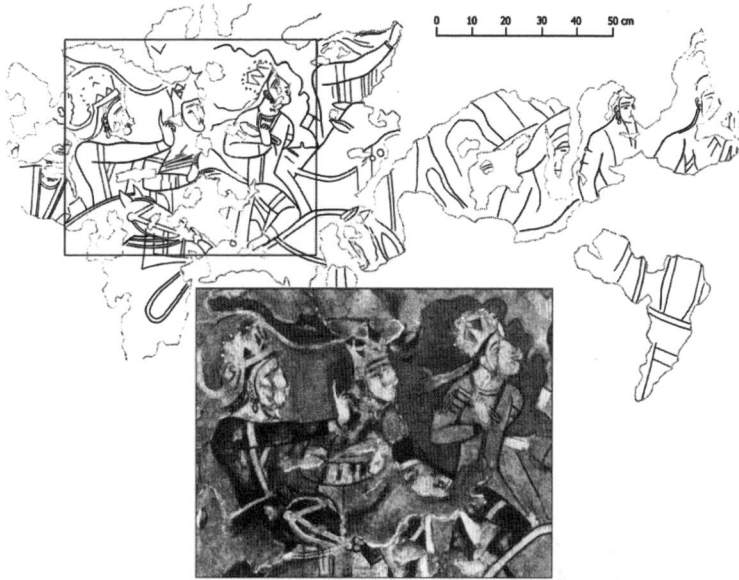

图 4-45　片治肯特 2 号神殿壁画

图 4-46　撒马尔罕大使厅壁画上
人物的耳饰

（Альбаум, Лазарь Израилевич,
Живопись Афрасиаба, Ташкент, 1975）

图 4-47　大英博物馆藏萨珊 - 贵霜
时期印章

粟特印章中的形象。大英博物馆藏萨珊－贵霜时期（300—350）印章上也发现了与之相似的形象，印章左边的皇后像头戴五角珍珠冠，耳朵上戴着珍珠耳环，颈上围一圈项链，脑后垂着飘带。[1]

　　但笔者在进一步研究中发现，这枚钱币上的女性形象与祆教的娜娜女神形象极为类似。1970 年，在塔吉克斯坦西北部沙赫里斯坦崩治卡特（Bundjikat）的 Kalai-Kakhkakha Ⅱ遗址出土了一幅壁画，[2] 经过学者研究，表现的是骑狮的娜娜女神（Goddess Nana）的形象（图 4-48、图 4-49）。另外，在片治肯特遗址的壁画上同样有娜娜女神的身影（图 4-50、图 4-51）。

图 4-48、图 4-49　娜娜女神，崩治卡特 Kalai-Kakhkakha Ⅱ神庙出土，
塔吉克斯坦

（俄罗斯艾尔米塔什博物馆藏，王嬲摄）

1　https://research.britishmuseum.org/research/collection_online/collection_object_details.
　　aspx?objectId=367474&partId=1.

2　K.Tanabe, "Nana on Lion," *Orient*, 1995, 30, pp.318-320.

图 4-50　骑狮娜娜女神，片治肯特（Pendjikent）带谷仓的大厅壁画北墙
　　　　上部，马尔沙克复原

图 4-51　骑狮娜娜女神，片治肯特，马尔沙克复原

　　娜娜女神是古代两河流域南部最古老的神祇之一，其源头最早可追溯到苏美尔－阿卡德时期。在乌尔第三王朝时期，这位女神具有了苏美尔神话中性爱、丰产和战争女神伊南娜（Inanna）的特征。伊南娜有许多苏美尔语的名字，娜娜是其中之一。伊南娜在阿卡德语中的对应神是伊什塔尔（Ishtar），因此娜娜可以和伊南娜、伊什塔尔相联系，伊南娜/伊什塔尔的狮子也就成了娜娜的标志。[1] Kalai-Kakhkakha Ⅱ 神庙中的娜娜女神壁画为 7—8 世纪的作品，[2] 片治肯特带谷仓的大厅中的娜娜女神壁画为 700—725 年的作品，[3] 二者绘制时间相仿，但片治肯特娜娜女神的损毁过于严重，线图均为马尔沙克复原，因此，Kalai-Kakhkakha Ⅱ 遗址出土的娜娜女神更具参考价值。我们从图 4-51 中可以看到，娜娜女神头戴锯齿状冠，佩戴耳饰、项链（或为璎珞），头后有光圈（Halo），身穿希腊－印度式长裙、有袖的束腰外衣和披肩，正面坐在狮背上，上方右手持圆盘（Phiale，可能意为太阳），左手持半弯的新月，下方右手持权杖，左手端碗。而巴彦诺尔墓发现的这枚金币表现的可能正是头戴锯齿状冠，佩戴耳饰、项链，头后有光圈的娜娜女神头部。

　　No.271（XXM2012.5.279），直径 1.7 厘米，重 1.9 克，上面

1　杨巨平：《娜娜女神的传播与演变》，《世界历史》2010 年第 5 期，第 104 页。关于娜娜女神的介绍及流变，见 G.Azarpay, "Nanâ, the Sumero-akkadian Goddess of Transoxiana," *Journal of the American Oriental Society*, 1976, pp.536-542；K. Tanabe, "Nana on Lion," *Orient,* 1995, 30, pp.309-334；D.T. Potts, "Nana in Bactria," *Silk Road Art and Archaeology*, 2001, 7, pp.23-35；M.Ghose, "Nana: the 'Original' Goddess on the Lion," *Journal of Inner Asian Art and Archaeology*, 2006, 1, pp. 97-112。

2　G.Azarpay, "Nanâ, the Sumero-akkadian Goddess of Transoxiana," *Journal of the American Oriental Society*, 1976, p.540.

3　〔俄〕马尔夏克、腊丝波波娃：《片治肯特古城带谷仓的娜娜女神壁画（700—725 年）》，《突厥人、粟特人与娜娜女神》，毛铭译，漓江出版社，2016 年，第 21 页。

的人物肖像与 No.278 相似，头戴锯齿状冠，佩戴耳饰、项链。根据这些特征，笔者认为，这枚钱币型金片上的亦为娜娜女神形象，但在女神肖像头部左边又添加了一个十字架。因此，这枚钱币型金片是结合了拜占庭索里得元素与中亚本土元素的一个混合品（图 4-52）。

图 4-52　No.271

（二）野兽图案的金币及钱币型金片

在巴彦诺尔墓还发现了上面刻有野兽的钱币型金片和金币，分别为 No. 267、No. 268。

No.268（XXM2012.5.130），直径 1.9 厘米，重 0.42 克，上方刻有一只野兽，不知是狮子还是狼，左下方似有一朝左的侧面肖像，肖像有很挺拔的鼻子，野兽上方似乎有一个铭文，其他的细节难以分辨（图 4-53）。

图 4-53　No.268

图 4-54　都密钱币

No.268 上野兽的形态，与月氏钱币上的狮子极为相似。这枚银币是月氏统治之下的五翕侯之一都密（Toumi，Sapadbizes）发行的钱币（图 4-54）。[1] 其实，类似的货币当时的五翕侯 Arseiles、Pulages、Sapadbizes 均有铸造，上面用希腊字母刻有娜娜女神（NANAIA）的铭文。[2] 钱

1　M. Ghose, "Nana: the 'original' Goddess on the Lion," *Journal of Inner Asian Art and Archaeology*, 2006, 1, p.98.

2　O. D. Hoover, "Handbook of Coins of Baktria and Ancient India, Including Sogdiana, Margiana, Areia, and the Indo-Greek, Indo-Skythian, and Native Indian States South of the Hindu Kush, Fifth Century Centuries BC to First Century AD," *The Handbook of Greek Coinage Series*, Vol. 12, 2012, pp.194-195.

币型金片上的形象很可能是仿制了这几种银币上狮子的形象。左下方的人像却与 Ahangaran 发现的母狼哺乳钱币上方的女神侧面像有一定相似之处，可能是借鉴了多个钱币上的特征。我们通过分析如此多种的仿币，发现了粟特地区仿币的一些规律，即结合多政权的货币与本土文化符号，创造出全新的样式。这也与粟特地区发现的壁画和造像类似，从中能看到各种文化的影子。而这枚仿制钱币的主要原型为娜娜女神的狮子，可能也与粟特地区娜娜女神的信仰有关。

No.267（XXM2012.5.144），直径 1.9 厘米，重 1.95 克，上有一较大的孔，背面以拜占庭金币为原型仿制，有一圈疑似粟特语铭文，但底下的 CONOB 清晰可见。正面周围亦有一圈疑似粟特语铭文（图 4-55）。以 No.244 为参照，类似的孔是打在钱币型金片正面的底部。我们以此方向检视金币，会发现金币左边（即 No.267 正面左下方）有动物的两条后腿和向下垂的尾巴。这枚金币的制作风格与 No.278 类似，正面为原创图像，背面为仿制拜占庭金币，铭文刻

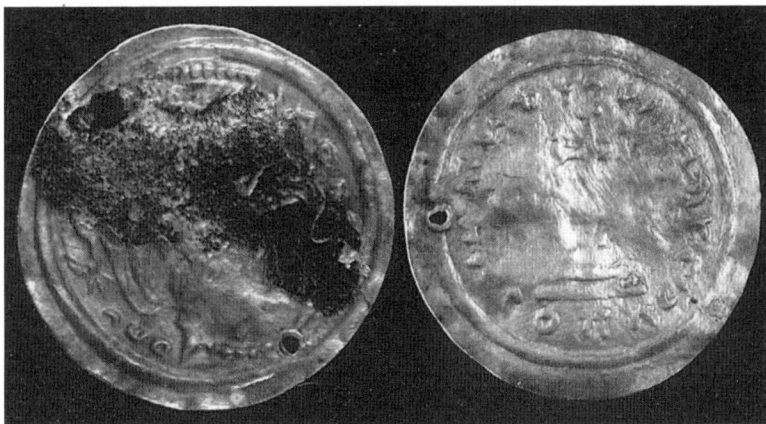

图 4-55　No.267

画规则相似，两面均有疑似粟特语铭文，但背面拜占庭金币的制作地点 CONOB 按照原样仿制，与 No.278 极为相似，可能是同一地点制造的。

（三）人物图案的钱币型金片

这类钱币型金片有 4 枚，No.270、No.269、No.248、No.266。其中，No.270 为正面人像，No.269、No.248、No.266 图案一致，为侧面人像。

No.270（XXM2012.5.126），直径 2.1 厘米，重 2.42 克，上方铸有一个圆环，显然是用作挂件。中间有一正面人像，钱币型金片外围有疑似粟特语铭文，但难以释读。正面人像头顶围有装饰，饰品中间镶一宝石，大眼睛，鼻梁高耸，嘴巴较小，脖子上戴一圈项链，似有游牧民风格（图 4-56）。这种没有原型的本土类型的钱币型金片在粟特地区也有其他发现，例如图 4-57 中的钱币型金

图 4-56　No.270

片，饰有珠状头饰，头稍向
右偏，戴耳环、项链和手
镯。双手举起，右手拿着一
朵花，左手拿着一根树枝。
铭文在钱币型金片上半部分
十点到一点处刻写。乐仲迪
（Judith Lerner）教授认为这
是粟特本土的神祇，辛威
廉教授释读后，认为这圈铭
文毫无意义。Wilfried Pieper
综合上述两位教授的意见，
认为这枚金币是受到游牧

图 4-57　钱币型金片，粟特地区

民和粟特本土两面影响制成的。[1] 笔者认为，巴彦诺尔墓发现的
No.270 钱币型金片与粟特地区发现的这枚钱币型金片情况一致，为
粟特艺术家的创造。

接下来，笔者要探讨的是编号为 No.269（XXM2012.5.123）、
No.248（XXM2012.5.124）、No.266（XXM2012.5.127）的 3 枚仿制
钱币型金片。[2] 这 3 枚钱币型金片为同一个模具制成。其中，No.269
直径 1.8 厘米，重 0.17 克（图 4-58）；No.248 直径 1.8 厘米，重 0.11

1　Wilfried Pieper, "Sogdian Gold Bracteates–documents of the Cultural Exchange along the Ancient Silk Road," *Oriental Numismatic Society,* 2003, p.8.

2　根据考古报告，相同图案的钱币型金片有 4 枚，其中 XXM2012.5.122 和 XXM2012.5.127 保存情况最好，但 XXM2012.5.122 在考古报告中的配图与 XXM2012.5.124 相同，关于金币的描述也与另外 3 枚有较大出入，根据图录和笔者在博物馆的现场观察，均未发现这枚金币的身影，因此暂定为 3 枚。А.Очир, Л.Эрдэнэболд, С. Харжаубай, Х.Жантегин, *Эртний Нүүдэлчдийн Бунхант Булшны Малтлага Судалгаа,* Улаанбаатар, 2013, pp.184-186.

图4-58　No.269

图4-59　No.248

图4-60　No.266
（蒙古国哈拉和林博物馆藏，徐弛摄）

克（图4-59）；No.266直径1.8厘米，重0.12克（图4-60）。

这几枚仿制金片的主要区别是保存状况及损坏程度不同。笔者引用考古报告中关于其中保存最好的No.266的描述，对这几枚用同一模具打造的仿制金片进行介绍。

该金币为圆形，正面有凸起的边框，边框中间有一侧面胡人形象，身后有两条飘带，一圈头发，戴圆顶帽子。人的眼睛、鼻子、嘴、耳朵刻画清晰，下颌有浓密络腮胡，颈部有围巾或袍子，露出了衣服的边。人像周围有文字，但已漶漫不清。背面上部有小圆钉。金片为打制而成。[1]

关于这几枚硬币，郭云艳和史书仁进行过探讨。郭云艳认为，它们应是拜占庭金币塞米塞斯或崔米塞斯的仿制品。因为这几枚仿制品上的皇帝胸像在很多方面非常接近，同时根据头像眉毛的长度与弧度，蓄有的短须，周遭难以辨识的铭文形状，特别是脑后飘带的弯曲角度和上扬位置几乎一样，推测这4枚金币仿

1　А.Очир, Л.Эрдэнэболд, С. Харжаубай, Х.Жантегин, *Эртний Нүүдэлчдийн Бунхант Булшны Малтлага Судалгаа*, Улаанбаатар, 2013, pp.184-186.

制品应是根据同一枚金币真品制作而成。[1] 史书仁则分析得更为深入，他认为这几枚钱币是通过整体模仿拜占庭金币的风格，同时加入特定元素来实现其目的的。他分析认为，这几枚薄片金币留有胡须的侧脸男性半身像具有相当程度的古典风格，可以与片治肯特2号神殿中发现的2枚银质奖章（其中一枚镀金）进行比较研究。[2] 类似的头像出现在5—7世纪的吐火罗斯坦、粟特和印度－伊朗边境的金属器皿上。[3] 他认为，对于亚洲腹地的旁观者来说，所有这些幻想画像以及对它们的各种添加和组合，都可能被认为是罗马恺撒的形象，似乎在大草原上，这一意象象征着至高无上的社会和政治地位。[4] 关于这几枚金币，学者们没有提及的问题有两点。

　　其一是这几枚金币半身人像头顶戴着日月王冠。日月冠在这一时期的中亚地区，是西突厥可汗的头饰。小洪纳海石人墓为西突厥泥利可汗的墓葬，作为第一突厥汗国唯一的可汗形象，该石人可

1　郭云艳：《论蒙古国巴彦诺尔突厥壁画墓所出金银币的形制特征》，《草原文物》2016年第1期，第117—118页。

2　V. I. Raspopova, "Problema Kontinuiteta Sogdiiskogo Goroda," *Kratkie soobshcheniia Instituta Arkheologii* 199, 1990, pp. 33-34. 转引自 Sören Stark, "Aspects of Elite Representation among the Sixth- and Seventh-Century Türks," Nicola Di Cosmo, Michael Maas ed., *Empires and Exchanges in Eurasian Late Antiquity- Rome, China, Iran, and the Steppe, ca. 250-750*, Cambridge University Press, 2018, pp. 352-356。

3　B. I. Marshak, Silberschätze des Orients: Metallkunst des 3–13. Jahrhunderts und ihre Kontinuität (Leipzig, 1986) 75; Lerner and Sims-Williams, "Seals, Sealings and Tokens," 40–41; E. J. Laing, "Recent Finds of Western-Related Glassware, Textiles, and Metalwork in Central Asia and China," *Bulletin of the Asia Institute* 9 (1995) 5, 10. 转引自 Sören Stark, "Aspects of Elite Representation among the Sixth- and Seventh-Century Türks," Nicola Di Cosmo, Michael Maas ed., *Empires and Exchanges in Eurasian Late Antiquity- Rome, China, Iran, and the Steppe, ca. 250-750*, Cambridge University Press, 2018, pp. 352-356。

4　Sören Stark, "Aspects of Elite Representation among the Sixth- and Seventh-Century Türks," Nicola Di Cosmo, Michael Maas ed., *Empires and Exchanges in Eurasian Late Antiquity- Rome, China, Iran, and the Steppe, ca. 250-750*, Cambridge University Press, 2018, pp. 352-356.

以作为第一突厥汗国时期可汗形象的标准。其头上的王冠前方有日轮，下托以弯月，为日月冠形象。关于突厥可汗的金冠，陈凌和影山悦子有非常深入的研究。[1] 笔者亦在 7—8 世纪绘制的片治肯特 2 号神殿壁画上发现了类似的冠饰，说明类似冠饰在这一时期的粟特地区使用。但该金币上的王冠可能并非日月冠，而是新月和星星。西突厥硬币的一个重要特征是用新月和星星代替了出现在类似的拜占庭硬币上的十字架，这在古代突厥人和中亚其他民族的世界观中占有重要地位。[2] 笔者认为，这几枚金片可能不是西突厥用于流通的货币，但正如学者们所述，其与拜占庭钱币有很重要的联系。Babayarov 和 Kubatin 认为，西突厥汗国的硬币不仅仅是复制了拜占庭钱币，而是在此基础上加入了突厥元素。[3]

其二是金币周围无法释读的铭文。在巴彦诺尔墓出土的 No.248、No.266、No.269、No.270、No.271、No.278 等金币上，均有无法释读的铭文。笔者曾就此问题咨询过辛维廉教授，他认为这些铭文很像粟特文，但并没有实际的意义，可能是很熟悉粟特人的工匠模仿的拉丁语铭文。[4]

西突厥统治中亚时期发行了一种铜币，Babayarov 在研究中亚出土的西突厥铜币时，对西突厥铜币上的粟特语铭文做了总结。[5] 根

1　陈凌：《突厥王冠考——兼论突厥祆教崇拜的有关问题》，《欧亚学刊》第 8 辑，中华书局，2008 年；影山悦子「中国新出ソグド人葬具に見られる鳥翼冠と三面三日月冠」『オリエント』2007 年第 2 期、120—140 頁。

2　G.Babayarov, A. Kubatin, "Byzantine Impact on the Iconography of Western Turkic Coinage," *Acta Orientalia*, 2013, 66(1), p. 52.

3　G.Babayarov, A. Kubatin, "Byzantine Impact on the Iconography of Western Turkic Coinage," *Acta Orientalia*, 2013, 66(1), p. 49.

4　邮件询问，2020 年 3 月 12 日。

5　Gaybullah Babayarov, "On the New Coins of the Western Turkic Qagh a nate,"（《西突厥钱币上的图案》）内蒙古大学蒙古学学院蒙古历史学会议论文集《草原丝路语言文字与北方民族史会议（一）古突厥、回鹘文献调查与再研究》，2019 年，第 36 页。

据他总结的表格（表4-1），我们可以找到数个与之一致的粟特文字母，例如 ﻝ、ﻦ 等。突厥在扩张过程中，和粟特人的关系非常密切。粟特人在突厥扮演着非常重要的角色，位于漠北地区的布古特碑和位于新疆昭苏县的泥利可汗的石人身上，均有大量的粟特语铭文。因此，这类带有仿粟特语铭文的钱币，可能与西突厥汗国有关。

表4-1　西突厥钱币上的铭文（Gaybullah Babayarov 制作）

n	'	γ	'	x	k	r	w	t	t	r	k	'	y	n	p	
																1
																2
																3
																4
																5
																6
																7

四　无法辨识的钱币型金片

除上述金币及钱币型金片之外，还有约11枚钱币型金片磨损、破损严重，或不知何意，无法辨识。

No.240，直径1.7厘米，重0.09克，似有打制痕迹，但图案已无法识别。

No.243，直径1.8厘米，重0.24克，似有打制痕迹，但图案已无法识别。

No.246，直径 1.9 厘米，粘连后最长直径 2.5 厘米，重 0.91 克，从图像及重量来看，似为 3 枚粘连在一起的钱币型金片，其中一枚较为完整，下有一小孔。3 枚钱币型金片均有打制痕迹，但图案已无法识别。

No.247 与 No.274 均压制出类似布面的效果。No.247，长 1.6 厘米，宽 2.0 厘米，重 0.42 克，呈不规则的近似三角形（图 4-61）；No.274，直径 1.7 厘米，重 0.22 克，顶上有一小孔（图 4-62）。这类钱币可能有特定意义，但意义不明。笔者根据小孔的大小推断，它们可能为缝制在衣服等处的饰片。

 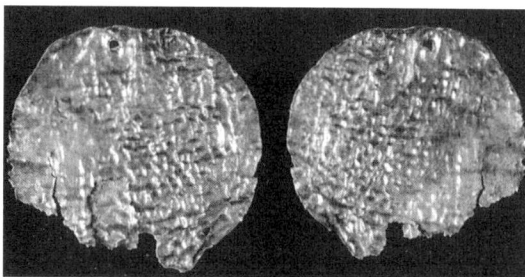

图 4-61　No.247　　　　　　　图 4-62　No.274

No.250，直径 1.6 厘米，重 0.12 克，上压制一个大的十字，不知何意。上方有一小孔。No.251，长 1.8 厘米，宽 1.3 厘米，重 0.14 克，下方有一矩形豁口，币面有一个规则的圆形孔洞和一些残破的小孔（图 4-63）。

No.254，直径 1.7 厘米，重 0.18 克，外围有一圈边框，底部似被横向剪掉。No.255，直径 1.7 厘米，重 0.21 克，外围有一圈边框，底部本对称钻有两孔，但小孔均已被破坏，币面有打制痕迹，但图案已无法识别。

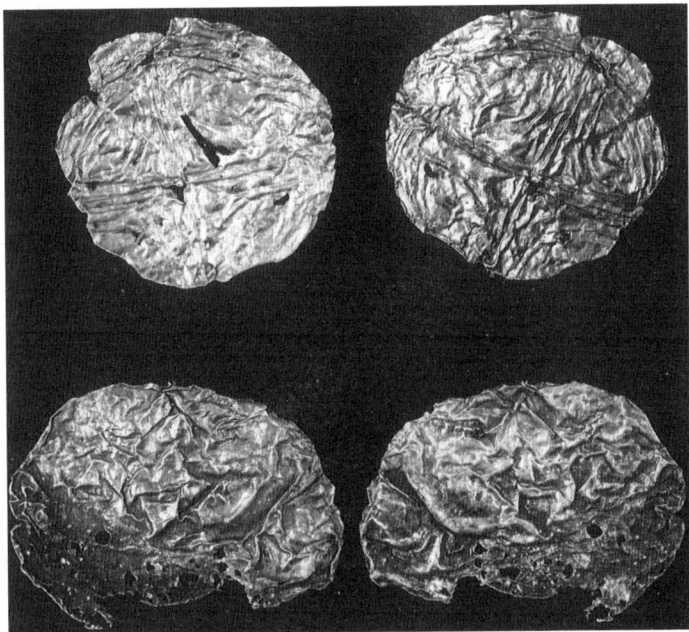

图4-63　No.250、No.251

五　金币的来源——巴彦诺尔墓出土金币中的西突厥文化意涵

巴彦诺尔墓中发现的这批金币种类繁多，部分金币中体现了大量拜占庭、波斯元素，且从未在中国发现过。这一时期占据中亚，与拜占庭交往密切，能接触到萨珊波斯文化和更早以前的月氏－贵霜文化，且能够拥有并仿制如此多种类金币的政权，最有可能的就是西突厥汗国。

林英详细考证了拜占庭金币的东传，她发现从568年到576年，至少有5个拜占庭使团来到西突厥汗庭，但之后由于拜占庭违背与西突厥的盟约接纳了西突厥的敌人阿瓦尔人，双方盟友关系被破坏。但 614 年波斯军队攻占了基督教圣城耶路撒冷，将供奉在城内的圣物十字架掠走，拜占庭再度与西突厥联盟，希拉克略皇帝许给西突厥可汗重金。林英依据史料推测，希拉克略许诺给西突厥可汗的重金即包括了金币索里得。[1] 巴彦诺尔墓发现的这批金币种类繁多，其时间下限即为希拉克略时期，恰与史料相合。该墓发现的部分金币直接体现了西突厥元素，接下来将详细分析。

（一）萨珊金币与西突厥汗国

在巴彦诺尔壁画墓中，钱币型金片 No.245、No.256、No.260、No.262、No.264、No.265、No.279，[2] 明显为萨珊银币背面的仿制品，图像非常清晰（图 4-36—42）。

要确定巴彦诺尔墓中的金币来源，先要确定金币的制作时间。郭云艳从祭司正面站立，持杖于身前，且祭坛柱子为"细腰鼓形"的形制判断，其原型属于萨珊波斯帝国中后期发行的银币。她进一步解读了金片上的铭文，金片左侧的铭文为 ᵕᵕᵕᵕ ，比较接近 ᵕᴊᴊᴊ ，表示"30"（即 si 或 sih）；右侧铭文为 ᴄᴈ ，亦作 ᴄᴈ ，表示造币厂所在地梅尔夫（Merv），汉文古籍称为木鹿或马鲁，即今土库曼斯坦的巴伊拉姆阿里城附近，在古代属于波斯帝国辖下的呼罗珊地区东北，是伊朗与中国间的交通要道。因此，她进一步推断其原型为木鹿的造币厂在新王登基后的第 30 年制作的银币，而这段时期内统治时间超过 30 年的仅有库思老一世（Khusro I，531—579 年在位）和库思老二世（Khusro II，590—628 年在位），又考虑到中国境内发现的库思老二世时期的银币多达数百枚，因此

1　林英：《唐代拂菻丛说》，中华书局，2006 年，第 63—64 页。

2　文中金币编号以巴彦诺尔壁画墓出土文物图录为准，见 А.Очир, Л.Эрдэнэболд, *Эртний Нүүдэлчдийн Урлагийн Дурсгал*, Улаанбаатар, 2017。

这些仿制品的原型很可能为库思老二世在统治的第 30 个年头（619年）发行的银币。此外，她认为墓葬出土的拜占庭金币及仿制品中具有明确时间信息的是两枚希拉克略统治早期的金币索里得，因此可将时间限定在 620 年之后。[1] 郭云艳对墓葬中出土金币制作时间的分析非常精彩，根据她的分析，我们对这批金币的制作时间有了较为准确的把握。

　　仿制萨珊银币在 8 世纪以前的中亚地区十分常见。在布哈拉地区，当地统治者自 6 世纪起就开始模仿巴赫拉姆五世的银币，这类"布哈拉胡达特"（Bukhara khudat）钱币，后来逐渐扩散至索格底亚那的其他区域，如撒马尔罕等。在吐火罗斯坦北部，即今天的塔吉克斯坦与乌兹别克斯坦南部地区，萨珊钱币的仿制品也很常见，有以卑路斯、巴赫拉姆五世、库思老一世、霍尔木兹四世和库思老二世等不同萨珊统治者发行的钱币为蓝本的当地仿制币出土，且数量很大，在 Budrach 遗址中，就出土有四个窖藏，共计 1400 余枚。这些钱币上往往带有不同戳记，大体可分为：草体大夏语铭文、粟特语铭文和人物或动物图案这三类。[2] 在如今的塔吉克斯坦南部地区，存在着当地仿制的萨珊帝国卑路斯德拉克姆银币（Peroz drachms），这些仿制品添加了部分粟特语铭文。在吐火罗斯坦北部，即今天乌兹别克斯坦的苏尔汉河地区，流通过不同的钱币。在赤鄂衍那，萨珊众王之王库思老一世的银币很常见，因为库思老的征服到达过这个地区。后来就开始仿制这种钱币。原来的钱币与仿制的钱币都打

1　郭云艳：《论蒙古国巴彦诺尔突厥壁画墓所出金银币的形制特征》，《草原文物》2016 年第 1 期，第 116 页。

2　Evgeniy V. Zeymal, "The Circulation of Coins in Central Asia during the Early Medieval Period (Fifth – Eight Centuries A.D.)," *Bulletin of the Asia Institute,* Volume 8, Asia Institute, Bloomfield Hills, 1994.

上了印记，有些打上了统治者名字的草体巴克特里亚文钱铭，有些打上了小肖像，也有一些打上了徽记。有时候同一枚钱币几次被打上徽记，一个徽记打在另一个徽记之上。后来开始发行当地"石汗胡达特"（Chaghan khudat）王朝的铜币。正面是复制库思老一世的肖像，周边是三个石汗胡达特的肖像，反面是一个祭火坛。这些都是索格底亚那和突厥诸国钱币的典型特征。[1] 当西突厥势力进入中亚后，治理当地的叶护也选择沿袭阿尔雄（Alchon）、内扎克（Nezak）、嚈哒等游牧征服者先前使用过的币制，继续采用萨珊钱币的仿制品。[2]

　　自6世纪起，突厥汗国横扫整个漠北地区与中亚，蔡鸿生先生将突厥的宗教信仰分为三个区域，其中位于漠北草原的突厥和铁勒的信仰为萨满教，而生活在碎叶川至乌浒河流域的突厥人主要信仰祆教。[3] 从墓中出土的萨珊银币仿制品来看，所有的仿制钱币型金片都忽略了萨珊银币正面的国王肖像，仅保留了萨珊银币背面最重要的特征，即火坛和祭司。因此我们认为，这批仿制钱币型金片最初的制作者和所有者，可能与祆教有密切联系。而将银币特意转用金片打造，也体现了草原民族对金制品的热爱及崇金的传统。很难想象，生活在漠北地区的突厥人和铁勒人，会制作这类有浓厚祆教意味的钱币型金片。在7世纪初，共同满足这两个条件的，最有可能

1　J.Harmatta , B. A. Litvinsky, "Tokharistan, Gandhara under Western Türk Rule (650-750)," *History of Civilizations of Central Asia*, 3, pp. 358-393；〔匈〕J. 哈尔马塔，〔俄〕B.A. 李特文斯基：《西突厥统治下的吐火罗斯坦和犍陀罗（650—750年》，《中亚文明史》第三卷，马小鹤译，中国对外翻译出版公司，2003年，第330页。

2　K.Vondrovec, "Coinage of the Iranian Huns and their Successors from Bactria to Gandhara (4th to 8th Century CE) ," Vol. 59, Verlag der Österreichischen Akademie der Wissenschaften, 2014, pp. 1-962.

3　蔡鸿生：《突厥奉佛史事辨析》，《中外交流史事考述》，大象出版社，2007年，第100—101页。

的是信仰祆教、统治中亚的西突厥。

根据《周书·突厥传》：

> 旗纛之上，施金狼头。侍卫之士，谓之附离，夏言亦狼
> 也。盖本狼生，志不忘旧。其征发兵马，科税杂畜，辄刻木为
> 数，并一金镞箭，蜡封印之，以为信契。[1]

狼头纛即为突厥的军旗，根据突厥起源传说，狼是突厥的祖
先。"突厥者，盖匈奴之别种，姓阿史那氏，别为部落。后为邻国
所破，尽灭其族。有一儿，年且十岁，兵人见其小，不忍杀之，
乃刖其足，弃草泽中。有牝狼以肉饲之。及长，与狼合，遂有孕
焉……狼匿其中，遂生十男。十男长大，外托妻孕，其后各有一姓，
阿史那即一也。"[2] 此外，将金镞箭同可汗的命令放在一起，可见金
镞箭即可汗权力的象征。狼头纛的狼头以黄金制成，代表权力的镞
箭亦由黄金打造，足见黄金在突厥人心目中的地位崇高。

而关于西突厥事火之事，有多处史料可兹证明。《大慈恩寺三
藏法师传》卷二记玄奘见西突厥可汗时的情况："突厥事火，不施
床，以木含火，故敬而不居，但地敷重茵而已。"[3] 拜占庭学者泰奥
菲拉克特（Théophylacte Simocatta）著录达头可汗致东罗马皇帝的
信中提及"突厥拜火，亦敬空气水土，然仅奉天地之惟一造化主为
神，以马牛羊祀之，并有祭司预言未来之事"。[4] 无论是西方还是东
方的史料，我们从中均可见西突厥人事火、敬火。沙畹在参考《柏

1　《周书》卷五〇《突厥传》，第 909—910 页。

2　《周书》卷五〇《突厥传》，第 907 页。

3　《大慈恩寺三藏法师传》卷二，第 28 页。

4　〔法〕沙畹：《西突厥史料》，第 222 页。

朗嘉宾蒙古行纪》后发现，"突厥巫师使罗马使臣行逾火焰，谓此清净其身"。[1] 可见突厥事火的最初理由，是他们认为自身不洁，火焰可以清洁他们的身体。而到了 7 世纪初，突厥占领粟特地区，"其西域诸国王悉授颉利发，并遣吐屯一人监统之，督其征赋"。[2] 受到粟特人的影响，西突厥开始信仰祆教。据林幹先生研究，在突厥人中，祆教仅流行于西突厥，特别是散居于中亚地区的西突厥人。[3]《酉阳杂俎》前集卷四载："突厥事祆神，无祠庙，刻毡为形，盛于皮袋，行动之处，以脂酥涂之，或系之竿上，四时祀之。"[4] 明确告诉我们，突厥信仰祆教，而此处的突厥，应为统治中亚的西突厥。因此，只留下代表事火或代表祆教的图案，很可能与制作者事火的习俗及祆教信仰有关。

（二）金币中的西突厥星月符号

日月冠是西突厥可汗的头饰，也是萨珊国王以及祆教祭司的头饰。在萨珊银币、史君墓、安伽墓以及花剌子模地区发现的纳骨瓮上，均有相关形象出现。小洪纳海石人墓为西突厥泥利可汗的墓葬，作为第一突厥汗国唯一的可汗形象，该石人形象可以作为第一突厥汗国时期可汗形象的标准。其头上的王冠前方有日轮，下托以弯月，为日月冠形象（图 4-64）。陈凌认为，西突厥可汗的王冠应源自波斯，在安伽墓中，头戴日月冠的狩猎者应为突厥王族成员。[5] 关于突厥可汗的金冠，影山悦子亦有非常深入

1　〔法〕沙畹：《西突厥史料》，第 177 页。
2　《旧唐书》卷一九四下《突厥传下》，第 5181 页。
3　林幹：《突厥的习俗和宗教》，《民族研究》1981 年第 6 期，第 48 页。
4　（唐）段成式撰，许逸民校笺《酉阳杂俎校笺》前集卷四，中华书局，2015 年，第 429 页。
5　陈凌：《突厥汗国与欧亚文化交流的考古学研究》，第 150 页。

图 4-64　小洪纳海石人的日月冠

（陈凌制图）

的研究。[1]

　　但除了日月冠之外，西突厥汗国还有一种星星和月亮组成的符号。这种星月符号，上面是星星，下面是向上弯曲的新月，组成方式与西突厥的日月冠极为相似，可能是由西突厥的日月冠演变而来。根据 Babayarov 和 Kubatin 的研究，西突厥硬币的一个重要特征是用新月和星星代替了出现在类似的拜占庭硬币上的十字架，这说明在古代突厥人和中亚其他民族的世界观中星月占有重要地位。[2]在中亚曾发现一些铜币，为西突厥汗国时期制作。这些硬币不仅仅是复制了拜占庭钱币，而是在此基础上加入了突厥元素。[3]

　　巴彦诺尔墓中发现了多种不同类型的仿制金币，其中一些混合

1　影山悦子「中国新出ソグド人葬具に見られる鳥翼冠と三面三日月冠」『オリエント』2007 年第 2 期、120－140 頁。

2　G. Babayarov, A.Kubatin, "Byzantine Impact on the Iconography of Western Turkic Coinage," *Acta Orientalia*, 2013, 66(1),p.52.

3　G. Babayarov, A.Kubatin, "Byzantine Impact on the Iconography of Western Turkic Coinage," *Acta Orientalia*, 2013, 66(1),p.49.

了多种要素的金币传达出关于这批金币的制作地点和源头的信息。墓中编号为 No.269（图 4-58）、No.248（图 4-59）、No.266（图 4-60）的仿制钱币型金片，[1] 能够直接证明这批金币的西突厥"血统"。根据笔者在博物馆实拍的高清图片，可以发现这几枚金币半身人像头顶上方均有星月符号，这在考古报告和前人的研究中均未提及。这三枚金片用特制的模具制成，笔者认为，它们可能不是西突厥用于流通的货币，但正如学者们所述，应与拜占庭钱币有很重要的联系，并在此基础上添加了突厥的元素。正如 Babayarov 和 Kubatin 在文中所举的例子一样，西突厥汗国的硬币不仅仅是复制了拜占庭钱币，而是在此基础上加入了突厥元素。例如图 4-65 的西突厥硬币，模仿了拜占庭钱币上的帝后双人像，但是肖像和服饰则变为突厥样式，Babayarov 认为其中可敦的头冠可能与 Umay 女神有关。[2] 在左侧披发突厥可汗头顶部，就存在着类似的西突厥星月符号。

　　在固原史铁棒墓中，亦发现过一枚金币，上刻有侧身的肖像（图 4-66）。根据罗丰的描述，这枚金币为单面打压，较为厚重，

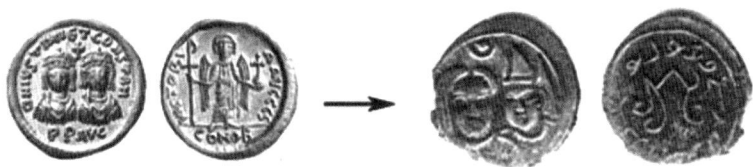

图 4-65　带有星月符号的西突厥硬币与其拜占庭金币原型（Babayarov 制图）

1　A.Очир, Л.Эрдэнэболд, С. Харжаубай, Х.Жантегин, Эртний Нүүдэлчдийн Бунхант Булшны Малтлага Судалгаа, Улаанбаатар, 2013, pp.184-186.

2　G. Babayarov, A.Kubatin, "Byzantine Impact on the Iconography of Western Turkic Coinage," Acta Orientalia, 2013, 66(1),p.49.

上有一穿孔，中有一王正侧
面肖像，其头戴城齿状王
冠，高鼻深目，脑后有一束
卷发，耳有一坠，颈佩项
圈。斜披二带，周有一圈铭
文，铭文多已残，属萨珊金
币仿制品，直径 2.5 厘米，
重 7 克。[1] 罗丰认为，该金
币只有肖像，没有拜火教祭
司，且王冠上没有新月托球
的装饰物，是因为该金币为

图 4-66　史铁棒墓出土的萨珊金币仿制品

阿拉伯人占领萨珊地区以后制作的。[2] 但仔细观察可以发现，在肖
像右边，亦有星月符号。从币面上的星月符号来看，巴彦诺尔墓中
No.269、No.248、No.266 的钱币型金片，以及固原史铁棒墓中的仿
制萨珊金币，很可能为西突厥在中亚统治时期制作的钱币。西突厥
制作的钱币沿着绿洲丝绸之路和草原丝绸之路，最终分别到达了固
原和漠北草原。

（三）金币中的娜娜女神与西突厥

前文已经提到，巴彦诺尔墓中还发现了几枚与娜娜女神有关的
金币。根据笔者在前文中的研究，No.278（图 4-44）金币正面人像
与塔吉克斯坦 7—8 世纪时的 Kalai-Kakhkakha Ⅱ 遗址及片治肯特
遗址壁画上的娜娜女神有非常多的相似之处，制作者将金币上阿纳

1　罗丰编著《固原南郊隋唐墓地》，第 82 页。
2　罗丰：《胡汉之间——"丝绸之路"与西北历史考古》，文物出版社，2004 年，第 177 页。

斯塔西乌斯或早期查士丁尼一世的头像，改造为娜娜女神的肖像。

Katsumi Tanabe 在认真研究并复原 Kalai-Kakhkakha Ⅱ 遗址的娜娜女神后，发现一个重要的细节——壁画上的骑狮娜娜女神脚踩马镫（图 4-67）。他通过对比研究认为，7、8 世纪粟特地区的骑狮娜娜女神是东西方文化交流的产物，粟特地区娜娜女神的两条腿是侧面画出来的，而不是像贵霜硬币上的娜娜女神那样，在正面绘制出两条腿。这种风格上的差异显然是由粟特人开始使用马镫带来的。而娜娜女神脚踩马镫，体现了东方的元素，这个独特壁画的出现很有可能是受到西突厥迁徙至中亚的影响，或是粟特与中国的文

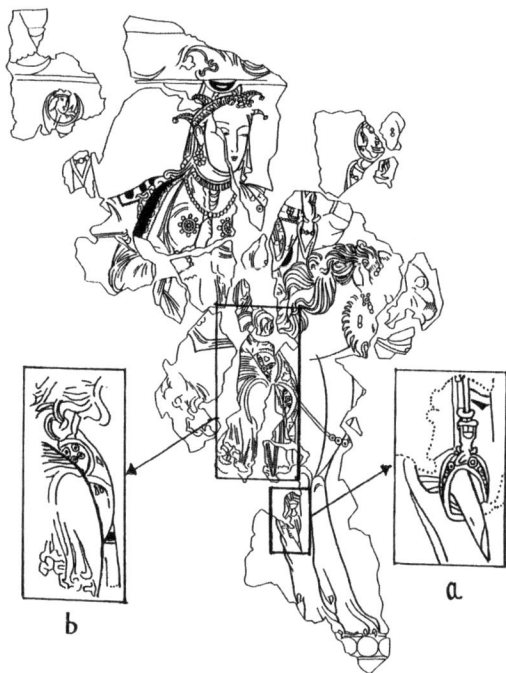

图 4-67　Kalai-Kakhkakha Ⅱ遗址重新复原后的娜娜女神壁画

化交流导致。[1] 这些钱币上女神的冠饰与这幅壁画上的冠饰如出一辙。这时的河中地区为信仰祆教的西突厥控制，这也是金币上出现祆教神祇娜娜女神最可能的原因。

No.278 背面仿制了拜占庭索里得，体现了西突厥金币与拜占庭金币之间千丝万缕的联系。更有趣的是，这枚金币背面的十字架两侧添加了两颗八芒星，在十字架与台阶中间刻画了一个月牙。虽然骷髅地十字架两旁有八芒星的情况非常少见，但真品拜占庭索里得中确实也出现过背面的十字架两侧添加两颗八芒星的情况，或许与外贸用减重金币有关。不过，在中间又添加了一个月牙，则是第一次发现。根据乌兹别克斯坦历史学家 Babayarov 和 Kubatin 的研究，西突厥硬币的重要特征是用新月和星星代替了出现在类似的拜占庭硬币上的十字架，但这枚金币上同时出现了十字架、新月及两颗八芒星，与西突厥星月符号的组合方式完全不同。笔者认为，金币背面中心的月亮，可能与其两边的八芒星无关，更可能和正面的娜娜女神有关。

从苏美尔地区到波斯阿契美尼德王朝再到贵霜统治下的巴克特里亚，娜娜女神始终与月亮有重要的联系，新月则逐渐成为与娜娜女神形象有关的重要元素。[2] 到了 6—8 世纪的花剌子模与粟特地区，娜娜成为一位美貌端庄的四臂女神，其中一手持月。[3] 这枚金币制作于这一时期的粟特地区，但正面只刻了女神的肖像，无法将重要的

1　K.Tanabe, "Nana on Lion," *Orient,* 1995, 30, pp.318-320.

2　G.Azarpay, "Nanâ, the Sumero-akkadian Goddess of Transoxiana," *Journal of the American Oriental Society*, 1976, pp.536-542.

3　G.Azarpay, "Nanâ, the Sumero-akkadian Goddess of Transoxiana," *Journal of the American Oriental Society*, 1976, pp.536-542；K. Tanabe, "Nana on Lion," *Orient,* 1995, 30, pp.309-334；D.T. Potts, "Nana in Bactria," *Silk Road Art and Archaeology*, 2001, 7, pp.23-35；杨巨平：《娜娜女神的传播与演变》，《世界历史》2010 年第 5 期，第 110—112 页。

图 4-68　吐鲁番阿斯塔那
TAM222.21 金片
（林英摄）

四臂形象与月亮表现出来，因此在背面增加了与娜娜女神有关的重要元素——新月。

郭云艳在论文中提到吐鲁番发现了一枚与 No.278 上人物形象完全一致的钱币型金片 TAM222.21（图 4-68）。[1] 根据考古报告，发现这枚钱币型金片的 M222 墓葬属唐西州时期。[2] 这枚钱币型金片出现在唐西州时期的吐鲁番，可能是由于商贸往来，由中亚的商人带来。这也为 No.278 的研究提供了重要的新证据。

巴彦诺尔墓中另外一枚打制钱币型金片 No.271（图 4-52）上的人物肖像与 No.278 相似，可能亦为娜娜女神的形象，但在女神肖像头部左边又添加了一个十字架，表明钱币型金片混合了拜占庭索里得的部分特征与中亚的本土元素。在图 4-69 所示的西突厥流通钱币中，肖像旁边也出现了十字架，因此，这枚钱币型金片亦符合西突厥的制币风格。

因为巴彦诺尔墓中发现的这批仿制金币及钱币型金片并非用于流通，所以与西突厥的钱币还有很多不同。但这批仿制钱币中的大部分来自西突厥应无疑问。

1　郭云艳：《丝绸之路上的类钱币式金片新考》，《考古与文物》2020 年第 3 期，第 99 页。

2　新疆文物考古研究所：《吐鲁番阿斯塔那第 11 次发掘简报（1973 年）》，《新疆文物》2000 年第 3、4 期合刊，第 175 页。

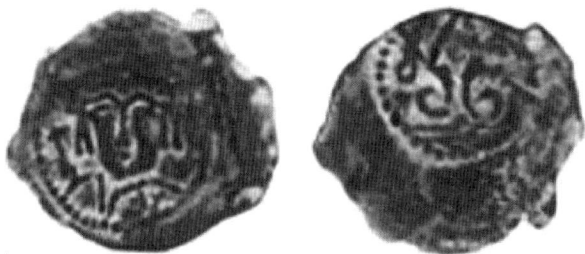

图 4-69　左侧带有十字架的西突厥硬币

（四）制作金币的地点——粟特地区

笔者在一个钱币研究的网站上发现了一幅拜占庭钱币出土地点分布图，[1] 直观地反映了拜占庭及仿制拜占庭钱币的出土地点，可知除欧亚草原以外，欧亚非三大洲，东端远至日本，南端远至非洲的赤道地区，乃至印度洋上的岛国，均发现了拜占庭金币的影子，可见拜占庭金币流通范围之广。而关于仿制拜占庭钱币的制作地点，则更加难以判断。通过前文的分析，笔者认为巴彦诺尔墓中部分钱币的线索指向西突厥汗国。由于西突厥的领土广大，我们仍需进一步探讨这批金币更精确的制作地点。

林英发现，7—9 世纪拜占庭金币仿制品流入中国，而拜占庭帝国本国禁止仿制钱币，可见仿制地点另有出处。她进一步考察了九姓胡对这些仿制品的使用，感受到粟特社会对拜占庭文明的推崇，认为中国境内的仿制拜占庭金币的来源是粟特地区。[2]

前文的研究发现，巴彦诺尔墓金币的特殊性在于部分金币上

1　参见 https://www.caitlingreen.org/2017/03/a-very-long-way-from-home.html?m=1。
2　林英：《唐代拂菻丛说》，第 90 页。

的图像与粟特地区发现的图像相似。笔者发现，在片治肯特的遗址
中，发现了多种与巴彦诺尔墓几种金币类型一致的仿制金币和钱币
型金片。腊丝波波娃对片治肯特遗址发现的仿制金币做了总结性的
研究，她收集了 1947—1995 年在片治肯特发现的仿制金币和钱币
型金片，共 8 枚。而更有趣的是，她认为这些仿制金币和钱币型金
片或多或少类似于拜占庭的原型，并在不晚于 629 年的时候被复制
出来，这与巴彦诺尔墓金币的时间界定极为一致。而这些片治肯特
仿制金币和钱币型金片大多发现于寺庙和富商贵族的私人住宅中，
而在墓中发现的硬币，其中一枚甚至出现在一个陶工的墓葬里。[1] 可
见在粟特地区这种金币和钱币型金片并不罕见，而中国和蒙古国发
现的仿制拜占庭金币和钱币型金片则几乎均见于高级别贵族墓葬
中。可见在片治肯特，仿制金币和钱币型金片比在中国及蒙古国更
为常见，因此也更有可能是仿制金币和钱币型金片的产地。

　　但粟特地区的其他遗址中，亦发现了类似的仿制金币和钱币型
金片，[2] 并不能因为片治肯特出土的金币与巴彦诺尔墓出土的金币有
许多相似之处就得出片治肯特是巴彦诺尔墓出土钱币的制作地点的
结论。就我们现在掌握的资料，只能说粟特地区是巴彦诺尔墓出土
金币的制作地点，没有资料能够将制作地点的范围进一步缩小。

　　在巴彦诺尔墓西北部约 30 公里处发现的额布根图布拉西墓中，

1　Valentina Raspopova, "Gold Coins and Bracteates from Pendjikent," *The Pre-Islamic History of the Indo-Iranian Borderlands,* Osterreichischen Akademie Der Wissenschaften, Wien, 1999, pp.453-460.

2　关于粟特地区出土的仿制拜占庭金币和钱币型金片，见 A. Naymark, "Sogdiana, Its Christians and Byzantium: A Study of Cultural and Artistic Connections in Late Antiquity and Early Middle Ages," unpublished Ph. D. dissertation (Indiana University, Bloomington), 2001；又见 Valentina Raspopova, "Gold Coins and Bracteates from Pendjikent," *The Pre-Islamic History of the Indo-Iranian Borderlands,* Osterreichischen Akademie Der Wissenschaften, Wien, 1999。

我们同样看到了疑似粟特地区制作的金片。前文中提到，巴彦诺尔墓和仆固乙突墓中均未发现墓主人的遗骸，而这个墓葬恰恰是符合汉文史料中铁勒人葬俗的一座墓葬。《隋书·铁勒传》记载："其俗大抵与突厥同……死者埋殡之，此其异也。"[1] 该墓葬位于蒙古国布尔干省布热格杭盖苏木（Булган аймаг Бүрэгхангай сум），发掘于1983年，墓中发现一具骸骨，陪葬有一匹马和一条狗以及各类物品，[2] 其中最引人注目的是一个钱币型金片。如图4-70所示，这枚金片上绘一正面人像，人物蓄络腮胡子，头上扎着头巾，人像周边有辛威廉所说的"无意义的似粟特字母"，外围一圈为联珠纹。上下两侧有小孔，可能是缝在衣服上的。这枚添加了许多粟特元素的金片的原型可能是拜占庭福卡斯一世金币正面肖像，从联珠纹和"无意义的似粟特字母"这些因素来看，这枚金片的粟特属性更为强烈而直接。而人物头上缠的头巾、发型和络腮胡子，与前文所引

图4-70　蒙古国布尔干省布热格杭盖苏木出土的钱币型金片

1　《隋书》卷八四《铁勒传》，第1880页。

2　Батболд, *Мартагдсан Пугу Аймаг,* Улаанбаатар, 2017, p.114.

图中撒马尔罕大使厅壁画中的祭司造型亦十分相似，因此这枚金片产自粟特地区应无疑问。

　　巴图宝力道认为，这枚金片所在的墓葬即为铁勒贵族墓葬，很可能是仆固部的墓葬。[1] 这枚金片的出现，让我们对判断巴彦诺尔墓金片的粟特来源有了新的证据。而作为权力象征，带有肖像的金片也出现在这座墓葬中，可见这一时期铁勒对这种金片需求之旺盛。前文中还提到，与巴彦诺尔墓中的 No.278 金币造型几乎完全一致的金片在吐鲁番出土，可见这些金币和金片很有可能是粟特商人沿着绿洲丝绸之路到达吐鲁番，再走上草原丝绸之路，输送到漠北地区的。

　　在巴彦诺尔墓中，No.276"骡子"金币正面的原型即为福卡斯金币，No.244 钱币型金片的原型亦有可能是福卡斯一世金币，加上这枚钱币型金片，漠北地区已发现 3 枚福卡斯金币仿制品。

　　从漠北迁往中原地区的安菩夫妇的墓中，亦出土了一枚福卡斯金币（图4-71）。这枚金币正面为福卡斯半身像，能识别的文字为

图 4-71　洛阳安菩墓出土的拜占庭福卡斯钱币

1　Батболд, *Мартагдсан Пугу Аймаг,* Улаанбаатар, 2017, pp.114-115.

福卡斯的名字"FOCAS"，背面中央是带翼的胜利女神像，边缘铭文部分不清，自下而上的拉丁铭文应为"（VI）CTORIA"，即"胜利"之意。[1] 安菩的右手紧握着这枚金币。这枚金币呈不规则的圆形，直径 2.2 厘米，重 4.3 克。[2] 从重量和外形来看，这枚金币没有剪边，很可能是一枚福卡斯金币真品。从墓志来看，安菩家族是先到漠北地区，在唐朝击败东突厥的战争后来到唐朝的。[3] 因此，安菩墓中发现的这枚福卡斯钱币，与漠北地区的福卡斯金币仿制品很可能来源相似，是从粟特地区来到漠北地区，后又随安菩家族南迁，最终在其位于洛阳的墓中被发现。安菩是安国的粟特人，其妻何氏亦为出身何国的粟特人。可见来到漠北地区的拜占庭金币，确实与粟特人有密切的关系，可能是由粟特人沿草原丝绸之路带到漠北地区的。

　　关于中亚地区仿制拜占庭金币和钱币型金片的制作者，Zeimal 提出了一个观点。在中亚地区发现的仿制拜占庭钱币型金片中，只有一枚带有明显的基督教宗教符号，是在当地用于宗教祭祀的房屋遗址中发现的，而另一枚则没有了拜占庭式的十字架。Zeimal 认为，是那些被迫移居到粟特地区的景教徒，敌视拜占庭皇帝，因此，他们改造了索里得上拜占庭皇帝的肖像。[4] 所以，仿制拜占庭金币和钱币型金片的制作者可能是中亚的景教徒。但这种观点

1　杨共乐：《洛阳出土东罗马金币铭文考析》，《中国历史文物》2008 年第 6 期，第 35 页。

2　洛阳市文物考古研究院编著《洛阳龙门唐安菩夫妇墓》，科学出版社，2017 年，第 139 页。

3　李鸿宾：《安菩墓志铭再考——一个胡人家族入居内地的案例分析》，《唐史论丛》第 12 辑，三秦出版社，2010 年，第 163 页。

4　E.V.Zeimal, "Geldverkehr in Ostturkistan," In *Weihrauch und Seide. Alte Kulturen und der Seidenstraße*. W. Seipel, Vienna, 1996, pp.173-174. 转引自 Valentina Raspopova, "Gold Coins and Bracteates from Pendjikent," *The Pre-Islamic History of the Indo-Iranian Borderlands*, Osterreichischen Akademie Der Wissenschaften, Wien, 1999, p.457。

也有其局限性，如果是迁徙到中亚的景教徒制作的，那么他们不太可能将中亚本土宗教的神刻在仿制的金币和钱币型金片上，也难以合理解释为何会在中亚本土的宗教场所发现这些金币。因此，笔者还是倾向于认为，这些金币中的大多数是本就居住在中亚的粟特人制作的。

除上述金币和钱币型金片之外，巴彦诺尔墓中还发现了大量拜占庭金币及仿制拜占庭金币。我们没有直接证据可以证明巴彦诺尔墓中发现的其他金币亦为西突厥汗国制品，那些没有体现西突厥文化因素的钱币，有可能是从其他来源获得的。例如墓中发现的附着有金环的金币，是这一时期欧亚草原上游牧民族流行的饰品，在塔吉克斯坦、乌兹别克斯坦、俄罗斯、乌克兰等地发现的墓葬中均有发现。[1] 被称为"骡子"的拜占庭钱币仿制品亦然，在匈牙利、罗马尼亚的游牧民墓葬中，[2] 乃至中国甘肃陇西的墓葬和西安何家村唐墓中，均发现了"骡子"仿制品。[3] 关于这些钱币，我们很难判断为何地制造，不能排除是更靠近拜占庭帝国的游牧部落或政权仿制的。但是能够拥有并制作种类繁多金币的政权，最有可能的依然是西突厥汗国，制作这些金币的地点，最有可能是粟特地区。

因此，笔者还是倾向于认为，蒙古国巴彦诺尔墓中发现的其他

1　见 Valentina Raspopova, "Gold Coins and Bracteates from Pendjikent," *The Pre-Islamic History of the Indo-Iranian Borderlands,* Osterreichischen Akademie Der Wissenschaften, Wien, 1999, pp.453-460；又见 A.Gandila, "Money and Barbarians: Same Coins, Different Functions," In *Cultural Encounters on Byzantium's Northern Frontier, c. AD 500-700: Coins, Artifacts and History*, Cambridge: Cambridge University Press, 2018, pp.275-276。

2　A. Gandila, "Money and Barbarians: Same Coins, Different Functions," In *Cultural Encounters on Byzantium's Northern Frontier, c. AD 500-700: Coins, Artifacts and History*, Cambridge: Cambridge University Press, 2018, p.262.

3　郭云艳：《两枚拜占廷金币仿制品辨析》，《考古与文物》2008 年第 3 期，第 87—91 页。

金币，同样是从西突厥汗国统治下的粟特地区远道而来，最终到达漠北地区的图勒河流域。

（五）从中亚到漠北——金币的流传路线

来自中亚的仿制拜占庭金币，是如何从中亚来到漠北的呢？

6 世纪末到 7 世纪中期，突厥汗国曾长期控制粟特诸国，此后直到 8 世纪前期，突厥部族还和那里有着密切的政治联系。粟特人与突厥人通婚、杂居，在突厥汗国享有较高的政治地位。粟特文化和突厥文化之间互相交流，进而相互渗透。粟特人在中原与突厥之间的经济和政治交往中扮演着重要角色，大量粟特人经突厥由北向南进入内地并定居下来。粟特人的经商和移民促进了中原与突厥之间的物质文化交流。铁勒、突厥等游牧民族直接处于通向东罗马（拂菻）、波斯的交通要道上。波斯史料记载了突厥与波斯间的丝绸贸易谈判，拜占庭史料中记载了突厥与拜占庭间的遣使活动。粟特与突厥等北方游牧民族有着密切的商业关系，文献资料与石刻图像资料都表明，突厥、吐谷浑等游牧民族充当着粟特商人东来西去长途贩运保护者的角色，粟特人在这些地区频繁的商业活动，导致金银钱流入草原地区。近代考古发现证实了这一点。苏联考古学家吉谢列夫《南西伯利亚古代史》记录的突厥墓葬中即有东罗马金币、波斯萨珊银币和中原汉地的铜币。[1] 巴彦诺尔墓为羁縻府州时期铁勒仆固部首领的墓葬，这时西域和漠北地区均在唐朝统治之下，交流亦未曾断绝。在回鹘都城哈拉巴勒嘎斯（即羁縻府州时期回纥部所在的瀚海都护府，后改为安北都护府）曾出土《大唐安西阿史夫人

1　〔苏〕吉谢列夫：《南西伯利亚古代史》下册，新疆社会科学院民族研究所，1985 年，第110 页。

壁记》，根据壁记上的文字记载，阿史夫人"心玄万里，身住幽停。在于西门，三代王孙"。[1] 可见这位阿史夫人从西域的安西都护府来到漠北地区，同时亦可证明这一时期漠北与西域交通畅通无阻。此外，根据仆固乙突墓志，"俄以贺鲁背诞，方事长羁，爰命熊罴之军，克剿犬羊之众。公乃先鸣制胜，直践寇庭"。[2] 可见阿史那贺鲁造反时，乙突率仆固部直插西域，为唐军克敌制胜立下汗马功劳，与阿史夫人壁记一样，亦可证明此时西域至漠北线路的通畅。

关于具体的路线，7 世纪初，隋朝裴矩撰写《西域图记》三卷，全书虽已经亡佚，但序保存下来，使我们得以窥见当时丝绸之路的盛况。根据裴矩的记载：

> 发自敦煌，至于西海，凡为三道，各有襟带。北道从伊吾，经蒲类海铁勒部，突厥可汗庭，度北流河水，至拂菻国，达于西海。其中道从高昌，焉耆，龟兹，疏勒，度葱岭，又经钹汗，苏对沙那国，康国，曹国，何国，大、小安国，穆国，至波斯，达于西海。其南道从鄯善，于阗，朱俱波、喝槃陀，度葱岭，又经护密，吐火罗，挹怛，忛延，漕国，至北婆罗门，达于西海。其三道诸国，亦各自有路，南北交通。其东女国、南婆罗门国等，并随其所往，诸处得达。故知伊吾、高昌、鄯善，并西域之门户也。总凑敦煌，是其咽喉之地。[3]

可见当时从敦煌出发到西海的商业路线共有 3 条，分别是北道、

1　石见清裕·森安孝夫「大唐安西阿史夫人壁記の再読と歴史学的考察」『内陸アジア言語の研究』第 13 輯、1998 年、95 頁。

2　杨富学：《蒙古国新出土仆固墓志研究》，《文物》2014 年第 5 期，第 77 页。

3　《隋书》卷六七《裴矩传》，第 1579—1580 页。

中道和南道。从中亚到漠北的路线，可以经北道从西突厥可汗的王庭碎叶（今吉尔吉斯斯坦托克马克阿克贝希姆遗址），经由蒲类海铁勒部，从这里就可以与漠北的铁勒诸部连接；亦可从康国，曹国，何国，大、小安国等粟特城邦经苏对沙那、葱岭、疏勒、龟兹、焉耆、高昌前往漠北；当然也可经南道，从护密、吐火罗、挹怛等地经葱岭到喝盘陀、于阗、鄯善，最后到达敦煌再行前往。

　　当然，前文中也提到，我们尚不能确定所有金币均为中亚仿制，有些金币和钱币型金片也可能是更靠近拜占庭帝国的政权仿制。1973—1974年，在北高加索西部的库班河上源，发掘了莫谢瓦亚·巴尔卡墓葬群及其东面的墓葬群，出土了多种来源的丝绢。其中中国产品分别约占23.9%和9.4%；还发现了汉文文书和以唐人骑马图为内容的绢画，断代为8—9世纪，反映出在这一时期高加索地区与中国有一定规模的商品交流。在西突厥汗国灭亡后，阿拉伯地理学家伊本·胡尔达兹比赫在其著作中提到了一条拉赞尼亚的犹太商人经商的路线，大体相当于北道。这条商路从拜占庭经由东斯拉夫诸部，到达可萨突厥的首都阿得尔，从阿得尔的河口上船渡过里海，到达里海东南岸的戈尔甘，经由花剌子模到今阿富汗北部的巴尔赫（Balkh），从这里通过粟特地区，越过锡尔河，经过突厥诸部占领的地方，到达回鹘人的领地，最后再进入中原地区。这条商路之所以要绕道花剌子模和粟特地区，是由于西突厥汗国灭亡后，突厥各部落在中亚北方草原上各自为政，经常劫掠来往商旅，裴矩所记载的那条直接从咸海北部草原地带行走的道路在此时不太安全。中亚河中地区的粟特商人同样活跃在这条商路上。[1] 因此，墓

1　桂宝丽：《可萨突厥》，兰州大学出版社，2013年，第87—89页。

中的部分金币亦有可能是粟特商人经由此路带入漠北的。

接下来我们将史料与墓中的考古发现结合来看。在吐鲁番发现了一枚与巴彦诺尔墓中 No.278 金币非常相似的钱币型金片，可见墓中的部分钱币可能是经由高昌到达漠北。高昌与漠北的游牧族群关系密切，柔然、突厥、铁勒等游牧民族政权强大时，往往役使西域诸国，控制着中西交通贸易。如麹氏高昌时期，"然伯雅先臣铁勒，而铁勒恒遣重臣在高昌国，有商胡往来者，则税之送于铁勒"。[1] 高昌境内对商胡往往以银钱的方式征收商税，在向游牧民族政权进献时，银钱不可避免会进入这些地区。[2] 与此同时，金钱也不可避免地进入漠北草原地区。

而如果我们再结合墓葬中的其他物品来看，例如巴彦诺尔墓和仆固乙突墓中均发现的木俑，会发现这些物品是河西地区的风格。河西地区的中心是凉州，即今天的武威，我们发现武威市天祝县发现的武周时期慕容智墓中的木俑与之极为相似。在凉州同样有大量的粟特人分布，[3] 因此，也不能排除墓中的金币是粟特商人从凉州地区贸易而来。"时突厥木汗可汗假道凉州，将袭吐浑，太祖令宁率骑随之。"[4] 可见在第一突厥汗国时期，漠北与凉州的交通路线就非常顺畅。陈子昂在《燕然军人画像铭并序》中也提到"天子命左豹韬卫将军刘敬周发河西骑士，自居延海入以讨之"，[5] 给我们提供了一条更为详细的从河西出发经居延海到漠北的畅通线路。这条

1 　《隋书》卷八三《高昌传》，第 1848 页。

2 　王义康：《中国境内东罗马金币、波斯萨珊银币相关问题研究》，《中国历史文物》2006 年第 4 期，第 45 页。

3 　荣新江：《北朝隋唐粟特人之迁徙及其聚落》，《中古中国与外来文明》，三联书店，2001 年，第 68—74 页。

4 　《周书》卷二八《史宁传》，第 468 页。

5 　《陈子昂集》卷六《志铭》，第 137 页。

路也即居延道，居延道指从甘州（张掖）至漠北之路。大致路线为从甘州北行，西北出峡口，沿弱水（额济纳河）至居延城。[1] 这条路在 6、7 世纪保持畅通，长期以来都是漠北与南方交流的重要线路。而在居延海到图勒河流域遗迹巴彦诺尔墓、仆固乙突墓的连线上，恰好会经过蒙古国的巴彦洪戈尔省北部的群山。在这个区域，蒙古国考古学家发现了大量刻有突厥及铁勒各部徽记的岩画（图 4-72）、石围墓和草原石人。巴图宝力道认为，这里是唐朝征发铁勒各部士兵前往西域的必经之路。[2] 此处发现的遗迹恰好与文献中记载的路线相合，足以证明此地是河西地区与漠北地区交通路线上的重要节点。

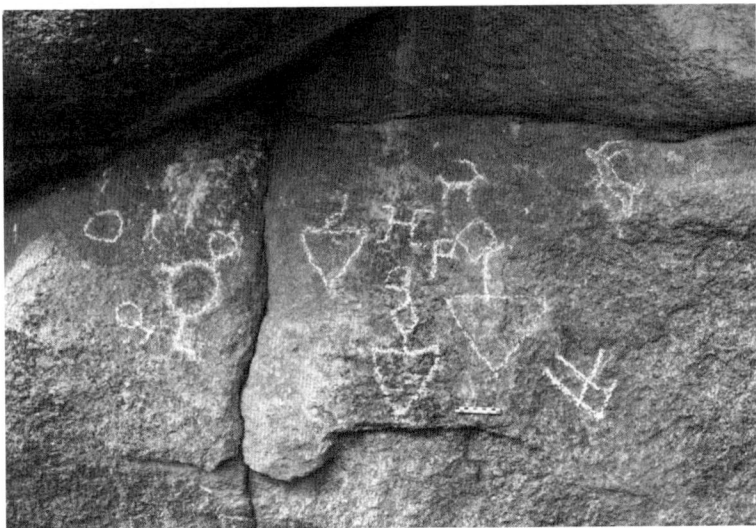

图 4-72 巴彦洪戈尔北部山区中岩画上的徽记，突厥－回鹘时期（巴图宝力道摄）

1　王北辰：《古代居延道路》，《历史研究》1980 年第 3 期，第 107—122 页。

2　私人交流，巴图宝力道调查并提供信息。

最后我们总结一下金币的流传路线。根据吐鲁番地区发现的钱币型金片来看，吐鲁番是金币从中亚到漠北地区的一个重要节点。因此，金币可能是由粟特城邦经苏对沙那、葱岭、疏勒、龟兹、焉者、高昌进入漠北。当然，我们也不能排除金币是沿丝路北道，从西突厥可汗的王庭碎叶经由蒲类海铁勒部到达漠北的。如果以墓中的河西风格木俑为线索，我们还可以找到一条从中亚沿北中南三道任意路线到达敦煌，再到凉州，经过居延海、巴彦洪戈尔，最终到达图勒河流域的线路，当然也可能从敦煌直接经居延海进入漠北。由于草原地带大部分地区均可通行，很难确定一条绝对准确的线路，因此我们描述的也只是金币大致的传播线路。从洛阳安菩墓中发现的福卡斯金币来看，拜占庭金币及仿制品是由粟特人从中亚带到漠北地区的，最后到达洛阳。除此之外，茹茹公主墓中的拜占庭钱币亦有可能是从漠北流入中原的。可见，还有一些拜占庭金币又从漠北地区来到中原，在从漠北南下的粟特人和游牧族群贵族墓葬中被发现。

六　金币的用途

关于巴彦诺尔墓中钱币的研究有许多，但由于考古报告为蒙古文写成，很难依据考古报告进行分析。此前虽然得出了不少有价值的结论，但巴彦诺尔墓中一次性发现了 40 余枚钱币，与国内各墓的情况完全不同。因此不能完全照搬套用，而需要依据考古报告的描述进行仔细分析。之前对于钱币的分析主要集中在是拜占庭钱币还是仿制品的问题上，林英认为这是"权力的肖像"，是在"极力效仿可汗的威仪"。虽然林英的研究很有启发性，但具体到这座墓葬，关于钱币的用途，还需要进行分析。

　　巴彦诺尔墓发现于漠北草原，是一座游牧部落首领的墓葬。关于拜占庭金币在 500—700 年间欧亚草原游牧部落中的用途，Gandila 进行过较为深入的分析，他认为，进入草原地区的拜占庭金币，一些被熔化以生产珠宝，其他的被包括在埋葬组合中，许多被作为"贮存财富"，或作为祭品，用以贮藏和埋葬。[1] 笔者发现，巴彦诺尔墓中发现的金币，基本符合 Gandila 总结出的几种用途。

　　首先，关于钻孔的问题，郭云艳综合研究了剪边和穿孔的拜占庭金币，发现拜占庭金币、仿制品普遍存在剪边和穿孔现象，这对于分析推测其制作与用途极为重要。她认为，若将不同地区发现的金币和仿制品上的穿孔加以对比，便可得出不同地域饰物特征的差异。如中国发现的金币穿孔多种多样，有单孔、双孔、三孔、四孔，且位置变化较多，蒙古国发现的金片则多为上下左右四个极小的孔，印度地区发现的金币和仿制品则是两个位置相邻的孔。这些穿孔位置的差异，展现的是不同地区在使用金币作为配饰时的文化差异。[2] 笔者发现，钻孔的大小有区别，不同钻孔的用途也不同。No.244、No.267 的钻孔明显较大，应划归一类。这类钻孔较大的金币和钱币型金片，与 No.270、No.272 这两枚铸有圆环的钱币，应该都是作为项链或挂件使用的。而巴彦诺尔墓中上面有上下左右四个小孔的金币，可能是缝在衣服上的。例如乌克兰的 Malo Pereshchepyne 遗址，发现了打孔在类似位置的

1　A. Gandila, "Money and Barbarians: Same Coins, Different Functions," In *Cultural Encounters on Byzantium's Northern Frontier, c. AD 500-700: Coins, Artifacts and History*, Cambridge: Cambridge University Press, 2018, p.246.

2　郭云艳：《在中国发现拜占庭金币》，《光明日报》2017 年 8 月 14 日，第 14 版。

四孔金币做成的饰品。[1] 同样，上面有一个或两个小孔的薄钱币型金片，亦为缝制在衣服等处的饰片或与马具有关。例如在阿瓦尔汗国，穿孔金币被放置在左肩或右肩的区域，这清楚地表明阿瓦尔妇女喜欢将拜占庭硬币附在她们的衣服上。当它们出现在男性的墓中时，应与军事装备或马具有关。[2] 笔者的这一发现与巴彦诺尔墓考古报告中的观点基本一致。[3] 此外，墓中发现了几枚金币钻孔的位置均在中间，应该不是用于佩戴的装饰品钻孔的常规位置。这个问题依然很难弄清楚，笔者认为这么多在中间打出的与装饰性习惯不同的孔洞，可能并非用于装饰，但具体是做什么用途，仍需进一步研究。

在钱币上钻孔，将拜占庭金币作为挂件或缝在衣服上，并非游牧民族和粟特人的专属，在拜占庭帝国本土，亦发现不少类似的情况。Henry Maguire 研究了这一问题，认为在拜占庭帝国，人们将钱币穿孔、打洞，作为护身符（amulet）挂在身上或附在衣服上。[4] 笔者认为，在草原民族本就喜欢黄金的前提下，在粟特地区、欧亚草原以及中原的墓葬中发现的作为装饰品的钻孔金币，可能就是墓主人生前佩戴的护身符。

另外，关于发现的这批金币和钱币型金片，考古报告中有一条

1　A. Gandila, "Money and Barbarians: Same Coins, Different Functions," In *Cultural Encounters on Byzantium's Northern Frontier, c. AD 500-700: Coins, Artifacts and History*, Cambridge: Cambridge University Press, 2018, p.275.

2　V. V. Kropotkin, *Klady vizantiiskikh monet na territorii* , SSSR, Moscow, 1962, 29, No. 125. 转引自 A. Gandila, "Money and Barbarians: Same Coins, Different Functions," In *Cultural Encounters on Byzantium's Northern Frontier, c. AD 500-700: Coins, Artifacts and History*, Cambridge: Cambridge University Press, 2018, p.263。

3　А.Очир, Л.Эрдэнэболд, С. Харжаубай, Х.Жантегин, *Эртний Нүүдэлчдийн Бунхант Булшны Малтлага Судалгаа*, Улаанбаатар, 2013, pp.223-224.

4　H. Maguire, "Magic and Money in the Early Middle Ages," *Speculum*, 1997, 72(4). pp. 1037-1054.

重要的信息被学者们忽略了。根据考古报告的描述，木棺南侧放着丝绸袋包裹的金、银、铜币。[1]考古报告中没有提到任何关于银币和铜币的细节，均为金币和钱币型金片。而最重要的是，这些金币和钱币型金片全部放在一起。因此笔者认为，无论这些金币和钱币型金片在墓主人生前的用途如何，在这里均代表了一种贮藏货币的功能。而墓中发现的其他金器及金饰，则如 Gandila 所述，不能排除是用墓主人得到的金币熔铸而成。

　　关于这些钱币的商业功能，业师李锦绣研究萨珊银币时，关注到了萨珊银币在漠北的流通。2015 年，蒙古国国家博物馆新入藏萨珊银币约 200 枚，银币打制时间为 5—6 世纪，从卑路斯一世（457—484 年在位）至库思老一世。这些银币是从其国公民 G. Zandankhuu 手中购买的，而他又是 1990 年在后杭爱省从一个住在海尔汗苏木（Khairkhan soum）的牧民手中买的。这个牧民偶然发现并挖出了一个从地面露头的丝绸袋子，里面有 400 枚银币。博物馆只买了约 200 枚，其中有卑路斯一世 16 枚，卡瓦德一世（488—496，498—531 年在位）33 枚，库思老一世 150 枚。奥特巴特尔认为，这些银币为 5 世纪突厥汗国时期铸造，更可能是在回鹘汗国时期进入蒙古。因为回鹘和中亚粟特人关系密切，给了他们商业特权。除了丝绸之路上的商业贸易，粟特还在宗教和文化发展上起了很大作用。但是，这些银币并不是蒙古发现的唯一钱币，拜占庭金币也在匈奴墓葬中被发现。这表明居住在蒙古的游牧人和中亚保持了广泛的商贸和文化联系。李锦绣研究认为，随着草原丝绸之路的发展，粟特人将银币输入内陆欧亚草原游牧部落，并使之货币化，

1　А.Очир, Л.Эрдэнэболд, С. Харжаубай, Х.Жантегин, *Эртний Нүүдэлчдийн Бунхант Булшны Малтлага Судалгаа*, Улаанбаатар, 2013, p.223.

中亚商业民族粟特的商人是萨珊银币东传的主要推动者。北齐、北周和隋唐时期，粟特人广泛活跃于突厥、铁勒等游牧部落中，以自身携带的银币作为支付手段和价值尺度，促进了丝路贸易的繁盛，也将银币行用范围扩展到草原游牧部族，进而弥漫于欧亚草原。[1] 笔者赞同李锦绣老师关于萨珊银币可以在草原流通的观点，但笔者认为，这并不意味着巴彦诺尔墓的仿制萨珊金币制作的目的也是在草原流通。金币和银币的价值以及稀缺性完全不同，金制品在草原一直代表着至高的权力，墓中仅复制火坛一面的金币是刻意为之，很难想象这样的金币会在草原用于流通。

郭云艳发现在阿斯塔那 M222 中有与 No.278 形象一致的金片，她认为，新疆吐鲁番出土的这枚金片证明在新疆或者中亚地区存在着与蒙古突厥贵族墓出土的同种类型的仿制金币，而这类金币在各地的流传和再仿制说明它们具有较强的流通性，也就是说在中亚的某个地区，会专门制作这种双面不同印模、品质较高、外观上具有拜占庭金币特征的仿制金币用于商贸交换。[2] 阿斯塔那 M222 这枚金片属唐西州时期，[3] 笔者赞同郭云艳的看法，并进一步认为，巴彦诺尔墓中的大部分金币应系通过商人商贸交换，从西突厥汗国逐步到达漠北的。玄奘在《大唐西域记》中提到西突厥汗庭所在的素叶水城（碎叶城）"城周六七里，诸国商胡杂居也"，[4] 这些商人通过丝绸之路从西突厥来到吐鲁番，再踏上草原丝

1　李锦绣：《从漠北到河东：萨珊银币与草原丝绸之路》，《青海民族研究》2018 年第 1 期，第 108—110 页。

2　郭云艳：《丝绸之路上的类钱币式金片新考》，《考古与文物》2020 年第 3 期。

3　新疆文物考古研究所：《吐鲁番阿斯塔那第 11 次发掘简报（1973 年）》，《新疆文物》2000 年第 3、4 期合刊，第 175 页。

4　（唐）玄奘、辩机原著，季羡林等校注《大唐西域记校注》卷一，中华书局，1985 年，第 71 页。

绸之路到达蒙古高原，带来了他们随身携带的货币。

　　最后，我们对金币的商业功能作一梳理。一些金币和金片在中亚制造和仿制，在中亚和绿洲各国同时具有货币和财富、权力的象征的功能。根据玄奘的记载，各个绿洲王国几乎均用金钱、银钱、铜钱，我们从两枚形象一致的金币和钱币型金片可以看出，其中的金钱很可能是金币和钱币型的金片。《大慈恩寺三藏法师传》卷一记载，玄奘告别高昌王时，高昌王为玄奘准备行装，并赠大量财物："黄金一百两、银钱三万，绫及绢等五百匹，充法师往返二十年所用之资。"[1] 由此可见，虽然银钱是西行途中的主要通货，但黄金和绫绢等丝织品也可作为一般等价物。银钱以文计，与黄金按两计不同。这与黄金的稀缺性以及金币的重量差别很大有关，金币和钱币型金片重量不一，且过于贵重，无法用文计数。在阿斯塔那和中亚各地的墓葬中发现的金币及金片，说明它们在西域也具有财富、权力的象征的功能。但进入草原地带之后，金币有去无回，货币变成了商品，交易变成了一种单向的货币交易。正如 Gandila 所述，如果拜占庭商人冒险进入危险的"野蛮人"世界，用钱币支付他们购买的产品，这是一种单向的货币交易。[2] 这些金币和金片正是游牧民喜爱的对象，他们将这些金币钻孔、剪边，做成不同的形状，甚至回炉重铸成他们喜爱的金饰。此外，这些金币和金片在草原地区成为财富和权力的象征，或是被墓主人带入自己的墓葬中，用作贮存财富，唯独不再具备商业功能。在中原王朝与游牧民族的交往中也出现了类似的情况，中原王朝赐予突厥、回纥等游牧政权金银、丝

1　《大慈恩寺三藏法师传》卷一，第 21 页。

2　A. Gandila, "Money and Barbarians: Same Coins, Different Functions," In *Cultural Encounters on Byzantium's Northern Frontier, c. AD 500-700: Coins, Artifacts and History*, Cambridge: Cambridge University Press, 2018, p.279.

绸，但游牧政权一般回赠的是马、羊、貂皮等土产，罕有回赠金银的记载。因此笔者认为，金币和钱币型金片的商业功能在流通过程中存在，但进入游牧民族手中后，这种功能就丧失了。

巴彦诺尔墓中的金币和钱币型金片，在草原地区成为财富和权力的象征，或是被墓主人带入自己的墓葬中，用作贮存财富，不再具备商业功能。墓中发现的部分金币和钱币型金片体现出了西突厥汗国的特征，说明其来源最有可能是西突厥汗国，由西突厥统治下的粟特人制造而成。根据考古发现和文献记载，我们判断这些金币很可能是从中亚沿西域诸国，到达高昌地区，最后到达漠北的。当然也存在其他可能，例如有可能是从中亚到达凉州，经居延海到达漠北地区。无论如何，均可反映出这一时期草原丝绸之路的繁盛，以及粟特人与漠北游牧族群关系之密切。

第三节　巴彦诺尔墓与佛教的北传

关于隋唐时期佛教在漠北地区的传播情况，由于史料不足，前辈学者多是在论述其他问题时提及。例如耿世民在研究佛教在古代新疆和突厥、回鹘人中的传播情况时，同时关注了漠北地区的突厥、回鹘人的佛教信仰情况。[1] 林梅村在研究布古特碑

1　耿世民：《佛教在古代新疆和突厥、回鹘人中的传播》，《新疆大学学报》1978 年第 2 期，第 72 页。

时，对柔然汗国及第一突厥汗国佗钵可汗时期漠北地区的佛教信仰予以较为详细的论述。[1] 杨富学对突厥的佛教进行了考证，他认为佛教在突厥的传播始于 6 世纪下半叶佗钵可汗统治时期，但佛教在漠北突厥流行时间不长，在佗钵之后便趋于衰亡。[2] 对于突厥奉佛之事研究最为深入的是蔡鸿生先生，他在《突厥奉佛史事辨析》一文中得出结论，第一次奉佛，是佗钵可汗自上而下移植的，是为了"富强"；第二次奉佛，是毗伽可汗为了将游牧转为定居的一个步骤，失败的原因，并非漠北的突厥人"不识佛法"，而是他们"不要佛法"。[3] 从最新的考古发现来看，在佗钵可汗之后，佛教依然在漠北地区传播，但很难取得统治地位。

一　北朝隋唐时期佛教在漠北地区的传布

佛教早在 5 世纪中叶就已经初传漠北。《高僧传》卷八《法瑗传》载，南齐僧人法瑗的兄长法爱为芮芮国师。"第二兄法爱，亦为沙门，解经论并数术，为芮芮国师，俸以三千户。"[4] 芮芮或称"蠕蠕"，即 5—6 世纪称雄漠北的柔然汗国。据文中记载，法瑗卒于南齐永明七年（489），可知约 5 世纪中叶佛法已传入漠北。《魏书·蠕蠕传》载："永平四年九月，丑奴（柔然可汗）遣沙门洪宣奉献珠像。"[5] 由此可知，柔然汗国时期，漠北地区就已经有贵族开始

1　林梅村：《布古特所出粟特文突厥可汗纪功碑考》，《民族研究》1994 年第 2 期，第 66—68 页。

2　杨富学：《突厥佛教杂考》，《中华佛学学报》第 16 期，2003 年，第 401—415 页。

3　蔡鸿生：《突厥奉佛史事辨析》，《中外交流史事考述》，第 95—96 页。

4　（梁）释慧皎：《高僧传》卷八《法瑗传》，中华书局，1992 年，第 312 页。

5　《魏书》卷一〇三《蠕蠕传》，中华书局，1974 年，第 2297 页。

信仰佛教。

552 年，突厥布民可汗推翻柔然统治，在漠北建立突厥汗国。但突厥人没有承袭柔然崇奉佛教的传统。《周书·突厥传》载，突厥人"敬日之所出""拜祭天神"。直到佗钵可汗在位之时，"周、齐争结姻好，倾府藏以事之"。佗钵可汗与中原王朝交往十分密切，并受到来自北齐的高僧惠琳的影响，崇信佛教，他"躬自斋戒，绕塔行道，恨不生内地"。[1] 实际上，当时在突厥汗国内进行佛教宣传活动的不光惠琳一人。这期间还有犍陀罗国高僧阇那崛多（Jingupat）。由于北周武帝在建德三年（574）开始禁佛，他打算经突厥汗国回国，后接受佗钵可汗的请求，留在突厥地区十余年，在那里传播了佛教。这时北齐僧人宝暹等十一人于武平六年（575）从印度取经回来，携"梵经二百六十部"到达突厥。之后由于听说北周灭北齐并毁坏佛法，所以决定暂留突厥，并和阇那崛多一起，对他们带回的佛经进行编目工作。之后听到隋灭北周，佛法再兴时才于开皇元年（581）回国。[2]

在布古特碑中，有一系列铭文可以与史料互证。林梅村发现，布古特碑中有"摩诃特勤"一词为佗钵可汗信佛后的法号，说明他是一位信仰佛教的突厥可汗。[3] 此外，布古特碑中还有"他于是传旨建造一座新寺院"的字样，林梅村考证认为，碑文所云新寺院当因

1　《隋书》卷八四《突厥传》，第 1865 页。

2　耿世民：《佛教在古代新疆和突厥、回鹘人中的传播》，《新疆大学学报》1978 年第 2 期，第 72 页。文本见《续高僧传》卷二《阇那崛多传》："路出甘州，北由突厥，阇梨智贤，还西天度。崛多及以和上，乃为突厥所留，未久之间，和上迁化，只影孤寄，莫知所安，赖以北狄君民颇弘福利，因斯飘寓，随方利物。有齐僧宝暹、道邃、僧昙等十人，以武平六年相结同行。采经西域，往返七载，将事东归，凡获梵本二百六十部，行至突厥，俄属齐亡，亦投彼国。"

3　林梅村：《布古特所出粟特文突厥可汗纪功碑考》，第 67 页。

宝暹等大批僧人入突厥而兴建。[1] 布古特碑的背面还有一系列婆罗谜文，护雅夫推测，这些婆罗谜文铭文有可能出自前文提到的犍陀罗国高僧阇那崛多之手。[2]

铁勒诸部贵族信仰佛教的情况可以从史籍的蛛丝马迹中推知。《旧唐书·回纥传》记载，贞观年间，"回纥之盛，由菩萨之兴焉"。[3] "菩萨"是"菩提萨埵"之略称。《注维摩》："菩提佛道名也。萨埵秦言大心众生，有大心入佛道，名菩提萨埵。"回纥首领的名字有可能与其佛教信仰有关。另据《资治通鉴》，贞观十六年（642）十一月，即薛延陀统治漠北时期，唐朝名将契苾何力被契苾部众执送漠北的薛延陀真珠可汗牙帐，同往漠北的唐贺兰州都督契苾何力之弟名为契苾沙门，其名讳同样与佛教有关。"佛法及外道，泛出家者皆名沙门。""沙门"为出家者的泛称。不过仅以两例名号说明佛教于 7 世纪上半叶在铁勒贵族阶层中有一定影响力，仍显牵强。好在近年来学者们发现并释读了慧思陶勒盖碑铭，这一碑铭确凿无疑地说明了此时漠北地区仍有佛教传播。

二　慧思陶勒盖碑铭与佛教

慧思陶勒盖（Khüis Tolgoi）碑铭是在图勒河西岸的一个山

1　林梅村：《布古特所出粟特文突厥可汗纪功碑考》，第 68 页。最近，吉田丰利用最新的布古特碑 3D 扫描照片，将"摩诃"译为"莫何"。建寺一句，吉田丰译为"可汗下令，为他的王父建一大寺（或陵墓？）"。见吉田丰《布古特碑粟特语部分再考》，王丁译，《中山大学学报》2020 年第 2 期，第 105—115 页。

2　护雅夫：《古代游牧帝国》，东京，1976 年，第 217 页。转引自林梅村《布古特所出粟特文突厥可汗纪功碑考》，第 68 页。

3　《旧唐书》卷一九五《回纥传》，第 5196 页。

谷中被发现的（图 4-73）。该地位于东经 103°09′49.4″，北纬 48°08′14.8″，属图勒河流域，但离鄂尔浑河更近。[1] 西距仆固乙突墓约 80 公里。[2]

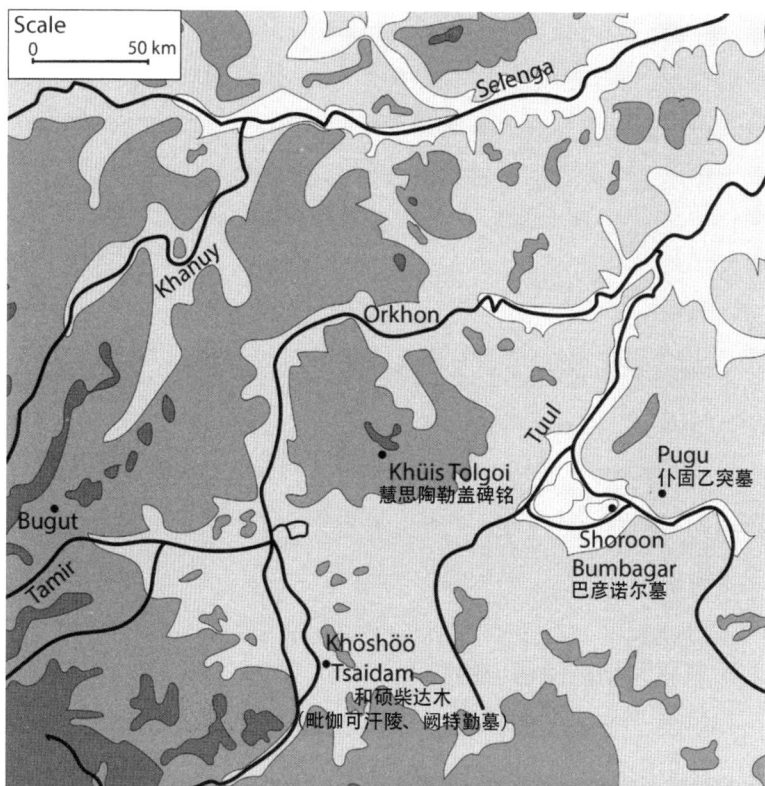

图 4-73　慧思陶勒盖碑铭的出土地点

1　E. La Vaissière, "The Historical Context to the Khüis Tolgoi Inscription," *Journal Asiatique*, Volume 306, issue 2, 2018, p.315.

2　E. La Vaissière, "The Historical Context to the Khüis Tolgoi Inscription," *Journal Asiatique*, Volume 306, issue 2, 2018, p.317.

该碑最初由毛厄（Dieter Maue）进行了解读，[1]沃文（A. Vovin）认为，该碑铭的发现具有革命性的意义，证明在草原上使用的第一种阿尔泰语言不是古突厥语，而是用婆罗谜文书写的早期蒙古语。[2]沃文的释读汉译如下：

1—3. 碑文的可汗［和］特勤。将出生（再生）为新菩萨的可汗，领会佛陀可汗所领会的，把指称［本］国阿那瓖（？）［头衔］的部落，伯克们（官员们）……七次指［给？］……

4. 看［着？］石刻铭文，都波/都播（？）［百姓？］……为了刺伤……联合……

5. ……汗的可敦（皇后）们［和］弟弟们，［和］泥利可汗突厥可汗

6. ……祭奠国家，［以及］国家的俟斤（酋首）（？）［和］收税员（？）/巴里坤（？）……

7. 尽够着，领会者们照亮了可汗的执政年代。都波/都播（？）

8. 百姓……计数……将会以新菩萨出生［再生］的可汗

9—10. ……书/碑文的……都波/都播（？）百姓（？）［从］将出生［再生］的可汗被分离（？）……［他们］跟随泥利可汗突厥可汗……［他］指挥［他们］。达尔罕们有福了

11. 此书/碑文由……达尔罕写的。[3]

1　Maue, Dieter, "Three Languages on One Leaf: on IOL Toch 81 with Special Regard to the Turkic Part," *BSOAS* 71, 2008, pp.59-73; Maue, Dieter, "The Khüis Tolgoi Inscription – Signs and Sounds," PIAC 2017, Székesfehérvár, 2017, pp.1-28.

2　A. Vovin, "An Interpretation of the Khuis Tolgoi Inscription," *Journal Asiatique,* Volume 306, issue 2, 2018, p.312.

3　A. Vovin, "An Interpretation of the Khuis Tolgoi Inscription," *Journal Asiatique,* Volume 306, issue 2, 2018, p.311.

　　目前对该碑铭的研究尚处于起步阶段，关于碑铭的很多问题仍有争议。但关于该碑铭的时间，目前学界基本形成了统一的观点，即为第一突厥汗国统治时期。原因是碑铭中出现了一个词"泥利可汗"（nīrı qaγan）。这个词保存清晰，目前所有研究者对该词的释读均没有提出异议，且认为该"泥利可汗"只可能是西突厥汗国的泥利可汗。泥利可汗的墓园位于新疆维吾尔自治区昭苏县的特克斯河谷，墓园中的小洪纳海石人背面下部发现了粟特文写成的碑铭。1996 年，吉田丰和森安孝夫实地考察小洪纳海石人，读出"泥利可汗"和"处罗可汗"两处关键词语。研究表明，小洪纳海石人应为处罗可汗于仁寿四年（604）为其父泥利可汗所立的石像，因此环石像周围的遗迹当属泥利可汗陵。因此，慧思陶勒盖铭文的时间应该与小洪纳海石人同时或稍晚。

　　关于碑铭的主人，不同学者提出了不同的意见。魏义天（E. La Vaissière）结合历史文献和碑铭发现的位置，认为该碑铭属铁勒回纥部早期首领菩萨，或一名汉文史料未载的铁勒回纥部早期首领。[1] 但沃文从语言学的角度，不认可将碑铭中的"torog"一词翻译为"铁勒"，所以，他认为将碑铭中的"bodi-satva torog qaγan"译为"菩萨，铁勒的可汗"并不合适。[2] 胡日查巴特尔（Солонгод Хурцбаатар）在参考沃文译本的基础上，对碑铭做出了解释，并由哈达奇·刚译为中文。他认为，该碑铭的主人是一位第一突厥汗国时期的突厥可汗。[3]

1　E. La Vaissière, "The Historical Context to the Khüis Tolgoi Inscription," *Journal Asiatique*, Volume 306, issue 2, 2018, p.318.

2　A. Vovin, "An Interpretation of the Khuis Tolgoi Inscription," *Journal Asiatique*, Volume 306, issue 2, 2018, p.304.

3　Солонгод Хурцбаатар, "1400 жыл бұрынғы баба-моңғол тіл. «Хүйс толгой» бітіктасы (НТ1) мәтінінің зерттеулері," *Altaistics, Turcology, Mongolistics International Scientific Journal*, No.3, 2019, p.91.

可见，关于碑铭的主人，学界尚未达成共识，仍待进一步讨论。

　　虽然碑铭的主人尚不明确，但碑铭中还有一些重要的词语，毫无疑问地传达了许多重要的信息。第一行的"菩萨"（bodi-satva，出现多次）、第二行的"佛陀"（buda），均将该碑铭与佛教联系了起来，这一点也成为研究者的共识。但目前尚不明确这些词语是表示佛教含义还是突厥或铁勒名号。尽管尚有大量疑点没有解决，但该碑铭已经足以证明，在佗钵可汗之后直至 7 世纪初，佛教依然在漠北地区有一定影响力。

三　巴彦诺尔壁画墓中的佛教元素

　　巴彦诺尔墓中出土了众多带有佛教元素的装饰。首先来看墓中的莲花摩尼宝珠壁画。1 号天井北壁，有莲花图 1 幅（图 1–15）。轮廓与花茎施以黑色，花瓣与花叶染以粉红色，画幅通高 1.95 米，宽 1.5 米。花朵以缠枝卷草相连，衬以六出绿叶，莲花卷草中间，是为摩尼宝珠。

　　这种莲花在娄睿墓壁画的数个位置出现过，包括墓门门额背面、墓门后券顶上方、墓门南外壁以及墓门南过洞，这种类型的莲花实为顶着摩尼宝珠的莲花，在娄睿墓壁画中可以看得非常清楚。娄睿是一个坚定的佛教徒，可能正因如此，他的墓葬中才大量吸收佛教内容。[1]

　　除莲花图外，巴彦诺尔墓还出土了兽面图壁画（图 1–19）。巴彦诺尔墓兽面图主色调为蓝色，双耳、鼻子、嘴巴为红色，畏兽

1　山西省考古研究所、太原市文物考古研究所：《北齐东安王娄睿墓》，文物出版社，2006 年，第 78 页。

双角弯曲，鼻梁高耸，眼部有高光，炯炯有神。张着血盆大口，虎牙尖利，十分骇人。面部绘制出肌肤的细腻质感，褶皱明显，明暗分明。耳朵似从眼球底下向两边伸出，胡须向下方左右两边蔓延舒展，满脸鬃毛，纷纷向斜上方伸展。

根据学者的研究，在各个位置的兽面形象所起到的作用应该是类似的，它们既是神圣威严的权力象征，又具强烈的威慑人心之作用，起镇墓驱邪之效果。这类兽面与佛教天福之面（Kirtimukha）有关，以狮子面孔为原型的天福之面置于神庙门拱、龛楣上，起到相同的作用。对于佛教而言，它又是无常的象征，掌管生死轮回通道的恐怖面孔，也成为佛法守护神的标志符号。造像碑采取上中下三段式结构，即象征天、人、地的空间概念，兽面主要是被雕刻在碑首或上层龛楣等最靠上的核心位置。这种安排反映出人们赋予兽面极为重要的含义和功能，在这里它不仅具有护法作用，而且有可能被作为天宫或佛国的一种神兽，具有沟通佛国与人间、生者与死者的功能。造像碑上的发愿文寄托着生者对死者的哀思与祝愿，民众通过祈祷，可以将已故亲人引向西方佛国净土世界。从北朝开始，佛教石窟、佛塔、造像碑等处常见有兽面形象，[1] 例如修定寺塔塔门上就有类似的形象（图4-74）。

巴彦诺尔墓中的畏兽整体形象与徐显秀墓和安伽墓相似，但嘴中衔的带状物变成了从嘴部的下方向左右两边蔓延的胡子。娄睿墓墓门正面上方出现了石刻兽面形象（图4-75），背面为莲花摩尼宝珠壁画（图4-76），可见娄睿墓同样出现过兽面及莲花的组合。巴彦诺尔墓壁画的绘制粉本，与娄睿墓相似。

1　李海磊：《北朝兽面图像演变与类型分析》，罗宏才等：《宗教艺术与民众信仰》，上海大学出版社，2019年，附表1、附表2。

图4-74　修定寺塔塔门的兽面
（徐弛摄）

　　另外，娄睿墓的兽面图上方绘有莲花摩尼宝珠（图4-77），徐显秀墓兽面图和懿德太子墓的兽面纹瓦当上方绘有莲花，李寿墓的兽面图上方绘有摩尼宝珠，可见墓室中的兽面纹元素与莲花摩尼宝珠元素常常一起出现。巴彦诺尔墓壁画中同时出现了兽面图案和莲

图4-75　北齐娄睿墓门楣兽面

图 4-76　娄睿墓墓门门额背面莲花与摩尼宝珠彩绘

花摩尼宝珠图案，虽然分别出现于不同的天井之中，也说明这两幅壁画之间有一定联系。

　　在著名的第一突厥汗国佗钵可汗的陵园——布古特陵里，同样出现了兽面形象（图 4-78）。史书仁介绍，布古特陵中一些元素，原型可以追溯到中国：布古特石碑本身具有中国葬礼、纪念和宗教（包括佛教）石碑上的肖像元素。一个这样的元素是它的龟形底座，被称为龟趺，自东汉晚期以来，即作为中国丧葬石碑上的长寿象征。另一个起源于中国的特征是一对缠绕在一起的龙（注：即碑首）。此外，布古特陵的建筑装饰有强烈的中国特色，从兽面的残石和数百块中国类型的屋顶瓦片可以看出这一点。[1] 从该

1　Sören Stark, "Luxurious Necessities: Some Observations on Foreign Commodities and Nomadic Polities in Central Asia in the Sixth to Ninth Centuries," *Complexity of Interaction along the Eurasian Steppe Zone in the First Millennium AD.*, pp.477-481.

图 4-77　娄睿墓墓门南外壁莲花与摩尼宝珠

残石残留的特征来看，包括一只向外弯的角，高耸的鼻梁，炯炯有神的眼睛，以及向斜上方伸展的鬃毛，这的确是兽面的形象。该兽面形象与前文列举的北朝兽面形象极为相似，很可能同样为中原工匠制作，无法体现宗教含义。

图 4-78　布古特陵出土的石构件

　　在巴彦诺尔墓中，前文中提到的金带銙上的图案非常特别，尤其是姿势（图 4-79）。这种特别的姿势同样借鉴并效仿了兽面形象，类似的有东汉王晖石棺上的兽面、徐显秀墓的兽

面（图4-80）、修定寺塔塔砖上的兽面（图4-81）等。恰好在带
扣下方，会挂着垂下来的物品，正与图中兽面所持的门闩类似，可
见工匠极具巧思。前文已经证明，巴彦诺尔墓的金带具为唐朝工匠
打造。

　　兽面形象虽然与佛教有关，但早已经在中原地区完成了本土
化，融入了中原社会，南北朝时期各地石窟、造像、墓葬中出现大
量兽面形象已经印证了这一点。巴彦诺尔墓中发现的壁画、金带具
均为唐朝工匠制作，体现了当时唐朝的流行元素，实际上不能代表
墓主人的意愿。

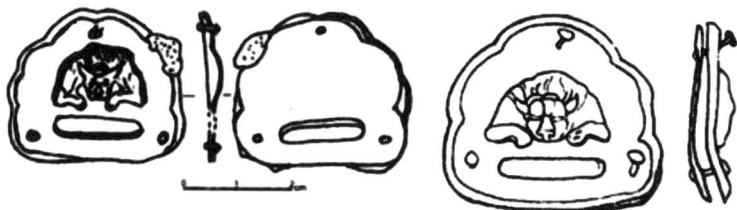

图4-79　考古报告所绘巴彦诺尔墓带銙

（A.Очир, Л.Эрдэнэболд, С. Харжаубай, Х.Жантегин, *Эртний Нүүдэлчдийн Бунхант Булшны Малтлага Судалгаа*, Улаанбаатар, 2013, pp.153-154）

图4-80　徐显秀墓墓门上方的兽面

图4-81　修定寺塔塔砖上的兽面

（徐弛摄）

巴彦诺尔墓中还出土了"迦陵频伽"式木俑，类似的木俑也在仆固乙突墓中发现。考古报告认为，这种木俑为"迦陵频伽"，可能与佛教有关。斯加夫同样认为这种木俑与佛教有关，但将其原型比定为佛教的迦楼罗，它起源于印度，在整个亚洲有多种形式，包括人的躯干和手臂，鸟一样的腿和翅膀，以及鸟或人的头。[1] 但这些木俑与壁画一样，均为唐朝工匠制作，直接使用了中原地区的粉本，很难体现漠北民族的宗教信仰。

最后来看巴彦诺尔墓出土的长茎金莲花（图4-82），这些金莲花并非初唐时期中原墓葬的常规配置，是巴彦诺尔墓中可能与佛教相关的物品中，唯一可能不是中原工匠制作的。这些长茎金莲花与粟特壁画上的粟特女供养人手持的莲花非常相似。该壁画出土于

<hr />

[1] Jonathan Karam Skaff, "The Tomb of Pugu Yitu (635-678) in Mongolia: Tang–Turkic Diplomacy and Ritual," *Competing Narratives between Nomadic People and their Sedentary Neighbours*, Algyő, 2019, p. 303.

塔吉克斯坦卡菲尔尼干河东岸的卡拉－伊－卡菲尔尼干（Qala-I
Kafirnigan）遗址，在红色地仗上，绘有结跏趺坐于莲座之上的佛
陀，下面是身着各式各样衣服的供养人，他们手持花朵（图4-4）。[1]
关于壁画的描述，明确了该壁画的佛教属性。在陕西靖边县统万城
附近出土的八大梁墓地M1墓室北壁壁画中，亦有类似的图案（图
4-83）。北壁壁画较为复杂，中部立有一塔，塔下部为六名站姿僧
人，体态较小，东西向一字排开，除最东侧者回头东望以外，其余
五僧均身体向西斜侧，头顶可见浓密黑发，高鼻，鬓角至下颌表现
或浓密或淡疏的须发，双手或掩于袈裟下或出露屈指执细长斜弧莲
茎。西侧为一侧身而跪的胡人形象，面东而跪，头微仰，面部表情
平静而虔诚，高鼻，双臂内屈，双手相合，腹部微凸，臀部浑圆。
头戴小胡帽，似为卷檐虚帽，表面可见纵向缝合线。帽子下露出黑
密微卷的头发，鬓角至下颌以及人中至嘴角两侧可见黑密微卷的须

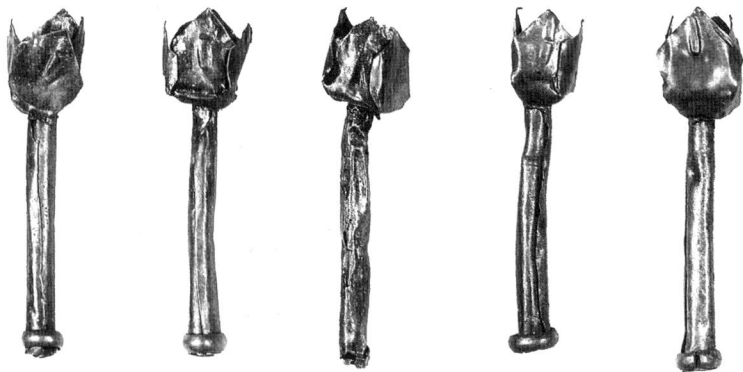

图 4-82　巴彦诺尔墓中的长茎金莲花

1　沈爱凤：《从青金石之路到丝绸之路——西亚、中亚与亚欧草原古代艺术溯源》，山东美术出
　　版社，2009年，第532页。

图 4-83　陕西靖边县八大梁墓地 M1 墓室北壁壁画局部

发。外穿圆领窄袖袍服，腹下腰间可见袍服腰带，两端伸出体外。
下身穿裤，于脚踝处束起，脚穿尖头靴。[1] 经学者研究，八大梁墓地
M1 上限应不早于 5 世纪末至 6 世纪初，即北魏晚期，下限可能到
西魏。墓室壁画具有浓郁的佛教色彩和鲜明的胡风因素，与周边地
区已经发现的墓室壁画内容和题材均有较大不同。墓室北壁西侧的
礼拜佛塔跪姿胡人头戴虚帽、身穿圆领窄袖袍服，应为一位粟特信
徒，很可能为该墓墓主人的形象。统万城及周边地区在北朝时期是
中西交通要道，北魏时期就曾将活跃在北凉首都姑臧的西域粟特人
经统万城迁到平城。[2] 巴彦诺尔墓中同时出现了粟特壁画中的莲花和
耳环，且这种类似的图像在统万城附近出现，说明粟特人与佛教信
仰在草原丝绸之路上的重要影响。但仅凭这唯一可能与墓主人本人

1　邢福来等：《陕西靖边县统万城周边北朝仿木结构壁画墓发掘简报》，《考古与文物》2013 年
　　第 3 期，第 10—11 页。

2　邢福来等：《陕西靖边县统万城周边北朝仿木结构壁画墓发掘简报》，《考古与文物》2013 年
　　第 3 期，第 17—18 页。

有关的佛教元素，很难说明巴彦诺尔墓墓主人是否真的了解这一物品的含义，更难说明此时佛教依然在漠北铁勒部落中流行。

此前学者基于传世文献及布古特碑等证据，认为漠北地区的佛教在 6 世纪末佗钵可汗时期达到鼎盛，在他去世之后便趋于衰亡。但新发现的慧思陶勒盖碑铭说明佛教在漠北地区的影响力可能又持续了十余年。直至 7 世纪初，佛教依然在漠北地区有一定影响力。此后，佛教在漠北草原逐渐衰落，虽然仍有一些佛教元素以名号、绘画、纹饰的形式延续下来，但这些绘画及装饰可能直接使用了中原的粉本，是否能直接体现漠北民族的宗教信仰尚且存疑。

第五章　唐朝漠北羁縻统治时期的其他遗存

唐朝在漠北羁縻统治数十年，除巴彦诺尔墓以外，在漠北还留下了其他遗存，以城址、墓志、壁记、题记等形式保存至今，在此一并进行研究。

第一节　《大唐安西阿史夫人壁记》简介

《大唐安西阿史夫人壁记》（图5-1），是唐朝在漠北羁縻统治时期的遗物。1975 年，蒙古国后杭爱省的牧民巴勒丹（Ц.Балдан）在哈拉巴勒嘎斯宫城遗址西南方向距城墙 500 米处的田地里发现了一块石头，写有汉字，题为《大唐安西阿史壁记》。

该壁记长 32 厘米，宽 18.5 厘米，厚 5.2—6 厘米，材质为大理石。[1] 1976 年 2 月，这块石头被运送至蒙古国科学院历史研究所的仓库中存放。此后，考古学家和发现该物的牧民一起去了现场。由于在发现碑石后，农民继续在该地垦荒，因此无法确定准

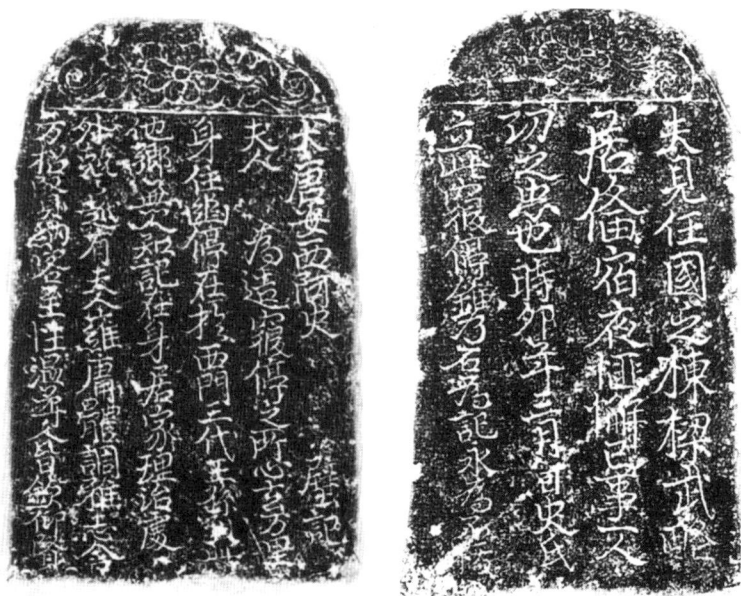

图 5-1　大唐安西阿史壁记

1　石见清裕·森安孝夫「大唐安西阿史夫人壁記の再読と歴史学的考察」『内陸アジア言語の研究』第 13 輯、1998 年、94 頁。

确的发现地点，亦未发现碑座等任何与之相关的文物。[1] 石见清
裕、森安孝夫对壁记做了录文并进行了全面详细的研究。他们认
为该壁记与阿史夫人的墓葬有关，并凭借壁记的出土地点和内容，
推测哈拉巴勒嘎斯遗址即唐代在漠北羁縻统治时期的瀚海（安北）
都护府城。

录文如下：

　　　　大唐安西阿史　壁記

　　夫人　　為造寢停之所，心玄万里。身住幽停，在於西門。
三代王孫，到此他鄉，無人知記。在身居家理治，虜（処）外
兢兢越有。夫人雍庸體調，雅志合方，招賢納客，至性温柔，
人皆欽仰。

　　賢夫，見任國之棟梁，武略居備，宿夜惟懈。已事一人，
效之忠也。

　　時卯年三月日，史氏立此寢停，鑴石為記，永為不朽。[2]

　　依据该壁记内容可知，壁记与"寝停"有关，"寝停"应为阿
史夫人墓葬。因其题名为"壁记"，因此很可能镶于寝停墙壁之上。
壁记外侧字体明显较大，记载了阿史夫人丈夫的情况："賢夫，見任
國之棟梁，武略居備，宿夜惟懈。已事一人，效之忠也。"可见壁

1　Д. Цэвэндорж, Уйгурын Хаант Улсын үеийн бичиггэй хөшөөд. Studia Archeologica Instituti
　　Historiae Academiae Scientiarum Mongoli, Tom.XV, Fasc. 7, 1995, p.72. 转引自石見清裕·森安
　　孝夫「大唐安西阿史夫人壁記の再読と歴史学的考察」『内陸アジア言語の研究』第 13 輯、
　　1998 年、93 頁。

2　石見清裕·森安孝夫「大唐安西阿史夫人壁記の再読と歴史学的考察」『内陸アジア言語の研
　　究』第 13 輯、1998 年、95 頁。

记中记载其丈夫功绩的一面，更可能位于"寝停"外侧，而记载阿史夫人的一面，很可能位于内侧。

　　在阿史夫人壁记发现之前，我们所知壁记最早为孙逖创作于开元二十二年（734）后的《吏部尚书壁记》、杜颜于开元二十九年（741）创作的《兵部尚书壁记》等，[1] 而阿史夫人壁记以"大唐"二字开篇，显然为唐朝之物，且创作于唐朝在漠北羁縻统治时期，即贞观二十一年（647）确立"六府七州"体制，至仪凤四年（679）阿史那泥熟匐自立为可汗期间。壁记书写时间为"卯年"，即 655 年、667 年或 679 年，比目前已知最早的壁记提前了五十年到八十年。二位日本学者举刘全白为纪念李白撰写的《唐故翰林学士李君碣记》，以及仅见标题的《叔氏墓记》两例，以证明壁记亦有墓碑的作用。[2] 如《封氏闻见记》所言，壁记"始自台省，遂流郡邑"，那么这封出现在遥远的漠北，写于 655 年、667 年或 679 年的壁记，说明早在初唐时期，壁记应该就已经在长安的台省流行，只是没有留存下来。因此，这封壁记的发现，将壁记这种文学形式的出现年代大大提前，从而丰富了我们对此的认识。此外，该壁记作为墓葬的一部分，丰富了壁记的使用范围。可见就算功能不同，该壁记的写作内容仍然有"褒美人材"的作用。

　　该壁记的发现，为我们研究唐代在漠北地区的羁縻统治，以及唐代的"壁记"这一文体的起源、用途提供了重要的实物资料。

1　（清）董诰编《全唐文》，中华书局，1983 年，第 3169、3633 页。

2　石見清裕・森安孝夫「大唐安西阿史夫人壁記の再読と歴史学的の考察」『内陸アジア言語の研究』第 13 輯、1998 年、102 頁。

第二节　德勒山唐麟德二年汉文题记考

2001 年，蒙古国考古学家巴特图勒嘎（Ц. Баттулга）、图勒巴特（Ц. Төрбат）以及甘奇莫格（Б. Ганчимэг）三人发表了《德勒山新发现的汉文题记》（"Дэл уулаас шинээр олдсон хятад бичээс"）一文，研究了他们在蒙古德勒山的岩壁上发现的汉文题记。留在岩壁上的题记保存完好，文字清晰可辨。内容为：

1. 靈州輔賢府校尉程憲
2. 劉文智
3. 麟德二年
4. 六月廿九日[1]

岩壁上题记的内容一目了然，意思是灵州辅贤府校尉程宪、刘文智于麟德二年（665）六月廿九日在此题写。发现题记的德勒山（Дэл уулаас），位于蒙古国中戈壁省（Дундговь аймаг）的额勒济特苏木（Өлзийт сумын）南部。该山海拔较低，东西绵延 60

1　Ц.Баттулга, Ц.Төрбат, Б.Ганчимэг, "Дэл уулаас шинээр олдсон хятад бичээс," *МСЭШБ. МУИС. МСС. Боть XVII (169)*, Улаанбаатар, 2001, p.103. 几位蒙古国学者将 "賢" 释读为 "資"，将 "廿" 释读为 "甘"，有误。另外，第二列最后一个字蒙古国学者没有释读成功，经过笔者辨认，应为 "智"。

图 5-2　德勒山汉文题记

余公里。[1]Дэл 在蒙语中意为"马鬃"，因此德勒山又可意译为马鬃山。德勒山山区水草丰美，其南边不远处，即为横亘在内外蒙古之间的戈壁沙漠。

　　该题记虽然只有寥寥数字，但可从多角度进行研究，特别是对研究唐朝在漠北地区的羁縻统治有重要意义，因此，本节将对题记文字进行研究。

一　"灵州辅贤府校尉"考

　　该题记保存十分完好，且其中几乎没有难以理解的汉字。其

1　Цэндийн Баттулга, *Монголын руни бичгийн бага дурсгалууд*, Улаанбаатар, 2005, p.141.

中，"灵州辅贤府校尉"应为折冲府校尉。

根据《新唐书》记载，校尉品级为从七品下。[1] 校尉由折冲都尉掌领，"诸府折冲都尉之职，掌领五校之属。以备宿卫，以从师役，总其戎具、资粮、差点、教习之法令……凡兵马在府，每岁季冬，折冲都尉率五校之属以教其军阵战斗之法"。[2]

但关于折冲府中校尉的数量和校尉管辖的兵团人数，《唐六典》与《新唐书》各处所述有别。《唐六典》记载，折冲府中有五名校尉，每名校尉掌管三百名卫士。"诸府折冲都尉之职，掌领五校之属……凡卫士三百人为一团，以校尉领之。"[3]《新唐书·百官志》记载，校尉共五人，[4] 但《新唐书·兵志》记载，校尉有六人，每名校尉掌管三百名卫士。"府置折冲都尉一人，左右果毅都尉各一人，长史、兵曹、别将各一人，校尉六人。士以三百人为团，团有校尉。"但同处记载中又说："太宗贞观十年，更号统军为折冲都尉，别将为果毅都尉，诸府总曰折冲府。凡天下十道，置府六百三十四，皆有名号，而关内二百六十有一，皆以隶诸卫。凡府三等：兵千二百人为上，千人为中，八百人为下。"[5] 若上府一千二百人，六位校尉，则每人掌管的士兵人数应为二百人，依此类推可知中府五名校尉，共一千人；下府四名校尉，共八百人。就此问题，唐长孺先生认为，"六典不明言校尉若干人，即因多少诸府不同。然数言五校，则亦以最多不过五也。独通典卷二十九武官折冲条亦云校尉六人，与兵志合。然兵志其下亦云折冲都尉率五校

1　《新唐书》卷四九上《百官志四上》，第1288页。

2　《唐六典》卷二五《诸卫折冲都尉府》，第644页。

3　《唐六典》卷二五《诸卫折冲都尉府》，第644页。

4　《新唐书》卷四九上《百官志四上》，第1288页。

5　《新唐书》卷五〇《兵志》，第1325页。

云云，未免粗率，此五校为实数非泛称也。今考三百人为团，校尉领之，使其有六校尉则当一千八百人，千二百之数仍异，疑上府实不止此数，否则三百人为团当是二百人之误"。[1] 谷霁光先生对此问题亦进行过考证，他认为，特等府以三百人为一团，一般府以二百人为一团。三百人为团相当于战时的统，原系武后在洛阳附近增设军府的建制。由于团的人数可以有所变动，所以《新唐书》《通典》《邺侯家传》都说每团三百人，实际上是团的另一种编制。比较普遍的是二百人为团，上府六团，中府五团，下府四团，分别有六、五、四个校尉，不足四团的只有三个校尉。[2]

笔者认为，该问题可从府兵制的衰落这一角度切入。据《唐六典》记载："垂拱中，以千二百人为上府，千人为中府，八百人为下府。"[3] 由此可知，"垂拱中"是一个很重要的时间节点，将折冲府分为上中下三等这一制度，很可能是自垂拱年间开始实行的。此后情况如谷霁光所述，上府六团，中府五团，下府四团，分别有六、五、四个校尉，每团二百人。而每个折冲府中有五校尉率领五团，每团三百人，则为垂拱以前的情况。折冲府兵团中卫士数量的大幅减少，也是府兵制走向衰落的体现。

关于校尉的职责，其平时需要率领府兵番上，驻防戍守，冬季负责练兵，在战时带兵出征，执行军事任务。"诸府折冲都尉之职，掌领五校之属。以备宿卫，以从师役，总其戎具、资粮、差点、教习之法令……凡兵马在府，每岁季冬，折冲都尉率五校之属以教其军阵战斗之法。"[4] 带兵出征是折冲府校尉重要的任务，例如贞观

1　唐长孺：《唐书兵志笺正》，科学出版社，1957年，第12页。

2　谷霁光：《府兵制度考释》，上海人民出版社，1962年，第162—163页。

3　《唐六典》卷二五《诸卫折冲都尉府》，第645页。

4　《唐六典》卷二五《诸卫折冲都尉府》，第644页。

二十年《韦怀德墓志》记载："（韦怀德）大唐转任右武卫贵安府校尉。东征西讨，亟树勋庸。"[1]

德勒山的题记是麟德二年所写，此时在垂拱之前，因此每个兵团中应有三百名卫士。题记中有程宪、刘文智两位校尉，故来到此地的应该还有两位校尉率领的两个兵团，共六百名卫士。该题记位于漠北，而题记中的折冲府来自灵州（今宁夏吴忠），说明两位灵州辅贤府校尉应是率领兵团出征至此，执行军事任务。

《新唐书》记载，全国共有折冲府六百三十四个，各有名号。此处题记中的"灵州辅贤府"应为其中的一个。虽然文献史料中没有将所有折冲府的名号都记录下来，但幸运的是，墓志碑刻等新史料中记载了很多与折冲府名号有关的信息。有赖于学者们的努力，笔者查到了关于辅贤府的情况。[2] 王其祎在《唐折冲府考补遗三条》一文中提到，1984 年高陵出土的武则天长寿三年（694）《冯师训碑》中提到了辅贤府。"（冯师训）显庆五年除游击将军，

1　胡戟、荣新江主编《大唐西市博物馆藏墓志》，北京大学出版社，2012 年，第 81 页。

2　有许多学者对折冲府的名号进行了研究，20 世纪上半叶，劳经原即撰写了《唐折冲府考》，罗振玉撰有《唐折冲府考补》《唐折冲府考补拾遗》，谷霁光撰有《唐折冲府考校补》，等等，使唐折冲府之名目逐渐全面地展现在世人面前。改革开放后，更多全新的墓志资料展现在我们面前，又有许多学者在前人基础上对折冲府的名号进行了新的汇总。例如武伯纶在《唐京兆郡折冲府考逸》一文中，增补了若干个京兆府境内的折冲府；李方在其所著的《唐折冲府增考》中又增补了 18 个。之后还有学者进行了一些爬梳工作，如宋英的《唐折冲府补考》，王其祎的《唐折冲府考补拾遗三条》，周晓薇、王其祎的《唐折冲府考校补拾遗》《唐折冲府考校补拾遗再续》《唐折冲府考校补拾遗三续》，杜文玉的《唐京兆府内折冲府考逸》，张沛的《唐折冲府汇考》，等等。其中张沛的《唐折冲府汇考》一书可谓集大成之作。进入 21 世纪，又有一批学者依据新材料对唐代折冲府名号问题进行了研究。刘思怡《唐折冲府新考》将唐代折冲府的数量提升至 737 个之多。客洪刚《唐折冲府补考》在前述学者研究基础上，又增补了 10 个新的折冲府。此外，近年来还有刘志华的《隋兵府、唐折冲府补遗——以〈大唐西市博物馆藏墓志〉为例》等文章。这些研究使得唐朝"各有名号"的诸折冲府情况较为详尽地展现在我们面前。

守左武侯（卫）辅贤府左果毅都尉。"[1] 该碑文并未提到辅贤府的归属。蒙古国发现的题记中，明确提到辅贤府属灵州，可据此补阙。但《冯师训碑》的记载使我们得知，辅贤府是附属于左武侯卫的折冲府。

左武侯卫即左金吾卫，龙朔二年，左右武侯卫改为左右金吾卫。左右金吾卫大将军各一人，将军各二人。[2]《唐六典》记载："兵曹掌五府、外府之武官职员，凡番第上下，簿书名数，皆受而过大将军以配焉。"[3] 由此可知，无论是大将军还是将军，都负责管理外府的武官、职员，以及府兵的番第上下，簿书名数。因此，我们还需考证负责管理程宪和刘文智两位校尉的左金吾卫大将军以及将军。

通过爬梳史料，笔者找到了显庆至乾封年间左武侯卫（左金吾卫）的大将军及将军。首先，《新唐书·吐蕃传》记载：

> 显庆三年……左武侯大将军苏定方为安集大使，为诸将节度，以定其乱。[4]

由这段史料可知，显庆三年左武侯大将军为苏定方。但据《旧唐书》《资治通鉴》《新唐书·西域传》记载，此时苏定方为左武卫大将军，故此处存疑。

根据《新唐书·奚传》记载，显庆五年，其中一名左武侯将军为延陀梯真。

1　王其祎：《唐折冲府考补遗三条》，《中国历史地理论丛》1992 年第 4 期，第 104 页。

2　《唐六典》卷二五《诸卫折冲都尉府》，第 638 页。

3　《唐六典》卷二四《左右卫》，第 618 页。

4　《新唐书》卷二一六上《吐蕃传上》，第 6075 页。

> 显庆间可度者死，美遂叛。五年，以定襄都督阿史德枢宾、左武候将军延陀梯真、居延州都督李含珠为冷陉道行军总管。[1]

由姓名可知，延陀梯真属漠北铁勒薛延陀部。发现题记的德勒山，曾经是薛延陀汗国的统治范围。因此，延陀梯真对这一地区应该比较熟悉。两位校尉出现在此地，有可能与延陀梯真将军的安排有关。

接下来，根据《大唐故雍王墓志铭并序》记载，龙朔元年（661），授雍王李贤为左武候大将军。

> 龙朔元年，改封沛王，加授使持节都督扬、和、滁、润、常、宣、歙七州诸军事，扬州刺史兼左武候大将军，雍州牧如故。[2]

雍王李贤即高宗与武则天之子——章怀太子李贤。龙朔元年，加授李贤为左武候大将军，但此时李贤尚为孩童，应无实职。

《新唐书·高宗本纪》记载，乾封元年（666），其中一名左金吾卫将军为庞同善。

> （乾封元年）六月壬寅，高丽泉男生请内附，右骁卫大将军契苾何力为辽东安抚大使，率兵援之。左金吾卫将军庞同善、营州都督高侃为辽东道行军总管，左武卫将军薛仁贵、左

1　《新唐书》卷二一九《奚传》，第 6174 页。

2　周绍良主编《唐代墓志汇编》，上海古籍出版社，1992 年，第 1061 页。

监门卫将军李谨行为后援。[1]

这条史料记载的年份乾封元年，与题记中的麟德二年最为接近。庞同善两《唐书》无传，目前亦无墓志出土。其父庞卿恽两《唐书》有传，且存《左武侯将军庞某碑序》，经学者考证，庞某即庞卿恽。[2] 又据《庞同本墓志》记载："父卿恽，唐左武候大将军、上柱国、濮国公。"[3] 可见庞同善与其父均在左武侯卫（左金吾卫）担任过领导职务。另外，据《庞同本墓志》，庞同善的兄弟庞同本曾在蔚州抗击过突厥；[4] 据《庞承训墓志》，他的另一位兄弟庞同福官至安北都护。[5]《元和姓纂》中详细记载了庞氏家族的世系，与考古材料基本吻合。

> 后魏有将军庞树，战死，夏侯道迁传；状称，又居邺郡，生景亮，以父功封襄邑男。六代孙茂隋王记室；生仲恽（应为"卿恽"），唐左武侯大将军、濮国肃公，生同善、同福、同本。
>
> 同善，右金吾大将军；生敬嗣，都水使者。[6]

由此可知，庞同善在担任左金吾卫将军之后，官至右金吾大将军。

1　《新唐书》卷三《高宗本纪》，第 65 页。

2　李红扬：《两〈唐书·庞卿恽传〉新证——以庞卿恽家族碑志为中心》，《唐史论丛》第 29 辑，三秦出版社，2019 年，第 314 页。

3　穆兴平：《乾陵宿卫将军庞同本墓志补考》，《乾陵文化研究》第 8 辑，三秦出版社，2014 年，第 428 页。

4　穆兴平：《乾陵宿卫将军庞同本墓志补考》，《乾陵文化研究》第 8 辑，第 434 页。

5　李红扬：《两〈唐书·庞卿恽传〉新证——以庞卿恽家族碑志为中心》，《唐史论丛》第 29 辑，第 321 页。

6　（唐）林宝撰，岑仲勉校记《元和姓纂》，中华书局，1994 年，第 68—69 页。

而该题记中的校尉，有可能归此时为左金吾卫将军的庞同善管辖。

通过史料推断，麟德二年管辖灵州辅贤府的左金吾卫将军可能为延陀梯真或庞同善。因为左金吾卫将军有两名，亦存在两人在麟德二年同为左金吾卫将军的可能。但根据已有史料，麟德二年时左金吾卫大将军究竟是谁，还不能下定论。综上所述，德勒山发现题记的主人公，两位"灵州辅贤府校尉"，是在左金吾卫大将军以及左金吾卫将军统领之下的，此时的左金吾卫将军为延陀梯真或庞同善。其全称应为"左金吾（卫）灵州辅贤府校尉"。

此外，根据《军防令》，"差兵十人以上，并需铜鱼敕书勘同，始合差发"。[1] 根据唐代的鱼符制度，"一曰铜鱼符，所以起军旅，易守长。……大事兼敕书，小事但降符，函封遣使合而行之"。[2] 可见，唐代诸卫虽然与折冲府有统属关系，但只是在府兵卫士番上时"各配所职"，并不会指挥卫士出征。题记中提及的灵州辅贤府府兵出现在漠北地区，应该是中央直接下达的命令。

二　麟德二年唐与铁勒关系

德勒山的题记还提供了时间信息，即麟德二年六月廿九日，此时正是唐朝与漠北铁勒诸部关系紧张的时期。显庆五年至龙朔三年，唐与铁勒的关系出现重大危机。

1　仁井田陞著，栗劲等编译《唐令拾遗》，长春出版社，1989 年，第 284 页。
2　《旧唐书》卷四三《职官志二》，第 1847 页。

　　显庆五年，（张胫）又□卢山道总管。[1]

　　（显庆五年八月）壬午，左武卫大将军郑仁泰将兵讨思结、拔也固、仆骨、同罗四部，三战皆捷，追奔百余里，斩其酋长而还。[2]

　　（龙朔元年十月）回纥酋长婆闰卒，侄比粟毒代领其众，与同罗、仆固犯边。诏左武卫大将军郑仁泰为铁勒道行军大总管，燕然都护刘审礼、左武卫将军薛仁贵为副，鸿胪卿萧嗣业为仙萼道行军总管，右屯卫将军孙仁师为副，将兵讨之。[3]

从《资治通鉴》的记载我们发现，铁勒诸部此时与唐朝的关系非常紧张。究其原因，则与唐朝肆意征发铁勒士兵有关。例如《旧唐书》记载："永徽二年，贺鲁破北庭，诏将军梁建方、契苾何力领兵二万，取回纥五万骑，大破贺鲁，收复北庭。"[4] 又根据仆固乙突墓志可知，唐朝先发仆固部士兵西征阿史那贺鲁，又东征靺鞨、西讨吐蕃，普通的仆固部士兵自然十分疲惫，这导致思结、拔野古、回纥、同罗、仆固等部接连造反。

　　铁勒部的造反导致唐朝的镇压。龙朔三年郑仁泰、薛仁贵等人大败铁勒诸部于漠北地区的天山，铁勒余众请降，薛仁贵却坑杀铁勒降卒。

　　铁勒九姓闻唐兵将至，合众十余万以拒之，选骁健者数

1　《张胫墓志》，见赵文成、赵君平编选《新出唐墓志百种》，西泠印社出版社，2010年，第36页。笔者注：卢山为思结部居地。《资治通鉴》卷一九八载："太宗为置六府七州……思结为卢山府。"

2　《资治通鉴》卷二〇〇，"显庆五年八月壬午"条，第6322页。

3　《资治通鉴》卷二〇〇，龙朔元年十月，第6326页。

4　《旧唐书》卷一九五《回纥传》，第5197页。

十人挑战。薛仁贵发三矢，杀三人，余皆下马请降。仁贵悉坑之，度碛北，击其余众，获叶护兄弟三人而还。军中歌之曰："将军三箭定天山，壮士长歌入汉关。"[1]

铁勒九姓合兵十余万，仍败于唐军，对唐军产生了畏惧心理，且被坑杀，元气大伤。此事引起铁勒诸部的极度不满。幸而在铁勒诸部内德高望重的契苾何力及时赴漠北安抚铁勒余众，斩杀叛乱首领，平定铁勒诸部。

何力简精骑五百，驰入九姓中，虏大惊，何力乃谓曰："国家知汝皆胁从，赦汝之罪，罪在酋长，得之则已。"其部落大喜，共执其叶护及设、特勒等二百余人以授何力，何力数其罪而斩之，九姓遂定。[2]

根据文献记载，契苾何力平定了铁勒诸部，并斩杀了叛乱首领。以理推之，在斩杀叛酋后，契苾何力应将首领替换成忠于唐朝的铁勒人。例如根据仆固乙突墓志记载，此时仆固部由忠于唐朝的仆固乙突统领。因为忠诚，唐朝甚至给仆固乙突在乾陵前立像。[3] 但是，铁勒诸部与唐朝关系的裂痕难以弥合，他们在恢复元气之后，仍不断造反。自高宗开耀元年（681）始，漠北连年大旱，饥馑和灾荒导致铁勒部大乱，同罗、仆固等部叛唐。唐朝遂派左豹韬卫将军刘敬周讨伐之。具体时间，《资治通鉴》载为垂拱元年六月，"同罗、仆固等诸

1　《资治通鉴》卷二〇〇，龙朔二年三月，第6327—6328页。

2　《资治通鉴》卷二〇〇，龙朔二年三月，第6328—6329页。

3　（宋）宋敏求：《长安志》，辛德勇、郎洁点校，三秦出版社，2013年，第49页；陈国灿：《唐乾陵石人像及其衔名的研究》，《文物集刊》第2辑，文物出版社，1980年，第191页。

部叛，遣左豹韬卫将军刘敬同（周）发河西骑士出居延海以讨之，同罗、仆固等皆败散。敕侨置于安北都护府，于同城以纳降者"。[1] 可见因为唐朝长期征发铁勒诸部士兵，又因郑仁泰、薛仁贵等人杀降，铁勒九姓一直伺机反叛。但由于被杀人数过多，他们很难在麟德二年时就组织起有效的反抗。尽管如此，铁勒九姓仍有余众在此时对唐朝进行侵扰。例如《旧唐书·崔知温传》记载：

> 麟德中，累转灵州都督府司马。州界有浑、斛薛部落万余帐，数侵掠居人，百姓咸废农业，习骑射以备之，知温表请徙于河北，斛薛不愿迁移。时将军契苾何力为之言于高宗，遂寝其奏。知温前后十五上，诏竟从之，于是百姓始就耕获。[2]

崔知温奏请徙铁勒二部于黄河以北，高宗一开始听从契苾何力的建议，搁置了崔知温的建议。契苾何力作为铁勒契苾部首领，刚从漠北平乱归来，是此时最了解铁勒内部情况的唐朝官员。因此高宗倾向于采纳契苾何力的建议，以安抚铁勒斛薛部为主，意图避免和铁勒人的进一步冲突。所以崔知温连续上表十四次，高宗均搁置了崔知温的请求。但在崔知温第十五次上表后，高宗居然转变了态度，最终采纳了崔知温的建议，将斛薛等部迁往黄河对岸。

虽然从表面上看，这种转变可能与崔知温的坚持有关，但从根本上来说，更可能是因为有比安抚铁勒更重要的原因，才导致高宗在经过长期的思考后，最终下决心改变了对铁勒九姓的态度。从开始的一味妥协，转变为积极应对，主动采取防御措施。一方面，他

1　《资治通鉴》卷二〇三，垂拱元年六月，第 6435 页。
2　《旧唐书》卷一八五上《崔知温传》，第 4791 页。

将斛薛和浑部从灵州迁出，迁往黄河以北；另一方面，他派遣军队奔赴漠北。今天我们所见的题记，就是在这样的形势下，题写在漠北德勒山的岩壁之上。笔者认为，这个更为重要的原因，即高宗于乾封元年封禅泰山。

三　高宗封禅泰山前强化北境防御的措施

如今我们已经明确，位于蒙古国中戈壁省南部与南戈壁省交界处德勒山岩壁上的题记，是灵州辅贤府校尉程宪、刘文智于麟德二年六月廿九日刻写于此地的。虽然该题记只记述了人物与时间信息，没有记载两位校尉此次奔赴漠北的原因，但经过考证，笔者认为两位校尉应是率领兵团出征至此执行军事任务的。关于这一问题，蒙古国和日本的几位学者也进行过研究。

巴特苏楞（Б.Батсүрэн）强调了灵州对漠北铁勒诸部的重要性，他认为这两名校尉到漠北地区的目的是护送646—647年南迁灵州的铁勒人返回漠北。[1] 但他对中文的理解可能有一定问题，其观点猜想的成分居多。实际上他提到的事件是贞观二十年太宗赴灵州接见铁勒诸部使节，以及铁勒诸部首领至长安朝见唐太宗之事，贞观二十一年，太宗在漠北设六府七州，诸部首领回到漠北担任各府州的都督、刺史。两件事的时间相差约20年，应没有直接联系，因此笔者不认同他的观点。

在仆固乙突墓发现后，参与过仆固乙突墓发掘工作的蒙古国学者巴图宝力道将仆固乙突墓志与这一题记联系起来进行研究。巴图

1　Б.Батсүрэн, *Өндөр тэрэгтэн ба эртний түрэгүүд*, Улаанбаатар, 2009, p.164. 转引自 Батболд, *Мартагдсан Пугу Аймаг*, Улаанбаатар, 2017, p.183。

宝力道注意到仆固乙突墓志中同样提到了"麟德二年"这一年号。"至麟德二年，銮驾将巡岱岳，既言从塞北，非有滞周南，遂以汗马之劳，预奉射牛之礼。"[1] 因此，他认为这一题记与唐高宗封禅有关。[2] 日本学者铃木宏节也推测该题记与高宗封禅有关，[3] 但二位学者均未对此进行更深入的探讨。

巴图宝力道还分析了此地的环境和地形，认为此地为交通要道，附近水草丰美，适合驻扎。且此地位于山谷地带，适合守军防御。他还爬梳史料，参考贞观时期薛延陀造反之事，认为唐朝已经吸取教训，因此派两名校尉率领三百人的部队在此要道驻扎，目的是防范铁勒部众趁高宗封禅时叛乱，南下入寇。[4] 但这处题记反映的信息太少，很难确定这支部队是驻扎于此，只能说明曾有两名校尉经过此处。实际上，军队即便临时驻扎，也需要大量补给，位于戈壁边缘的德勒山远离唐朝州县，似又不在主要草原部落的驻地，文中也未提及周边有屯田或筑城遗迹。驻扎之说需慎重考虑。从题记内容过于简略的情况看，很像是两校尉参与了某项任务，临时路过。此处题记提到两位校尉的名字，应是这支军队的最高统领。根据前文的考证，在垂拱以前，每名校尉可以领三百名卫士出征，故两名校尉可以率领六百名卫士来到漠北。

根据《资治通鉴》《旧唐书·高宗本纪》等史料，麟德二年漠北地区没有发生任何重大事件。但根据仆固乙突墓志我们得知，麟德二年前后，与漠北铁勒诸部有关的唯一重要事件，即高宗泰山封

1　杨富学：《蒙古国新出土仆固墓志研究》，《文物》2014 年第 5 期，第 77—78 页。

2　Батболд, *Мартагдсан Пугу Аймаг*, Улаанбаатар, 2017, pp.5-227.

3　鈴木宏节「唐の羁縻支配に関連するモンゴル高原の漢文石刻三題」明治大学『第 3 回中国中世（中古）社会諸形態国際大学院生若手研究者学術交流論壇論文集』、2014 年、109 頁；「ゴビの防人——モンゴル発見の唐代漢文銘文初探」『史滴』37 号、2015 年、59—80 頁。

4　Батболд, *Мартагдсан Пугу Аймаг*, Улаанбаатар, 2017, pp.5-227.

禅。在乙突墓志中特意提到此事，可见高宗此次封禅对金微都督仆固乙突来说极为重要。由此推之，此事对漠北铁勒诸部的首领来说，均是十分重要的一段经历。因此笔者最终认为，德勒山题记的刻写可能与高宗封禅一事有关。

唐朝为保障封禅顺利进行，在漠北采取了一系列措施。据《资治通鉴》记载，高宗麟德元年七月，就已经决定在麟德三年（即乾封元年）封禅泰山。"秋，七月，丁未朔，诏以三年正月有事于岱宗。"[1] 高宗采取的第一项措施，即向漠北派兵驻防。根据史料记载，除路过德勒山的这支辅贤府部队之外，还有一支榆林府的部队被派往漠北地区。《于遂古墓志》记载："麟德元年，九姓初宾，奉敕将兵，于瀚海都护府镇押。"[2] 龙朔元年十月，回纥酋长比粟毒与同罗、仆固犯边。[3] 麟德元年之时，铁勒九姓刚刚重归唐朝。为了稳定漠北局势，作为榆林府右果毅都尉的于遂古，被派往漠北瀚海都护府驻扎。瀚海都护府为回纥部的居地，由此可知，在回纥造反之后，为稳定局势，唐朝向回纥部所在地派驻了一支部队。我们推测，题记中提及的这支军队来到漠北的原因，可能与这支派驻回纥部的部队类似：不仅为稳定漠北局势，更重要的是保障封禅时北方局势的稳定。

另外一项行之有效的措施，是邀请部落首领与皇帝一起封禅泰山。

仆固乙突墓志记载："至麟德二年，銮驾将巡岱岳，既言从塞北，非有滞周南，遂以汗马之劳，预奉射牛之礼。"[4] 根据杨富学考

1　《资治通鉴》卷二〇一，"麟德元年七月丁未"条，第6340页。

2　周绍良、赵超主编《唐代墓志汇编续集》，上海古籍出版社，2001年，第374页。

3　《资治通鉴》卷二〇〇，龙朔元年十月，第6326页。

4　杨富学：《蒙古国新出土仆固墓志研究》，《文物》2014年第5期，第78页。

证，"滞周南"为公元前 110 年，汉武帝酝酿已久的泰山封禅大典，终于实施，但身为汉廷太史令的司马谈却"留滞周南，不得与从事"，[1] 可见仆固乙突虽得知此事，但并未前去。"射牛之礼"有臣下为天子效劳之意味，乙突墓志引此典故，借喻乙突矢志为唐守边卫疆，以汗马功劳报答唐廷。[2]

如果按照杨富学的说法，唐廷事前通知封禅之事，又广邀各国首领参与，就连远至波斯、天竺的首领都来到泰山随高宗封禅，却没有邀请铁勒仆固部首领仆固乙突，这不符合常理。就此问题，石见清裕研究墓志后认为，仆固乙突参加了封禅典礼。[3] 笔者更为认同石见清裕的观点。虽然"滞周南"是引用了西汉司马谈没有参加封禅典礼的典故，但仆固乙突墓志写道"既言从塞北，非有滞周南"，一个"非"字告诉我们，乙突没有"滞周南"，虽相距遥远，但远在漠北的仆固乙突已经得知此事，并参加了封禅典礼。参与此次封禅，是仆固乙突忠于唐朝的表现，加上他参与平阿史那贺鲁之乱，东征靺鞨，西讨吐蕃，均立下战功，[4] 最终位在乾陵门外的蕃臣像之列。[5]

据《册府元龟》记载，这次封禅活动规模很大，"二年十月丁卯，帝发东都，赴东岳……突厥、于阗、波斯、天竺国、罽宾、乌苌、昆仑、倭国及新罗、百济、高丽等诸蕃酋长，各率其属扈从，

1　杨富学：《蒙古国新出土仆固墓志研究》，《文物》2014 年第 5 期，第 88 页。

2　杨富学：《蒙古国新出土仆固墓志研究》，《文物》2014 年第 5 期，第 81 页。

3　石见清裕「羁縻支配期の唐と铁勒仆固部——新出『仆固乙突墓誌』から见て」『東方学』第 127 辑、2014 年、6 頁；汉译见〔日〕石见清裕《羁縻支配时期的唐与铁勒仆固部——以〈仆固乙突墓志〉为中心》，载氏著《唐代的民族、外交与墓志》，第 210 页。

4　杨富学：《蒙古国新出土仆固墓志研究》，《文物》2014 年第 5 期，第 78 页。

5　（宋）宋敏求：《长安志》，第 49 页。陈国灿：《唐乾陵石人像及其衔名的研究》，《文物集刊》第 2 辑，第 191 页。

穹庐毡帐及牛羊驼马，填候道路"。[1] 从"穹庐毡帐及牛羊驼马，填候道路"一句可知，唐朝邀请了众多游牧部落首领参与封禅，想必不会独缺铁勒诸部首领。虽然《册府元龟》中没有提到唐朝邀请了铁勒首领，但首先就提到了突厥。笔者认为，此处的"突厥"即包括九姓铁勒。由于铁勒诸部经常处于突厥统治之下，与突厥习俗相似、居地相近，在唐朝史料中，铁勒诸部经常被看作"突厥"，而铁勒诸部有时也自称为"突厥"。例如，在天宝三载（744）《九姓突厥契苾李中郎墓志》中，有"大唐故九姓突厥赠右领军卫大将军李中郎者，西北蕃突厥渠帅之子也"[2] 的记载。可见，被赐李姓的铁勒契苾部将领契苾李中郎，在唐朝被看作突厥契苾部人，而"九姓铁勒"此处也写作"九姓突厥"。片山章雄认为，突厥碑铭中的 Toquz Oγuz 与"九姓突厥""九姓铁勒""九姓"，实际上都是相同的。[3] 付马通过分析 4 世纪的穆格山文书和布古特碑等粟特语文献发现，粟特人在清楚地知道突厥、突骑施等部族的自称的情况下，将突厥语族下的各部均称为匈奴（xwn）和突厥（tr'wkt），而将粟特、于阗等操伊朗语的民族目为"胡"，这无疑是将突厥语族各部同质化看待的表现，这也影响了回鹘人，回鹘人指称突厥语族各部所具有的共性特征时，也采用"突厥"作为统称。[4] 无论是从他者的视角还是自身来看，突厥和铁勒各部之间有包括语言在内的很多

1　《册府元龟》卷三六《帝王部·封禅第二》，第 374 页。

2　中国文物研究所陕西省古籍整理办公室编《新中国出土墓志·陕西贰》（上），文物出版社，2003 年，第 110 页。石见清裕对该墓志进行了深入研究。见〔日〕石见清裕《天宝三载的〈九姓突厥契苾李中郎墓志〉》，《唐代的北方问题与国际秩序》，胡鸿译，复旦大学出版社，2019 年，第 162—176 页。

3　片山章雄「Toquz Oγuz と『九姓』の諸問題について」『史學雜誌』90-12、1981 年、39—55 頁。

4　付马：《丝绸之路上的西州回鹘王朝——9—13 世纪中亚东部历史研究》，社会科学文献出版社，2019 年，第 172—177 页。

共性，将铁勒称为突厥在当时是很正常的现象。因此《册府元龟》
的记载中没有单独列出"仆固"或"铁勒"，是可以理解的。

此外，根据《新唐书·突厥传》的记载，同样位于漠北的突厥
车鼻部首领参加了这次封禅。

> 帝怒，遣右骁卫郎将高侃发回纥、仆骨兵击之，其大酋长
> 歌逻禄泥孰阙俟利发、处木昆莫贺咄俟斤等以次降。侃师攻阿
> 息山，部落不肯战，车鼻携爱妾，从数百骑走；追至金山，获
> 之，献京师。……拜左武卫将军，赐居第，处其众郁督军山，
> 诏建狼山都督府统之。……帝封禅，都督葛逻禄叱利等三十余
> 人皆从至泰山下，已封，诏勒名于封禅碑云。凡三十年北方无
> 戎马警。[1]

狼山都督府是高宗时期在漠北郁督军山下设立的都督府，高宗封禅
时，狼山都督葛逻禄叱利等三十余人顺利地从漠北来到中原随高宗
封禅，由此旁证可知，漠北地区的首领可能都收到了邀请，来随从
高宗封禅。而高宗邀请各部首领来随从封禅，其中一个重要的原因
是防止边疆各地首领趁封禅之机作乱谋反。

类似的情况也发生在开元十三年（725）玄宗东巡封禅之前。
为防备毗伽可汗趁封禅南下入侵，裴光庭建议玄宗遣使前往漠北，
邀请突厥派遣大臣随从封禅。

> 十三年，上将东巡，中书令张说谋欲加兵以备突厥，兵部
> 郎中裴光庭曰："封禅告成之事，忽此征发，岂非名实相乖？"

1　《新唐书》卷二一五上《突厥传上》，第6042页。

说曰："突厥比虽请和，兽心难测。且小杀者，仁而爱人，众为之用；阙特勤骁武善战，所向无前；暾欲谷深沈有谋，老而益壮，李靖、徐勣之流也。三虏协心，动无遗策，知我举国东巡，万一窥边，何以御之？"光庭请遣使征其大臣扈从，即突厥不敢不从，又亦难为举动。说然其言，乃遣中书直省袁振摄鸿胪卿，往突厥以告其意。小杀与其妻及阙特勤、暾欲谷等环坐帐中设宴，谓振曰："吐蕃狗种，唐国与之为婚；奚及契丹旧是突厥之奴，亦尚唐家公主。突厥前后请结和亲，独不蒙许，何也？"袁振曰："可汗既与皇帝为子，父子岂合婚姻？"小杀等曰："两蕃亦蒙赐姓，犹得尚公主，但依此例，有何不可？且闻入蕃公主，皆非天子女，今之所求，岂问真假。频请不得，亦实羞见诸蕃。"振许为奏请，小杀乃遣大臣阿史德颉利发入朝贡献，因扈从东巡。[1]

从这段史料我们可以看出，玄宗封禅前为了防备突厥趁举国东巡时来袭，大臣们提供了两个方案。其中张说提出需要"加兵以备突厥"。而裴光庭提出了更好的解决方案，"征其大臣扈从，即突厥不敢不从，又亦难为举动"。即请突厥首领、贵族随从封禅，一方面突厥没有拒绝的理由，另一方面也能以突厥首领、贵族作为人质，突厥不敢轻举妄动。封禅前，唐朝特意派袁振赴漠北告知突厥玄宗即将封禅的消息。这一举措获得了成功，毗伽可汗派大臣阿史德颉利发随玄宗封禅。这样做之后，突厥的确没有趁玄宗封禅之机南下偷袭。可见，邀请突厥首领、贵族扈从封禅是有效防备突厥趁机南下偷袭的重要手段。封禅最主要的目的自然是播帝国声威于四

1　《通典》卷一九八《边防十四》，第 5441—5442 页。

方，向内则宣扬自己建立起的太平盛世，使四海咸服，但隐藏的目的是打消边地部族趁机入寇之心。此外，"加兵以备突厥"同样是保障封禅顺利进行的重要举措。前文提到，高宗最终没有听从契苾何力的劝告，一改对斛薛部的妥协政策，准崔知温之请，下旨移斛薛部于黄河北岸，降低灵州受到侵扰的风险，同样是在封禅这一大背景下做出的决策。

总之，笔者认为，德勒山题记出现的原因，和唐与铁勒关系紧张以及唐高宗封禅泰山有关。在高宗封禅前夕，为稳定北方局势，保障封禅顺利进行，唐朝采取了一系列措施，包括派折冲府卫士前往漠北、将灵州境内的斛薛部移至黄河以北以及广邀各部落首领随从封禅等。这些举措，有力地保障了封禅时唐朝北部边疆地区的安全，也保证了封禅得以顺利进行。

第三节　霫莫遂州鱼符考

2011 年，蒙古国东戈壁省赛音山达市东南 30—40 公里处发现了一枚青铜鱼符。该鱼符长 50 毫米，最大宽度为 18 毫米，重量为 15.87 克。[1] 一面铸有两道腮纹、背鳍和鱼鳞；一面铸有凹陷的"同"字，其下阴刻"中郎霫莫遂州长史合蠟"。侧边刻有阴文"合""同"二字的左半边。

1　C. B. Сидорович, танская верительная бирка для представителя племени *си* 霫，найденная в монголии, *Эпиграфика Востока XXXII*, p.198.

关于该鱼符，俄罗斯学者西达洛维奇（С. В. Сидорович）首先做出了详细考证。他利用罗振玉的《历代符牌图录》研究了该鱼符，对该鱼符的基本情况做了考证。他认为，"合蜡"一名为突厥语"勇士"之意，属于霫部的莫遂州是汉文史料中未载的一个羁縻州，该鱼符最可能的时间在647—690年之间。[1]另外，俄罗斯学者纪希（Владимир Владимирович Тишин）撰文，将鱼符上的汉文"莫遂"与鄂尔浑突厥碑铭中的突厥语词语进行了勘音

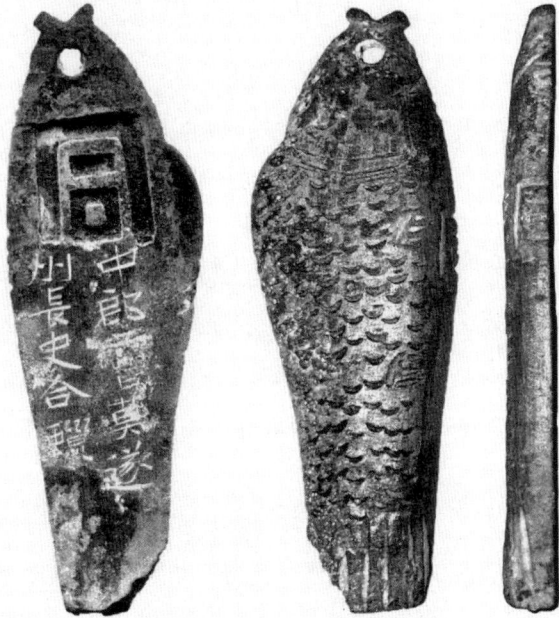

图5-3　蒙古国新发现的鱼符

1　С. В. Сидорович, танская верительная бирка для представителя племени *си* 霫, найденная в монголии, *Эпиграфика Востока XXXII*, p.198-202.

比对。[1] 随后，日本学者柿沼阳平发表「文物としての随身魚符と随身亀符」一文，综合研究了目前发现的唐代鱼符和龟符。在文中他提到蒙古国新发现的这枚鱼符，基本赞同西达洛维奇对该鱼符时间的判断。[2] 几位学者为该鱼符的研究打下了坚实基础，但仍有进一步研究的必要，因此，本节将对该鱼符进行研究。

一　鱼符的类型

《旧唐书·职官志》将鱼符归纳为两类，其一是"铜鱼符"，其二是"随身鱼符"：

> 凡国有大事，则出纳符节，辨其左右之异，藏其左而班其右，以合中外之契焉。一曰铜鱼符，所以起军旅，易守长。二曰传符，所以给邮驿，通制命。三曰随身鱼符，所以明贵贱，应征召。……鱼符之制，王畿之内，左三右一；王畿之外，左五右一。大事兼敕书，小事但降符，函封遣使合而行之。……随身鱼符之制，左二右一，太子以玉，亲王以金，庶官以铜，佩以为饰。刻姓名者，去官而纳焉；不刻者，传而佩之。[3]

根据上述史料的记载，普通官员的随身鱼符为铜制，有的刻有

1　Владимир Владимирович Тишин, к вопросу об *amγa / *maγa ~ *amγï / *maγï qorγan хушо-цайдамских надписей, *Altaistics, Turcology, Mongolistics*, No.4, 2018, pp.101-105.

2　柿沼阳平「文物としての随身魚符と随身亀符」帝京大学文化財研究所研究報告第 19 集、2020 年、140 頁。

3　《旧唐书》卷四三《职官志二》，第 1847 页。

姓名。蒙古国新发现的这一鱼符刻有姓名，可知该鱼符最可能为随身鱼符。《新唐书·车服志》记载：

> 随身鱼符者，以明贵贱，应召命，左二右一，左者进内，右者随身。皇太子以玉契召，勘合乃赴。亲王以金，庶官以铜，皆题某位姓名。官有贰者加左右，皆盛以鱼袋，三品以上饰以金，五品以上饰以银。刻姓名者，去官纳之，不刻者传佩相付。[1]

从两段史料的末句可知，刻有姓名的鱼符，官员离任时应交还。可能正因如此，今日可见之唐代随身鱼符，大多不题名。除本书所述鱼符外，题名的随身鱼符仅有两例。一为俄罗斯尼古拉耶夫斯克遗址出土的鱼符，侧边亦刻有阴文"合""同"二字的左半边，背面上方阴刻"同"字，下方书"左骁卫将军聂立计"。[2]根据姚玉成的考辨，尼古拉耶夫斯克遗址出土的鱼符的时间应为开元年间以后。[3]二为在洛阳一座墓葬中发现的"司驭少卿崔万石"鱼符，亦有阴刻"同"字。这两个鱼符一个发现于俄罗斯境内的遗址中，一个发现于死者的墓葬中。这两个鱼符从形制来看，与蒙古国新发现的鱼符一致。《新唐书》记载："随身鱼符者……左者进内，右者随身。"又记鱼符"左者进内，右者在外"，可知蒙古国发现的鱼符为右侧鱼符。呼应了前述史料中记载的"辨其左右之异，藏其左而班其右"。另外，《新唐书》还记载鱼符"蕃国亦给之，雄雌各十二，

1　《新唐书》卷二四《车服志》，第 525 页。
2　〔苏〕Э. B. 沙夫库诺夫：《苏联尼古拉耶夫斯克遗址出土的鱼形青铜信符》，步平译，《北方文物》1991 年第 1 期，第 102 页。
3　姚玉成：《俄罗斯尼古拉耶夫斯克遗址出土鱼形青铜信符考实》，《北方文物》1993 年第 3 期，第 50 页。

铭以国名，雄者进内，雌者付其国"。可知该鱼符既可称为右鱼符，亦可称为雌鱼符。与左（雄）鱼符契合后，即为一完整鱼符。

关于随身鱼符的职能，孟宪实已有较为详尽的研究。他认为，以随身鱼符而言，"明贵贱，应征召"仅仅是功能的核心部分，随身鱼符还可以充当领兵、出使的鱼符使用，如《唐六典》记载："若在家非时及出使，别敕召检校，并领兵在外，不别给符契。"[1] 随身鱼符在这种情况下已然替代了兵符或使符。[2] 笔者赞同他的观点，不再赘述。

二　鱼符主人的官职和身份

（一）中郎

这枚鱼符的主人名为合蜡。鱼符上刻有文字："中郎霫莫遂州长史合蠟。"中郎为唐朝十六卫的内府长官，《唐六典》记载：

> （左右卫）亲府、勋一府、勋二府、翊一府、翊二府等五
> 府中郎将各一人，正四品下。……中郎将掌领其府校尉、旅帅、
> 亲卫、勋卫、翊卫之属以宿卫，而总其府事；左、右郎将贰
> 焉。若大朝会及巡幸，则如卤簿之法，以领其仪仗。凡五府之
> 亲、勋、翊卫应番上者，则以其名簿上大将军，配于所职。[3]

中郎将为正四品下，主要负责掌领其府校尉、旅帅、亲卫、勋卫、

1　《唐六典》卷八《门下省》，第254页。
2　孟宪实：《略论唐朝鱼符之制》，《敦煌吐鲁番研究》第17卷，上海古籍出版社，2017年，第64页。
3　《唐六典》卷二四《诸卫》，第618页。

翊卫之属以宿卫。《旧唐书》记载，京官文武职事四品、五品可以拥有自己的随身鱼符：

> 高祖武德元年九月，改银菟符为银鱼符。高宗永徽二年五月，开府仪同三司及京官文武职事四品、五品，并给随身鱼。咸亨三年五月，五品已上赐新鱼袋，并饰以银。[1]

因此，自高宗永徽二年（651）五月始，负责在京城宿卫的中郎将就可以获得随身鱼符。而合蜡之所以获得中郎将这一官职，是因为唐朝对周边诸蕃首领的授官制度。唐朝授官给蕃将有一套自己的标准，《册府元龟》记载：

> （开元）六年十一月丁未，阿史特勒仆罗上书诉曰："仆罗兄吐火罗叶护部下管诸国王都督、刺史总二百一十二人，谢䫻国王统领兵马二十万众，罽宾国王统领兵马二十万众，骨吐国王、石汗那国王、解苏国王、石匿国王、悒达国王、护密国王、护时健国王、范延国王、久越德建国王、勃特山王，各领五万众。仆罗祖父已来，并是上件诸国之王，蕃望尊重。仆罗兄般都泥利承嫡继袭，先蒙恩敕，差使持节就本国册立为王。然火罗叶护积代已来，于大唐忠赤，朝贡不绝。本国缘接近大食、吐蕃，东界又是四镇。仆罗兄每征发部落下兵马讨论击诸贼，与汉军相知，声援应接，在于边境，所以免有侵渔。仆罗兄前后屡蒙圣泽，愧荷国恩，遂发遣仆罗入朝侍卫王阶，至愿献忠殉命，以为臣妾。仆罗至此，为不解汉法，鸿胪寺不委蕃

1　《旧唐书》卷四五《舆服志》，第 1954 页。

望大小，有不比类流例，高下相悬，即奏拟授官。窃见石国、龟兹，并余小国王子、首领等入朝，元无功效，并缘蕃望授三品将军。况仆罗身特勤，本蕃位望与亲王一种比类，大小与诸国王子悬殊，却授仆罗四品中郎。但在蕃王子弟、婆罗门瞿昙金刚、龟兹王子白孝顺等，皆数改转，位至诸卫将军。唯仆罗最是大蕃，去神龙元年蒙恩敕授左领军卫翊府中郎将，至今经一十四年，久被沦屈，不蒙准例授职，不胜苦屈之甚。"敕鸿胪卿准例定品秩，勿令称屈。[1]

这段记载主要描述了吐火罗特勤仆罗为自己申辩，要求朝廷给自己提高品秩一事，但也在某种意义上说明了唐朝给蕃将定阶的标准。仆罗作为吐火罗王之弟，神龙元年（705）被唐朝授为四品左领军卫翊府中郎将。但他认为，石国、龟兹等小国王子、首领，原无功勋，地位又在吐火罗之下，却因为蕃望直接被授为三品将军，另外一些本来品秩可能与他类似的小国蕃王子弟，经过改转，品秩也已升为诸卫将军。根据这段话我们可以推断，中郎这一品秩与蕃国国王之弟、特勤、小国王子之类的身份相对应。另外，已经发现的一些墓志也可印证我们的这一推断，例如《唐故契苾将军墓志》中记载：

大唐故九姓突厥赠右领军卫大将军李中郎者，西北蕃突厥渠帅之子也。[2]

1　《册府元龟》卷九九九《外臣部》，第 11557—11558 页。
2　周绍良、赵超主编《唐代墓志汇编续集》，第 593 页。

九姓突厥（铁勒）契苾李中郎作为西北蕃突厥渠帅之子，被授予中郎这一品秩，去世后赠官右领军卫大将军。契苾作为突厥（铁勒）的一个部落，符合我们上述的推断。另外，如《大唐故冠军大将军史北勒墓志》记载：

> 曾祖达官，本蕃城主……祖昧嫡袭，不坠忠贞。父日，凤使玉关，作镇金塞。乃礼遣长子削衽来庭，公之是也……皇上嘉其诚款，特拜授中郎将。[1]

由此可见，史北勒的曾祖是西域蕃国国王，此后其祖、父世袭。史北勒自本蕃赴长安之时，为该国王子，因此获得了中郎将这一官职。结合上述例证，我们推断合蜡在其本部中应为莫遂州首领之弟或首领之子之类的身份。

（二）霤莫遂州长史

霤莫遂州，应理解为霤部的莫遂州。关于该羁縻州，史料未载。目前，学者对史料中白霤与霤是否为同族多有争论，没有达成共识，但史料中与霤部有关的羁縻州仅有两个，一为寘颜州，一为居延州，两地位置有显而易见的区别，寘颜州位于漠北地区，而居延州位于东北地区。《新唐书》记载：

> 其部有三：曰居延，曰无若没，曰潢水。其君长臣突厥颉利可汗为俟斤。贞观中再来朝，后列其地为寘颜州，以别部为居延州，即用俟斤为刺史。显庆五年，授酋长李含珠为居延都

1　陈朝云：《河南散存散见及新获汉唐碑志整理研究》，科学出版社，2019 年，第 266 页。

督。含珠死，弟厥都继之。后无闻焉。[1]

另据《资治通鉴》，贞观二十二年（648）"六月，乙丑，以白霫别部为居延州"。[2] 接着，至迟在高宗显庆五年，居延州升为都督府。《资治通鉴》记载：

> 以定襄都督阿史德枢宾、左武候将军延陀梯真、居延州都督李合珠并为冷岍道行军总管，各将所部兵以讨叛奚。[3]

虽然此处仍记为居延州都督，但都督而非刺史的设置，说明居延州已升格为羁縻都督府。另据《唐会要》记载，"显庆五年，以其首领李含珠为居延都督，含珠死，以其弟厥都为居延都督，自后无闻焉"。[4] 由此推知，居延州作为管理整个霫部的行政机构，最多仅维持了十二年，在贞观二十二年至显庆五年之间。在此期间，唐朝发现在霫地设居延州并不合适，将居延州升为居延州都督府。而"州都督府"这类名称的都督府，说明羁縻都督府兼置有同名本州。[5] 该鱼符反映的莫遂州，很可能是霫部受居延州都督府管辖的羁縻州，其设置年代，可能在 660 年居延升格为居延州都督府之后。

关于长史，在唐朝的羁縻府州内，除都督、刺史之外的高等级官员有长史、司马等。"太宗为置六府七州，府置都督，州置刺史，

1　《新唐书》卷二一七下《回鹘传下》，第 6145 页。

2　《资治通鉴》卷一九九，贞观二十二年六月，第 6258 页。

3　《资治通鉴》卷二〇〇，显庆五年四月，第 6320 页。

4　《唐会要》卷九八，第 1755 页。

5　郭声波：《圈层结构视阈下的中国古代羁縻政区与部族》，中国社会科学出版社，2018 年，第 41 页。

府州皆置长史、司马已下官主之。"[1] 据《新唐书·回鹘传》记载，铁勒诸部"皆以酋领为都督、刺史、长史、司马"，[2] 由此，合蜡可能为莫遂州长史，应为酋领家族的成员。根据史料记载，雪部首领为俟斤，合蜡很可能是雪部首领、莫遂州刺史的兄弟，在本部中为特勤；此外，亦有可能是莫遂州刺史之子，与中郎将的身份完全符合。

《唐六典》中没有记载羁縻州设置的官员种类，但记载了上中下州的官员种类。在这些州内，除刺史外的最高级别长官为别驾，次为长史。在正州中，长史在刺史阙或由亲王兼领时，可代主州政。但实际上，他们基本上只是优游禄位的闲职，因其品高俸厚而无职事，所以一般用以安排贬退大臣和宗室、武将。[3]

虽然史料中并未记载羁縻州长史的品秩，但记载了正州长史的品秩：上州从五品上，中州正六品上，下州正六品下。由此可见，长史品秩低于中郎将，《唐六典》记载，"亲王及二品已上散官、京官文武职事五品已上、都督、刺史、大都督府长史·司马、诸都护·副都护并给随身鱼符"，[4] 其中，长史为"大都督府长史"，不包括羁縻州长史。莫遂州在正史中没有记载，应该不是特别大的羁縻州。艾冲在研究中发现，羁縻府州县的行政层级，并不等同于正规府州县，实际上它们的行政层级低于正规的府州县。虽然名义上两类府州县政治地位相当，但在实际的行政管理运作中，羁縻都督府略当于内地正规的州级单位，羁縻州略当于正规的县级单位。[5] 根据

1　《旧唐书》卷一九五《回纥传》，第 5196 页。

2　《新唐书》卷二一七上《回鹘传上》，第 6113 页。

3　张国刚：《唐代官制》，三秦出版社，1987 年，第 121—122 页。

4　《唐六典》卷八《门下省》，第 253 页。

5　艾冲：《唐代都督府研究》，第 186—187 页。

史料，即使正州的中下州长史仅为六品，亦不符合职事五品以上可获随身鱼符的制度。因此我们认为，蒙古国发现的鱼符主人可能并非因长史一职获得鱼符，而是凭"中郎"这一官职获得的。

但是，如果合蜡以中郎之职获随身鱼符，那为何要将"莫遂州长史"这一与该鱼符无关的职务刻写在鱼符上呢？如尼古拉耶夫斯克遗址出土的唐朝鱼符，书"左骁卫将军聂立计"，聂立计其人最有可能为靺鞨贵族，根据鱼符信息，显然他是因为担任"左骁卫将军"一职而获得该鱼符。该鱼符虽然发现于尼古拉耶夫斯克城内，[1]但并未提及聂立计担任的其他官职。

新发现的合蜡鱼符上提及"莫遂州长史"，可能在暗示我们，唐朝针对羁縻府州可能另有一套制度。基于这一制度，羁縻州长史亦有可能获得铜鱼符。史料中的蛛丝马迹也暗示了这一点。《新唐书·回鹘传》记载：

> 皆以酋领为都督、刺史、长史、司马，即故单于台置燕然都护府统之，六都督、七州皆隶属，以李素立为燕然都护。其都督、刺史给玄金鱼符，黄金为文。[2]

这段文字告诉我们，唐朝给羁縻府州的都督、刺史玄金鱼符，以黄金为文。虽然未提及羁縻府州内低于都督、刺史的长史和司马是否给鱼符，但由此推知，在羁縻府州中，都督、刺史给玄金鱼符，以黄金为文，羁縻州长史给铜鱼符，是很有可能的。

前文中提到，"中郎"有资格获得随身鱼符，而羁縻州长史很

1　А. Л. Ивлиев, "Эпиграфические материалы Бохая и бохайского времени из Приморья," Россия и АТР, No. 4 (86), 2014, p. 213.

2　《新唐书》卷二一七上《回鹘传上》，第6113页。

可能亦有资格获得铜鱼符。鉴于此，笔者认为，这有可能是在蒙古国发现的合蜡铜鱼符上既提到"中郎"又刻有"莫遂州长史"的缘故。关于这一问题，我们仍期待更多新史料的证明。

三　鱼符的年代

　　关于该鱼符的年代，西达洛维奇做过一番考证。他认为，自从武则天统治时期（690—705）以来，就开始使用龟符，根据现有信息，在716年后，霫部和其他部落一起南迁到唐朝境内，因此鱼符最有可能的年代在647—690年之间。[1] 他从唐与漠北诸部关系的角度，对鱼符年代进行了考证，但他的这一观点是错误的。《征突厥制》《移蔚州横野军于代郡制》中的确有霫都督比言，《征突厥制》中提到该文写于开元六年（718），唐朝希望联合突厥周边的各势力，一起进攻突厥。其中"九姓拔曳固都督、稽洛郡王、左武德卫大将军颉质略，同罗都督、右监门卫大将军毗伽末啜，霫（霫）都督、右骁卫将军比言，仆固都督、左骁卫将军曳勒哥等"[2] 被划至同一类，可见此处的霫都督为与铁勒诸部关系密切的白霫寘颜都督府都督，与铁勒诸部一同从鄂尔浑河、图勒河流域来到唐境，并非居于东北地区的霫部。可见西达洛维奇将霫与白霫完全混为一谈。因此，我们有必要对鱼符年代进行重新考证。

　　通过前述考证，我们对鱼符的年代有了新的认识。前文提到，从族

1　С. В. Сидорович, танская верительная бирка для представителя племени *си* 霫，найденная в монголии, *Эпиграфика Востока XXXII*, p.198.

2　录文校点参见李宗俊《开元六年〈征突厥制〉史事考辨》，《元史及民族与边疆研究集刊》第20辑，上海古籍出版社，2008年，第82—83页。又见《资治通鉴》卷二一二，"开元六年二月戊子"条。

属的角度来看，该鱼符反映的罨莫遂州，很可能是罨部受居延州都督府管辖的羁縻州，其设置年代，可能在高宗显庆五年居延州升格为居延州都督府之后，但这一时间段过于宽泛，仍有进一步考证的空间。

唐朝"自永徽以来，正员官始佩鱼，其离任及致仕，即去鱼袋。……开元九年九月十四日……致仕官及内外官五品已上检校试判及内供奉官，见占缺者，听准正员例，许终身佩鱼。以为荣宠，以理去任，亦许佩鱼"。[1] 该鱼符在边疆地区被发现，说明合蜡并未将鱼符还给中央。因此，笔者认为此鱼符应是开元九年庶官许终身佩鱼政策制定之后的物品。

根据漠北突厥碑铭的记载，默啜可汗统治期间，突厥进行了东征。据芮传明考证，默啜可汗于 696 年和 697 年两次东征，袭击了罨人的居地西拉木伦河。[2] 此时位置偏南的罨人居地都已为第二突厥汗国控制，唐朝此前羁縻统治的罨人居地，大部分应已落入第二突厥汗国手中。但第二突厥汗国的统治并不是从始至终的，开元二十九年《唐故左监门卫大将军太原白公墓志铭》记载："又奚罨背叛，实多侵掠。"[3] 根据《旧唐书》记载，墓志中所载应是奚于开元十八年叛乱之事：

> 十八年，奚众为契丹衙官可突于所胁，复叛降突厥。鲁苏不能制，走投渝关，东光公主奔归平卢军。其秋，幽州长史赵含章发清夷军兵击奚，破之，斩首二百级。自是奚众稍稍归降。二十年，信安王祎奉诏讨叛奚。奚首长李诗琐高等以其部落五千帐来降。诏封李诗为归义王兼特进、左羽林军大将军同

1　《唐会要》卷三一《舆服上》，第 580 页。
2　芮传明：《古突厥碑铭研究》，商务印书馆，2017 年，第 35 页。
3　周绍良主编《唐代墓志汇编》，第 1520 页。

正，仍充归义州都督，赐物十万段，移其部落于幽州界安置。[1]

由此可知，奚于开元十八年叛乱，但唐朝只派幽州长史赵含章发清夷军击奚，进行了小规模的讨伐，而墓志中记载的"奚霫背叛"，应对应开元二十年信安王祎奉诏讨叛奚，左监门卫将军白知礼，应是在这次战斗中随军讨奚、霫，战后升为左监门卫大将军。白知礼另有一方墓志提到"寻二十一年，特加三品，制授可左监门卫将军，勋使如故。其年幽府破奚，以表贺"。[2]亦可证白知礼参加的是开元二十年讨伐奚人这一次战役。同时我们也了解到，至少在开元十八年前，奚与霫部仍在唐朝管辖之内，此后，唐朝将奚部移至幽州境内进行安置，但并未提到如何安置霫部。

综上，我们最后确定，蒙古国新发现的这枚鱼符，其时间最有可能在开元九年至开元十八年之间，而这枚鱼符也是目前已知发现于唐朝边疆地区年代最早刻有姓名的随身鱼符。

四　莫遂州考——兼论霫之三部

根据鱼符记载，合蜡为霫人，中郎将、莫遂州长史。从发现鱼符的地点判断，莫遂州应为羁縻州。从"中郎霫莫遂州长史合蠟"来看，莫遂州应属霫部。史料中有不少关于霫部的记载，但并未记载莫遂州。

笔者发现，关于霫部的记载中，有些史料中透露出莫遂州的蛛丝马迹。首先来看《新唐书》的记载：

1　《旧唐书》卷一九九下《奚传》，第 5356 页。
2　周绍良主编《唐代墓志汇编》，第 1443 页。

白霫居鲜卑故地，直京师东北五千里，与同罗、仆骨接。
避薛延陀，保奥支水、冷陉山，南契丹，北乌罗浑，东靺鞨，
西拔野古，地圆袤二千里，山缭其外，胜兵万人。业射猎，以
赤皮缘衣，妇贯铜钏，以子铃缀襟。其部有三：曰居延，曰
无若没，曰潢水。其君长臣突厥颉利可汗为俟斤。贞观中再来
朝，后列其地为寘颜州，以别部为居延州，即用俟斤为刺史。
显庆五年，授酋长李含珠为居延都督。含珠死，弟厥都继之。
后无闻焉。[1]

虽然《新唐书》成书较晚，但《新唐书》关于霫的记载中，却
出现了不少前书未见的新内容。其中很重要的一句话是："其部有
三：曰居延，曰无若没，曰潢水。其君长臣突厥颉利可汗为俟斤。"
周伟洲先生曾对此做出过解释，提到在颉利可汗统治期间（620—
630），霫有三部，其中居延在今内蒙古巴林左旗一带；潢水部应为
居于潢水（今西拉木伦河）之部落，但并未对无若没进行考订。[2] 由
此可见，周伟洲先生认为这三部并非指位于漠北的白霫。笔者赞同
这一观点，虽然《新唐书》说此三部属白霫，但从其地望等角度来
看，这句话更有可能指的是霫的三个部落。接下来，笔者将就此展
开论证。

根据史料记载，东突厥汗国统治时期，霫是一个较大的民族。
《新唐书·突厥传》记载：

1　《新唐书》卷二一七下《回鹘传下》，第 6145 页。

2　周伟洲：《霫与白霫考辨》，《社会科学战线》2004 年第 1 期，第 144 页。

> 颉利之立，用次弟为延陀设，主延陀部，步利设主霅部，
> 统特勒主胡部，斛特勒主斛薛部，以突利可汗主契丹、靺鞨
> 部，树牙南直幽州，东方之众皆属焉。[1]

在颉利可汗统治期间，霅部由步利设统率，与延陀部、胡部、斛薛部等并列，可见霅部人数众多。《旧唐书》记载：

> 霅，匈奴之别种也，居于潢水北，亦鲜卑之故地，其国在
> 京师东北五千里。东接靺鞨，西至突厥，南至契丹，北与乌罗
> 浑接。地周二千里，四面有山，环绕其境。人多善射猎，好以
> 赤皮为衣缘，妇人贵铜钏，衣襟上下悬小铜铃，风俗略与契丹
> 同。有都伦纥斤部落四万户，胜兵万余人。贞观三年，其君长
> 遣使贡方物。[2]

由此可知，霅部亦称都伦纥斤部，部落四万户，胜兵万余人。虽然有学者认为此处"部落四万户"应为"部落四万人"，[3] 即使如此，亦为大部。结合《新唐书》记载，颉利可汗统治期间，霅有居延、无若没、潢水三部，均归步利设统率，胜兵万余人。但如此大的部落却仅设一居延州统治，甚为可疑。将其他同时期的北方部落与其进行比较：常与霅并称的奚，分为五部，设饶乐都督府；仆骨，铁勒之别部，胜兵万余，设金微都督府；同罗，铁勒之别部，户万五千，设龟林都督府。再将霅与白霅对比：白霅，在拔野古东，

1　《新唐书》卷二一五上《突厥传上》，第 6038 页。

2　《旧唐书》卷一九九下《霅传》，第 5363 页。

3　李荣辉：《霅族考》，《西北民族大学学报》2016 年第 1 期，第 127 页。

胜兵三千人，其渠帅各率所部归附，列地为州，即其酋长为刺史。[1]
我们发现，像白霅这样仅有三千士兵的部落，设真颜州一州十分合
理，但像霅这样的大部落，仅以一个羁縻州来管理并不合理，因此
将居延州升为都督府。

在居延州升为居延州都督府之后，原居延州刺史李合珠（李
含珠）升为都督。而其管辖的其他羁縻州，很可能是按照族属与部
落划分的。笔者推断，其中居延部为霅的主要部落，与奚相邻，史
料中常将奚霅并称，其中"霅"很可能指居延部。其居地很可能在
冷陉山（冷岍山）附近，胡三省认为冷岍山即冷径山，其地在潢水
之南，黄龙之北。[2]《新唐书》记载白霅"避薛延陀，保奥支水、冷
陉山"，《新唐书·白霅传》把霅与铁勒之白霅史料混淆，故避薛延
陀应为霅人避薛延陀之事。太宗贞观二十一年诏曰："其室韦、乌
罗护、靺鞨等三部被延陀抄失家口者，亦令为其赎取。"其时薛延
陀已到靺鞨之地，可见霅在这时保冷陉山以避之。在此之后，《资
治通鉴》记载，贞观二十二年"六月，乙丑，以白霅别部为居延
州"。[3] 由此可见，霅之居延部应在冷陉山一带。关于冷陉山的位
置，《新唐书》又记奚"盛夏必徙保冷陉山，山直妫州西北"；《资治
通鉴》记载，"以定襄都督阿史德枢宾、左武候将军延陀梯真、居
延州都督李合珠并为冷岍道行军总管，各将所部兵以讨叛奚"。李
荣辉又结合《辽史·地理志》以及《武经总要》的记载，认为冷陉
山应在兴安岭南部一带山区。[4] 笔者赞同李荣辉的观点。由此可见，
霅的主要部落居延部，居地应在冷陉山（冷岍山），即兴安岭南部

1　《通典》卷一九九《边防十五》，第 5470 页。
2　《资治通鉴》卷二〇〇，显庆五年四月，第 6320 页。
3　《资治通鉴》卷一九九，贞观二十二年六月，第 6258 页。
4　李荣辉：《霅族考》，《西北民族大学学报》2016 年第 1 期，第 127 页。

一带。

关于潢水部，据《旧唐书》记载，"霫，匈奴之别种也，居于潢水北"。由此可知，位于潢水北岸的霫人，很可能主要以潢水部为主。如周伟洲先生所述，潢水部应为居于潢水（今西拉木伦河）之部落。唐朝在霫之潢水部设置羁縻州的证据，目前尚未见到，但笔者认为，很可能在居延州升为居延州都督府后，唐朝在霫之潢水部亦设有羁縻州。

传世史料中未提及霫之无若没部的居地，而这次出现的鱼符，为我们了解霫之无若没部的居地提供了线索。《旧唐书》记霫"东接靺鞨，西至突厥，南至契丹，北与乌罗浑接，地周二千里"。[1] 可知霫人生活的范围很大，此次发现鱼符的蒙古国东戈壁省赛音山达市东南30—40公里处，与冷陉山、潢水之间的距离均在两千里。

从汉文的角度来看，"莫遂"与"无若没"的意义有一定相似性，因此，将无若没部称为莫遂州，似乎不无可能。因此笔者认为，鱼符上的莫遂州，有可能是以霫人的无若没部为主体建立的。而莫遂州的建立时间，可能在居延州升为都督府之后。

蒙古国赛音山达市新发现的"霫莫遂州鱼符"，虽然不是通过正规考古发掘出土的，但经过考证，鱼符上所记载的"中郎""长史"等信息符合唐朝制度，可以相互印证，应为唐代文物。其年代最有可能在开元九年至开元十八年之间，为目前已知发现于唐朝边疆地区年代最早刻有姓名的随身鱼符。通过鱼符上的信息推断，合蜡在其本部中，应为霫部莫遂州酋领家族的成员，最可能为莫遂州刺史之弟或之子。另外，鱼符上记载的"莫遂州"，史料未载，有

1　《旧唐书》卷一九九下《霫传》，第 5363 页。

可能是唐朝在霫之无若没部中设立的羁縻州，为唐代东北地区霫部的研究提供了重要的新史料。

第四节　思结部卢山都督墓初探

　　哈喇郭勒遗址发现于蒙古国色楞格省蔓达勒的博罗河畔，又称博罗祭祀遗址。[1] 1976 年，苏联和蒙古国开展历史遗迹合作调查，第二年发现了这个遗迹。关于墓碑被发现的信息刊登在 1977 年的苏联考古学年刊上《蒙古境内的铭文》一文中，文中介绍包括但不限于以下内容：石碑是于蒙古国色楞格省博罗河畔的溪谷中被发现的；石碑底部发现了为了安放在龟趺上的插口，碑石四面被打磨过；墓碑尺寸为高 1.7 米，宽 0.6 米，厚 0.25 米；碑上有 16 行铭文；碑石的上部雕刻（浮雕）了突厥武士的脸；推测制成于 7 世纪后期至 8 世纪。[2] 这个碑文与人面结合的石碑，让我们想到突厥人死后"表木为茔，立屋其中，图画死者形仪及其生时所经战阵之状"[3] 的描写。铃木宏节对碑文进行了释读：

1　墓葬译名沿袭筱原典生的翻译，见〔日〕东潮《蒙古国境内的两座突厥墓——乌兰克热姆墓和仆固乙突墓》，筱原典生译，《北方民族考古》第 3 辑，第 41 页。

2　鈴木宏節「唐の羈縻支配と九姓鉄勒の思結部」『内陸アジア言語の研究』第 30 輯、2015 年、229−230 頁。

3　《隋书》卷八四《突厥传》，第 1864 页。

　　大□□□□内□于斗星大地开疆······陵····于
绝域，····于高塞，□灵□□飞翼将永鸡田····承谕
辅□乃忝　朝命······下····安公卢山人□，其（先
夏后）氏之苗裔，宗·····诸□册命□言□，父乌碎，左
□□□□□高□□，卢山都督······里····公□命
藏····李□□国□□□奔·····卫······年□
月□九日。

　　这位都督的名字已经不可考，但从碑文可知，墓主人是被称为"安公"的第二任卢山都督，其父为首任卢山都督乌碎。这与金微都督父子相继类似。其墓碑如图5-4所示，从整体来看，石碑是唐朝的风格，但中间却是一个类似突厥石人的头像。根据发现者的观察，是先雕刻了头像，之后才雕刻了这块石碑。[1]

　　哈喇郭勒墓园长70米，宽40米，墓园内的西部发现了石围墓。拖拉机耕地时石围墓的侧面露出，开垦因此中止。遗迹内共有6个石围，各石围尺寸为280厘米×210厘

图5-4　佚名卢山都督墓碑

1　鈴木宏节「唐の羈縻支配と九姓鉄勒の思結部」『内陸アジア言語の研究』第30輯、2015年、223-255頁。

米 ×20 厘米，均只有一面有图案。此外，露出地面的石头由中央向四周扩散，开有 20 厘米的洞。哈喇郭勒遗迹内据说曾发现龟趺，但在耕作过程中被破坏了。遗迹内发现了建筑遗存。在这个建筑遗存上发现了类似布古特墓中出土的两种瓦。

此外，在该遗迹中还发现了杀人石。离墓园约 120 米处发现了保存完好的 12 尊杀人石，间隔 2.5 米。根据现场 30 米内发现了 12 尊杀人石的情况推算，150 米的距离上应曾有将近 70 尊杀人石。

该墓葬作为羁縻府州时期的墓葬，却没有按照唐墓规制建造，没有封土，也没有天井、墓道与墓室。墓园围有园墙，园墙开口处为墓园入口，巴拉巴拉石（Balbal）从入口处一直向外延伸。墓园内分为前、中、后三部分，墓园中轴线上前竖一方汉文书写的唐式石碑，正对墓园入口，中为祭祀建筑，后为石围墓（图 5-5）。

铃木宏节认为，唐朝容忍思结部人按自己的习俗进行安葬并向他们提供物资，可以看作蒙古高原卢山都督所拥有的势力规模和表彰他们对唐朝羁縻统治的贡献的体现，[1]但笔者恰好与铃木宏节得出了相反的看法。仆固部处在漠北铁勒各部的中心位置，思结部则较为偏远。在成本有限的前提下，在仆固部推行汉化和唐制，收效比在思结部要大得多。根据笔者多年在各地实地调查的经验，碑额处不题写汉文题名的情况，在中原地区发现的异质文化石碑中经常出现，例如北朝隋唐许多与佛教有关的石碑碑额处刻画了佛陀的形象。在草原上，有学者认为布古特碑的碑额处刻画的是婴孩，旁边的龙也被相应地改造为狼，以呼应"突厥狼种"的传

1　鈴木宏节「唐の羁縻支配と九姓鉄勒の思結部」『内陸アジア言語の研究』第 30 辑、2015 年、243 頁。

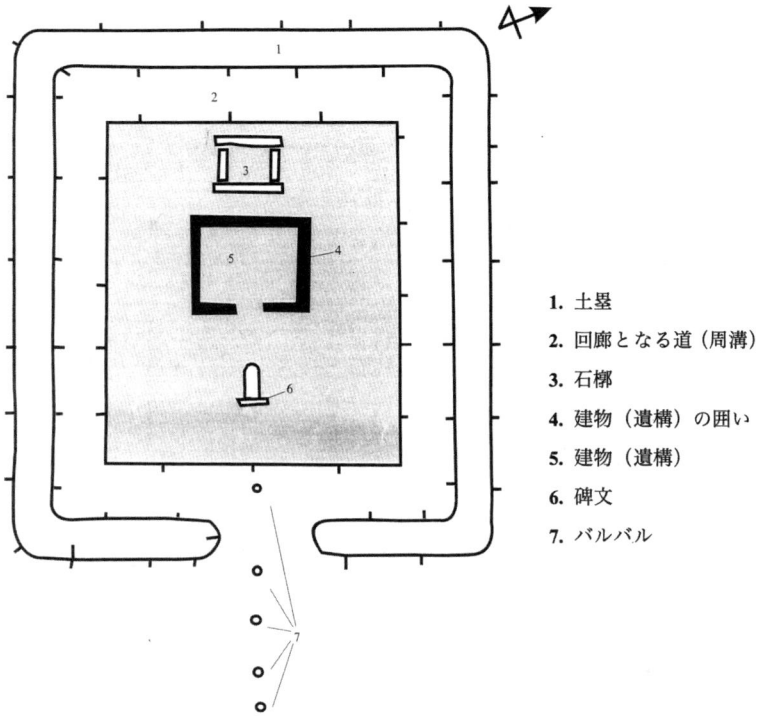

1. 土塁
2. 回廊となる道（周溝）
3. 石槨
4. 建物（遺構）の囲い
5. 建物（遺構）
6. 碑文
7. バルバル

图 5-5　卢山都督墓园

（铃木宏节制图）

说。依笔者现场观察，布古特碑确实很有可能被进行了一定程度的改造，例如将常规的龙爪改为狼爪，且碑额中间的婴孩形象清晰可见。可见在墓碑的碑额刻画石人的情况，虽然仅见于卢山都督墓碑，但与其他异质文化和中原文化融合的案例非常相似，在依中原制度立碑的同时，突出其自身文化的重要符号。此外，该墓没有发现石人，笔者认为很可能是应思结部贵族的要求，将汉式石碑与墓前代表墓主人的石人融合，形成了这个融合了铁勒葬俗与汉地葬俗的石碑。

　　唐朝在思结部的辖境内竖立一块石碑，并修建汉式建筑，与修筑唐朝式墓葬相比，成本更为低廉，基本没有影响到思结部的丧葬方式。在草原上立碑，是中原王朝影响草原族群的一种重要方式，石碑在草原上历经千年而不倒，在中原王朝的统治者看来，可以起到持续增进草原族群对中原王朝认同的作用。《阙特勤碑》汉文部分记载："且特勤，可汗之弟也，可汗，犹朕之子也。父子之义，既在敦崇；兄弟之亲，得无连类。俱为子爱，再感深情。是用故制作丰碑，发挥遐□，使千古之下，休光日新。"[1] 可见，唐玄宗撰此碑的目的之一，就是让后人能够永久记住突厥和唐朝的友好关系。卢山都督的碑文虽然已经残缺，但唐朝应该也期待过它发挥相同的作用。

　　史料中铁勒诸部的居地，并不一定是都督府的所在地。以铁勒的思结部为例，此前依据"思结在延陀故牙"[2] 等记载，学者认为思结部在铁勒诸部中处于偏南的位置，谭其骧先生在《中国历史地图集》中，将其绘在于都斤山（杭爱山）东南部。[3] 包文胜在考证后与谭其骧等前辈学者得出了相似的观点，认为思结部居地位于杭爱山东部，鄂尔浑河上源。[4] 但最新的考古发现动摇了这一观点。该遗址与碑刻的发现直接反映了卢山都督府的位置。该墓的发现，证明在唐朝羁縻统治漠北时期，思结部的居地应该位于蒙古国色楞格省蔓达勒博罗河畔，[5] 比原先认为的思结部居地偏北了许多。

1　岑仲勉：《突厥集史》，第 828 页。
2　《新唐书》卷二一七下《回鹘传下》，第 6145 页。
3　谭其骧主编《中国历史地图集》第 5 册，中国地图出版社，1982 年，第 42—43 页。
4　包文胜：《唐代漠北铁勒诸部居地考》，《内蒙古社会科学》2013 年第 1 期，第 51 页。
5　鈴木宏节「唐の羈縻支配と九姓鉄勒の思結部」『内陸アジア言語の研究』第 30 輯、2015 年、223—255 頁。

第五节 漠北羁縻府州城址研究

《旧唐书》记载，贞观二十年秋，包括仆骨在内的铁勒十一姓归附唐朝时，曾"乞置汉官"，不久又遣使至灵州，"因请置吏"。次年正月，以漠北铁勒诸部置羁縻府州，诸酋长奏请置参天可汗道，"岁贡貂皮以充租赋，仍请能属文人，使为表疏"。[1] 在羁縻府州设汉官，本来也是唐朝治理羁縻府州的常例。于是，"太宗为置六府七州，府置都督，州置刺史，府州皆置长史、司马已下官主之"。[2] 这些汉官需要有处理事务的官署以及居住用的房屋，建城之后，才能更好地落实汉官赴漠北做官的政策。而这些汉人活动的痕迹，也直接体现在漠北修筑的都督府城址中。

国外学者已经对蒙古国发现的中世纪城址做了许多重要的研究工作，但他们一般认为蒙古国境内的中世纪古城始建于回鹘汗国时期。1996—1998 年，蒙古国考古学家 Д.巴雅尔（Д.Баяр）和日本学者白石典之等人对色楞格河流域的白八里古城（富贵城）进行调查，他们对三座城址进行了测量，并绘制了城址平面图。Д.巴雅尔在调查报告中详细介绍了城址的尺寸和采集到的遗物，包括石狮、铜钱、建筑构件以及陶器碎片等。[3] 从 1999 年开始，蒙古国科学院考

---

1 《资治通鉴》卷一九八，"贞观二十一年正月丙申"条，第 6245 页。

2 《旧唐书》卷一九五《回纥传》，第 5196 页。

3 Д.Баяр, Уйгурын Байбалык хотын тухай тэмдэглэл. *Археологийн судлал, Tomus XXI, Fasciculus 9*, Улаанбаатар, 2003, pp.93-109. 转引自宋国栋《回纥城址研究》，博士学位论文，山西大学，2018 年，第 12 页。

古研究所和德国考古研究院波恩分院、波恩大学联合实施考古合作计划，并签署了"KAR-1"和"KAR-2"两个项目，他们制作了哈拉和林古城的数字地图，将城内街道和遗迹清楚地展现出来，并对古城的一些建筑遗迹进行了考古发掘，获得了很多重要的发现。2005年，德国蒙古联合考古队对额尔德尼召寺院的墙基进行了发掘，发现寺院墙基下面还叠压着更早的墙基，发掘者推测早期城墙的年代为13世纪。[1] 2011年，白石典之发表了《额尔德尼召之下发现的回纥时期文化遗存》，指出额尔德尼召下面存在回纥文化遗存。[2] 敖其尔等人对和日木·登吉古城进行了考古发掘。他们发现在位于遗址中心位置城址的东西两侧，并列着六座或有土筑城墙或不见城墙的城址。这些城址与中心城址可能是主城与附城的关系。由此可知，和日木·登吉古城是由主城与附城构成的较大规模的城址。[3] 蒙古国考古学家巴图宝力道对蒙古国的考古遗址非常熟悉，他将和日木·登吉古城上溯到回鹘时期，依据类似城址的考古发现及图勒河附近的城市外形，认为和日木·登吉古城是具有回鹘样式的城市。[4] 华裔学者王国豪在综合考古学家成果的基础上，探讨了蒙古高原上突厥时期的建筑，他认为这一时期的城址和墓葬对之后回鹘汗国的

1　Ханс-Георг, уламбаяр Эрдэнбат, *Хар Балгас ба Харахорум-Орхоны хөндий дэх хожуу нүүдэлчдийн суурьшмал хоёр хот*, Улаанбаатар, 2011. 转引自宋国栋《回纥城址研究》，第13页。

2　Noriyuki Shiraishi, "Trace of Life in Uighur Period Found Beneath Erdene Zuu Monastery," *The International Conference on "Eedene-Zuu": Past, Present and Future*, Ulaanbaatar, 2011, pp.93-95. 转引自宋国栋《回纥城址研究》，第13页。

3　〔蒙〕A. Ochir, A. Enkhtor:《和日木·登吉古城》，滕铭予译，《边疆考古研究》第5辑，第187—194页。

4　Батболд, *Мартагдсан Пугу Аймаг*, Улаанбаатар, 2017, p.200.

建筑及墓葬均产生了很大影响。[1]

　　相较而言，中国学者关于羁縻府州的研究主要还是集中于通过文献进行考订。刘统《唐代羁縻府州研究》是研究唐代羁縻府州的奠基著作，对唐代羁縻府州做了详细的考证研究。[2]包文胜《唐代漠北铁勒诸部居地考》重新考订了铁勒各部的居地；[3]陈恳考订了羁縻府州时期漠北瀚海都督府的回纥牙帐；[4]王静、李青分对拔野古部的位置进行了考订；[5]路虹、杨富学对铁勒浑部在内亚腹地的游移做了考辨。[6]但是，游牧部落不断游移，史料中记载的游牧部落居地可能只是某部落在某个时期的活动区域。正如包文胜所说，铁勒诸部是游牧部落，其居地不像中原定居民族那样有较稳定的界线。所以，考证铁勒诸部居地时不能把某个部落始终不变地定位于某地，也不能在过于狭小的空间里进行考虑。考证铁勒诸部居地只能围绕某个地理坐标指出其大致活动范围，而不能具体明确地指出其界线。[7]近年来，中国已有不少学者开始利用考古学证据研究漠北的羁縻府州。冯恩学依据和日木·登吉古城附近发现的仆固乙突墓，将和日木·登吉古城比定为唐朝北方羁縻州之一金微州的都督治所，并认为该城后被契丹沿用，应该是辽代的镇州城。[8]他的观点得到了大部

1　Lyndon Arden-Wong, "Tang Governance and Administration in the Turkic Period," *Journal of Eurasian Studies*, Vol. 6, No. 2, 2014, p.9.

2　刘统：《唐代羁縻府州研究》，西北大学出版社，1998 年。

3　包文胜：《唐代漠北铁勒诸部居地考》，《内蒙古社会科学》2013 年第 1 期，第 49—54 页。

4　陈恳：《漠北瀚海都督府时期的回纥牙帐——兼论漠北铁勒居地的演变》，《中国边疆史地研究》2016 年第 1 期，第 137—149 页。

5　王静、李青分：《铁勒拔野古部研究》，《内蒙古大学学报》2016 年第 2 期，第 9—16 页。

6　路虹、杨富学：《铁勒浑部及其在内亚腹地的游移》，《宁夏社会科学》2018 年第 3 期，第 166—173 页。

7　包文胜：《唐代漠北铁勒诸部居地考》，《内蒙古社会科学》2013 年第 1 期，第 49 页。

8　冯恩学：《蒙古国出土金微州都督仆固墓志考研》，《文物》2014 年第 5 期，第 88 页。

分学者的认同，是将汉文史料与蒙古国考古资料结合进行研究的有益探索。和日木·登吉古城的考古发掘工作在不断深入，我们可以对此进行进一步研究。国内首先对这些城址进行综合研究的是宋国栋。他总结了国内外考古资料，对蒙古国、俄罗斯境内回鹘汗国时期的城址进行了总结研究。[1] 他的研究对漠北地区的城址研究具有开创性意义，为我们进一步研究这些城址打下了基础。但他基本沿袭了国外学者的观点，即这些城址始建于回鹘汗国时期。笔者将在结合文献记载与最新考古发现的基础上，对上述城址进行综合研究，探讨这些城址始建于唐朝羁縻府州时期的可能性。

一　和日木·登吉

前文中已经提到，因附近发现的仆固乙突墓，冯恩学将和日木·登吉古城比定为唐朝在漠北仆固部设置的金微都督府。笔者虽然认同他的观点，但仆固乙突墓附近，除这座城之外，还零散分布着大大小小五座城。[2] 如果再将视野放到稍远的地方，在西南 10 余公里处，还有一座大型城址——乌兰和日木古城，在这座城旁边，同样发现了唐朝羁縻府州时期的墓葬——巴彦诺尔壁画墓。[3] 因此，只有在和日木·登吉古城内发现明确属于唐朝的遗物，才能最终证明和日木·登吉古城为金微都督府。

1　宋国栋：《回纥城址研究》，第 168—170 页。

2　〔蒙〕A. Ochir, A. Enkhtor：《和日木·登吉城》，滕铭予译，《边疆考古研究》第 5 辑，第 187—194 页。

3　巴彦诺尔壁画墓未出土墓志，经笔者考证，该墓主人为首任金微都督仆固歌滥拔延。见徐弛《蒙古国巴彦诺尔壁画墓墓主人考》，《暨南史学》第 20 辑，第 1—18 页。

和日木·登吉古城（Хэрмэн дэнжийн балгас）[1] 位于蒙古国中央省的扎马尔苏木，东经 104°40′102″、北纬 47°58′723″，在图勒河东岸的阿格伊图山与图木斯特山间宽阔谷地的南部。敖其尔等人对和日木·登吉古城进行了考古发掘。在位于遗址中心位置城址的东西两侧，并列着六座或有土筑城墙或不见城墙的城址（图 5-6）。这些城址与中心城址可能是主城与附城的关系。[2]

　　如图 5-7 所示，和日木·登吉古城主城城内可以分为三区。大体上可分为东西两部，与东部西侧城墙直接相连的低矮堤防将该城址划分为东西两区，东区内可由一道东西向的隔墙再划分为南北两区。东部的北城墙最高，根据从南门向正北方向的通路可将城内划分为左右两部分。现存城墙高度为 4—9.5 米，城墙基部宽 25—32 米，上部宽 3—6 米。北墙中心部发现有缺口，可能是后期城墙坍塌的结果。从城墙上可以观察到的夯层可知，每层黏土的厚度为 14—20 厘米，经夯实后再进行下一层的夯筑。为了加固城墙，在夯土中放置与城墙厚度相同长度的横木。横木已朽，在城墙上留下了大量的空洞。东部的城墙上建筑有高台，经确认有 8 处。东部的北城，西墙 360 米、北墙 310 米、南墙 380 米、东墙 330 米，整体上近方形。将东部划分为南北两区的城墙的中心处，有宽 15 米的大型城门址。东侧的北城中心有南北向的大路，宽 8—10 米，长 34 米。左右两侧有一些长宽不等的小路汇集到大路。在大路两侧有较多的建筑遗迹，其中也有一些建筑遗迹周围有小规模的土墙，很多都与城墙相连。东侧南城的西墙长 200 米，东墙长 230 米，北墙长 380 米，

1　巴勒嘎斯（балгас）为蒙古文中的城址之意，国内对和日木·登吉古城介绍较多，因此此处沿用旧称，没有与其他城址统一，仍称为和日木·登吉古城。

2　〔蒙〕A. Ochir, A. Enkhtor：《和日木·登吉古城》，滕铭予译，《边疆考古研究》第 5 辑，第 187—194 页。

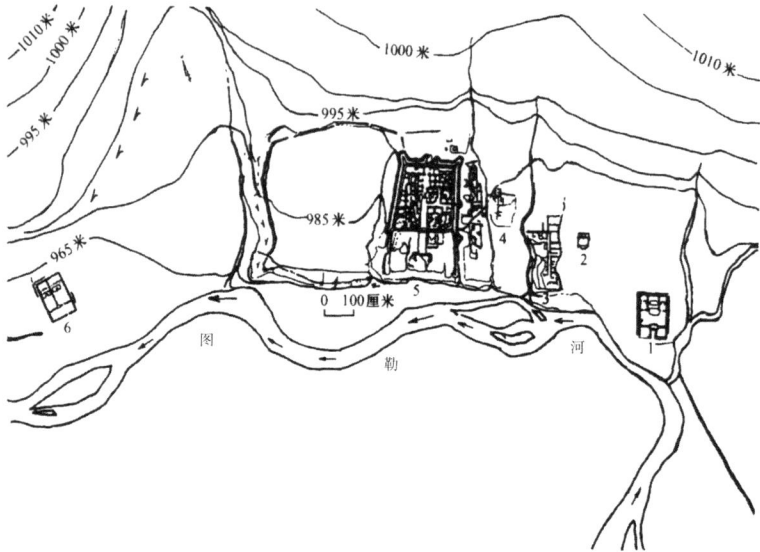

图 5-6　和日木·登吉古城平面图

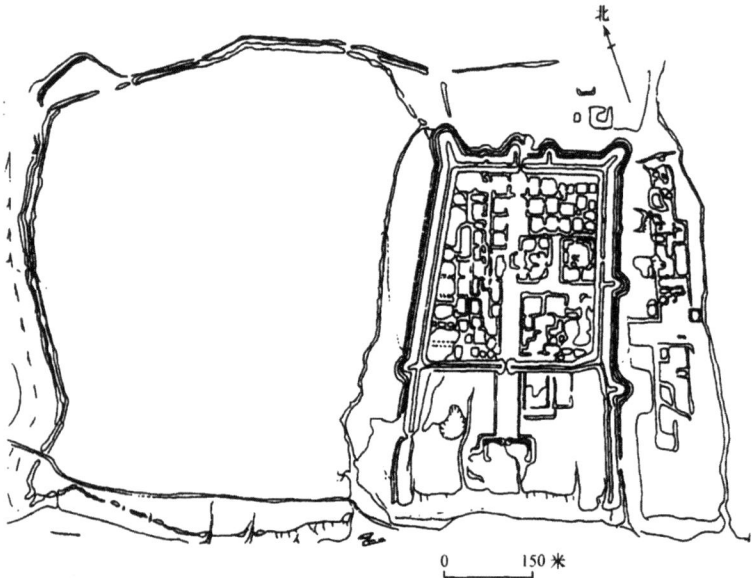

图 5-7　和日木·登吉古城主城（第 5 城）

南侧没有城墙，东西两侧的城墙直接向着图勒河的谷地，发现有两条可能是通向图勒河的道路，两条道路间隔 34 米，在道路终止处都修建了土丘。东侧南城内的遗迹明显少于北城。沿着东侧的南城、北城北墙以及东南墙的外侧都有沟，宽 1.5—3.5 米，深 0.5—0.7 米，沟外侧有高 0.5—1 米的堤防。西城的堤防高 0.5—1 米，北墙和西墙外侧的壕沟深 0.5—0.6 米，宽 2—3.5 米。可能在修建壕沟时，用挖出的土修建了堤防。西城的北墙长 780 米，西墙长 760 米。在城墙上共有 13 处凸起的高台。南墙长 640 米，大部分的堤防已坍塌。在西城内没有发现建筑遗迹，只是在中央发现一个大型的土台，可能是搭建帐篷一类临时性住所的地方。[1]

　　这座城址历代均有修缮，但根据考古学家的发掘可知，东部接近方形的北城明显是最核心的区域，内部建筑遗址最为丰富。这些建筑遗址存在大量构件，通过其中出土的瓦当，可以判断其时代。王国豪等学者在广泛研究了突厥、回鹘时期漠北地区的多个城址、墓葬出土的大量瓦当后，发现和日木·登吉发现的瓦当与位于蒙古国乌兰巴托以西约 100 公里处的中央省阿拉坦布拉格县呼斯坦瑙鲁野马保护区内图勒河东岸的温格图墓（Унгету）出土的瓦当极为相似（图 5-8）。王国豪认为，这是一种早期形制的瓦当。这种瓦当不同于毗伽可汗陵、阙特勤墓出土的瓦当，与哈拉巴勒嘎斯、博尔巴仁城址中发现的回鹘时期瓦当更是有较大差异。他推测这种瓦当可能是回纥第一汗国或第二突厥汗国时期制造的。[2] 目前，关于温格图

1　〔蒙〕A. Ochir, A. Enkhtor：《和日木·登吉古城》，滕铭予译，《边疆考古研究》第 5 辑，第 189—190 页。

2　Lyndon A. Arden-Wong, Irina A. Arzhantseva, and Olga N. Inevatkina, "Reflecting on the Rooftops of the Eastern Uighur Khaganate: A Preliminary Study of Uighur Roof Tiles," *Sino-Platonic Papers, Number 258,* 2015, p. 62.

图5-8　和日木·登吉出土瓦当（左）、温格图墓出土瓦当（右）

墓的主人，学者们仍未形成统一意见，沃伊托夫（В.Е. Войтов）研究认为该遗址为纪念贞观年间的薛延陀可汗所建，[1]一定程度上可以为城址的时代判断提供依据。

　　实际上，这种瓦当的确为来自北方边境地区的唐朝工匠制作。在内蒙古自治区巴彦淖尔市乌拉特中旗的新忽热古城，同样出土了该类型的瓦当（图5-9）。根据张文平考证，新忽热古城始建于唐朝，为唐横塞军军城，[2]这一观点得到了学界的广泛认同。横塞军军城建于天宝八载（749），有力地证明出现在漠北草原的这种瓦当应为唐朝工匠制作。因此，从瓦当这一直接证据来看，和日木·登吉古城最初很可能是唐朝羁縻府州时期建造的金微都督府。

　　从考古学家绘制的示意图我们可以发现，这座城址的主城被一道墙隔开，北城宽，南城窄，形成一个"日"字形城址。在中国境内的唐朝城址中，亦有类似的案例，如甘肃瓜州县的锁

1　В.Е. Войтов, *Древнетюркский пантеон и модель мироздания в культово-поминальных памятниках Монгоуничелии VI - VIII вв*, Москва, 1996, p.31.

2　张文平：《新忽热古城为唐代横塞军军城考论》，《内蒙古师范大学学报》2020年第2期，第32页。

图 5-9　新忽热古城出土瓦当

阳城遗址，即唐朝的瓜州城。该城主城呈南北略长的方形，东墙 493.6 米，西墙 576 米，南墙 457.3 米，北墙 534 米，城内偏东筑有一道隔墙将其分为东西两部分，东城窄而西城宽，西城为主城。[1] 另外，新疆哈密的大河古城、焉耆的兰城均为类似形制。因此，从形制来看，这类"日"字形城址确实很有可能为唐朝时修建。

1　孙华：《羊马城与一字城》，《考古与文物》2011 年第 1 期，第 78 页。

二 哈拉巴勒嘎斯

我们找到金微都督府——和日木·登吉古城后，为唐代位于漠北的羁縻府州的城址提供了较为准确的样本。因此，位于漠北的其他"日"字形城址是否同样可以向前追溯至羁縻府州时期，就成为接下来的问题。

我们认为，回鹘都城哈拉巴勒嘎斯同样可以追溯到唐朝羁縻府州时期。哈拉巴勒嘎斯城建立在鄂尔浑河西岸的平原上，西依杭爱山，鄂尔浑河从山脚下自东北向西南流过。其地理位置为东经102°39′37″、北纬47°25′43″。

该城是回鹘汗国都城，学界早已达成共识。宫城区主体部分呈长方形，长 404 米，宽 360 米，被一道高达 8 米的墙体环绕（图5-10）。从斜坡的较宽面可以明显地看到，围墙内至少有 17 座塔式建筑。寺院或宫城区的内部仅能通过东门进入，东门外设有防御设施，包括一道矮墙，可能还有塔楼或门楼。穿过另一道门，可以进入中心庭院及其西端建筑。该建筑、庭院、更西的建筑以及一座佛塔，形成了位于中轴线上的主体建筑群。这种结构类似于中亚类型的窣堵波，且使用了夯土技术。这显示出该建筑群具有宗教功能。角楼等其他建筑则表明了行政或宫殿功能。在主体建筑群东侧有一个由矮墙围成的区域，向东延伸 315 米。中轴线上有一条 120 米宽的通道，两侧分布有矩形建筑。除内部的大塔外，还分布有若干类似的与南、北墙体平行的小塔，南墙外 8 座，北墙外 6 座。最近，德国－蒙古考古队又在此城发现了新的证据。在近几年的考古发掘中，德国－蒙古考古队发掘了哈拉巴勒嘎斯城东南角台。在这里，他们发掘出汉式楼阁遗址，楼阁遗址及楼前院落的水井

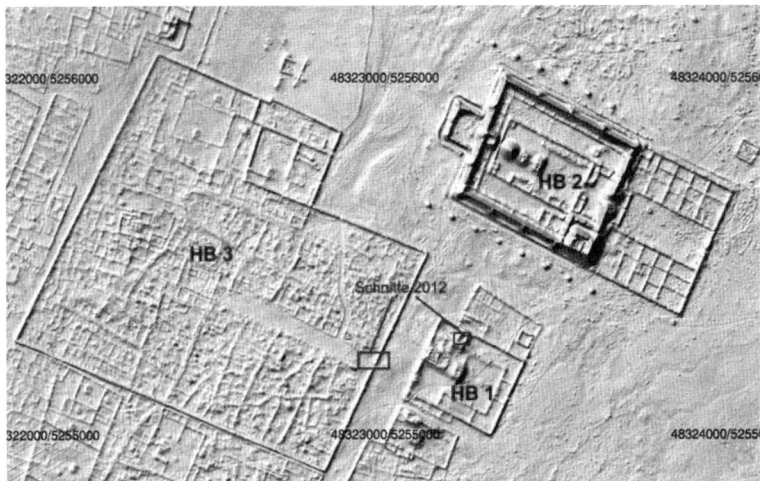

图 5-10　哈拉巴勒嘎斯 HB2 宫城遗址

中发现有玉册残片、铜铃等物。[1] 德国考古队工作人员在考古现场向笔者展示了一系列玉册残片，分属不同可汗。残片中有"于天下气无"，以及年号"宝历元年"，还有代表回鹘可汗的尊号"没密施"等。笔者认为，这些玉册残片可能是由于黠戛斯攻破都城，被仓促之间扔进去的。[2] 这些新的发现，毋庸置疑地证明了哈拉巴勒嘎斯古城即为回鹘汗国的都城。

　　自谭其骧先生的《中国历史地图集》开始，大部分中国学者将羁縻府州时期的回纥部居地瀚海都护府（安北都护府）定位在鄂尔

1　Chrstina Franken, Hendrik Rohland, Ulambayar Erdenebat, Tumurochir Batbayar. Karabalgasun, Mongolei. Die Ausgrabungen im Bereich der Zitadelle der alten uighurischen Hauptstadt. Die Arbeiten der Jahre 2015, bis 201, *FORSCHUNGSBERICHTE DES DAI ,*2018, Faszikel 2, pp.99-105.

2　徐弛:《白居易撰文玉册重现世间——中国学者关注亚洲内陆历史变迁》,《人民日报（海外版）》2019 年 11 月 25 日, 第 11 版。

浑河流域的哈拉巴勒嘎斯附近。一直以来，没有直接证据证实这一观点。但前文提到宫城遗址附近发现的《大唐安西阿史夫人壁记》（墓主逝于 667 年或 679 年），说明哈拉巴勒嘎斯可以追溯到唐朝羁縻统治时期。

虽然回鹘汗国以哈拉巴勒嘎斯作为都城，但根据陈恳的考证，回纥部在唐朝羁縻统治时期还游牧于图勒河流域。直至第二突厥汗国统治中期，图勒河流域仍是以回纥为首的九姓乌古斯的重要活动地带。《阙特勤碑》《毗伽可汗碑》中提到"由于心怀嫉妒，成了（我们的）敌人。一年中我打了四次仗。初战于都护（Toghu）城，我军泅过土拉（Toghöla）河，消灭其军"。[1] 此处的"都护城"，很可能正是唐朝在回纥部修建的安北都护府城。因此，位于鄂尔浑河流域的哈拉巴勒嘎斯并非安北都护府城。[2]

根据史料我们推测，这里最初有可能是多滥葛部的居地燕然都督府。

《通典》记载："多滥葛在薛延陀东界，居近同罗水。"[3] 据岑仲勉考证，同罗水即蒙古国境内的哈拉河上源之通勒河。[4] 虽然哈拉巴勒嘎斯临近的河流是鄂尔浑河，但不能排除此时唐朝将游牧的多滥葛部安排至漠北草原核心地区的可能性。

另一个证明该城为燕然都督府的证据是该地与仆固部居地的相对位置。依据《通典》对仆固部的描述，"仆骨，铁勒之别部，习俗与突厥略同。在多滥葛东境"。[5] 根据笔者的测量，该城在仆固乙突

1　耿世民：《古代突厥文碑铭研究》，中央民族大学出版社，2005 年，第 166 页。

2　陈恳：《漠北瀚海都督府时期的回纥牙帐——兼论漠北铁勒居地的演变》，《中国边疆史地研究》2016 年第 1 期，第 144 页。

3　《通典》卷一九九《边防十五》，第 5468 页。

4　岑仲勉：《突厥集史》，第 771 页。

5　《通典》卷一九九《边防十五》，第 5466 页。

墓以西 150 公里处，正与史料中记载的仆固部与多滥葛部的相对位置一致。

这座城址与和日木·登吉古城形制相近，均为"日"字形，因此该城址很可能同样为羁縻府州时期建立，在回鹘时期亦经历过改建。该城址位于漠北诸部居中的地区，唐朝最初设置的管辖漠北铁勒诸部的燕然都护府就与多滥葛的都督府名称相同。多滥葛首领燕然都督的品级与位次也相当高，仅次于回纥首领瀚海都督，[1] 其地非常适合作为漠北地区的政治中心。陈恳认为，不排除唐朝在羁縻统治漠北初期的某个时段曾将燕然都护府的治所设在漠北的燕然都督府即多滥葛牙帐处，只是史籍阙载。[2] 因此，壁记中来自唐代安西地区的阿史夫人的丈夫可能是多滥葛部贵族。结合史料记载，我们推测回鹘人可能利用了唐朝羁縻城址的基础，其都城是在多滥葛部的燕然都督府城址的基础上重建而成。《大唐安西阿史夫人壁记》的发现，也可说明唐代西域地区与漠北地区的密切联系。

三　查干苏木巴勒嘎斯

查干苏木巴勒嘎斯（Цагаан сүмийн балгас，又名 Khukh Ordung）是一座保存完好的城址，位于和同特苏木（Khotont sum）的查干苏木河上游。该城址由两个矩形部分组成，在平面图（图 5-11）中可见，西部城址比东部城址包含更多的结构，后者比前者展现出更多的开放空间。西边的建筑群被三圈围墙包围，这三圈围墙形成了一

---

1 《旧唐书》卷一九五《回纥传》，第 5196 页；又见《资治通鉴》卷一九八，"贞观二十一年正月丙申"条，第 6244 页。
2 陈恳：《漠北瀚海都督府时期的回纥牙帐——兼论漠北铁勒居地的演变》，《中国边疆史地研究》2016 年第 1 期，第 146 页。

个外部广场、一个过渡区和一个内部广场。西侧城址为正方形，最外圈的城墙每边约 75 米，现有 2 米高。沿着每一侧有一个略大于 50 米的主墙，形成了另一圈围墙，高 8—10 米。尽管整面墙已经磨损，但大部分特别是北墙仍然保留完好。城墙顶部大约有 2.5 米宽，表面相对平坦，便于行走。四个角是圆形的，与外墙相隔 8 米。第二圈围墙和第三圈围墙之间形成了很多侧室，侧室的墙很矮，大约半米高，与主墙平行。第三圈围墙包围着内广场，墙长约 38 米。内广场有一个低的中央平台。几乎相等大小的东侧城址与西部主区域被一条宽阔的走廊隔开。两侧城中间可能存在一条过道，其轮廓由非常轻微的凸起路缘石构成，从东面延伸至北墙中间的走廊。东侧城址主墙长 75 米，与西部城墙的外侧相匹配。西端宽 50 米，东端宽 33.5 米。[1]

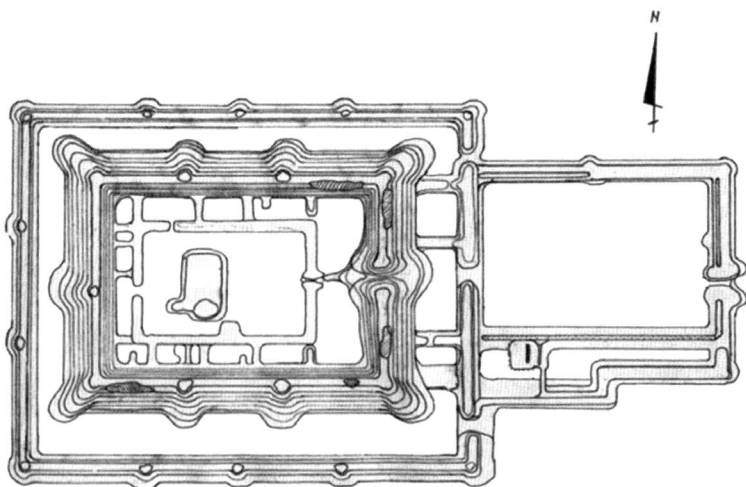

图 5-11　查干苏木巴勒嘎斯示意图

1　Kolbas, J. Khukh Ordung, "A Uighur Palace Complex of the Seventh Century," *Journal of the Royal Asiatic Society*, Vol. 15, No. 3, pp. 303-327.

科尔巴斯依据从该城北墙提取的木材样本碳 14 测年，并将该城址与龟兹和北庭的城址进行比对，发现该城是 595 年到 665 年间建造的概率为 91.9%，更进一步，为 617 年到 654 年间建造的概率为 86.2%。[1] 根据碳 14 的测年数据，该城可以追溯至唐朝羁縻统治时期。由于他难以熟练运用汉文史料，因此很难进一步对该遗址进行考证。萨仁毕力格等认为，该城应为回鹘可汗贵族的行宫。[2] 笔者认为，该遗址可能为羁縻统治时期的狼山都督府。狼山都督府并非在铁勒故地修建，也非贞观年间确定的"六府七州"之一，而是在唐高宗永徽元年（650）九月，为安置车鼻可汗余众设立的。据《旧唐书》记载，唐廷"处其余众于郁督军山，置狼山都督以统之"。[3] 胡三省注：乌德犍山在回纥牙帐西南。该城恰位于杭爱山（郁督军山、乌德犍山）内的山谷中，在哈拉巴勒嘎斯西南，与史料相合。《旧唐书》记载："颉利可汗之败，北荒诸部将推为大可汗，遇薛延陀为可汗，车鼻不敢当，遂率所部归于延陀……贞观二十三年，遣右骁卫郎将高侃潜引回纥、仆骨等兵众袭击之。"[4] 由此观之，其居址本就在漠北铁勒诸部附近。唐廷将其余众置于薛延陀故地郁督军山中并置都督府，可见其余众人数较多。而史书中记载的时间，恰与科尔巴斯依据碳 14 检测做出的推断相合。笔者认为，该城址有可能为安置车鼻可汗余众的狼山都督府，之后可能在回鹘汗国时期重新修缮使用。

但这种推测仍存在一些问题，因为这座城址的面积远小于和日

1　Kolbas, J. Khukh Ordung, "A Uighur Palace Complex of the Seventh Century," *Journal of the Royal Asiatic Society*, Vol. 15, No. 3, pp. 303-327.

2　萨仁毕力格等：《"古代回鹘考古学文化研究国际学术研讨会"会议纪要》，《内蒙古文物考古》2009 年第 2 期，第 134—141 页。

3　《旧唐书》卷一九四上《突厥传上》，第 5165 页。

4　《旧唐书》卷一九四上《突厥传上》，第 5165 页。

木·登吉与哈拉巴勒嘎斯，因此，这座城址是否为羁縻府州时期的都督府城，仍有待更多证据的出现。

　　本章将城址、墓碑、鱼符等最新的考古发现与文献结合研究后，可以确定多个羁縻府州的位置，包括仆固部的金微都督府、多滥葛部的燕然都督府、思结部的卢山都督府，以及一个新发现的羁縻州——霫部的莫遂州。同时笔者推测，查干苏木巴勒嘎斯可能是安置车鼻可汗余众的狼山都督府。这些羁縻府州的确定，大多基于汉文新材料的发现，例如《仆固乙突墓志》《大唐安西阿史夫人壁记》《佚名卢山都督墓碑》、莫遂州长史鱼符等。这些考古新发现，可以为研究唐朝羁縻府州时期漠北的历史提供新的证据，同时，也可从中了解唐代漠北与西域和中原地区的密切关联。

结　语

　　在本书中，笔者主要研究了巴彦诺尔壁画墓的基本形制、壁画、随葬俑、金器、金币等内容，还研究了唐朝羁縻统治时期的其他墓葬、城址、题记，就唐朝在漠北的羁縻统治和草原丝绸之路的文化交流做了初步分析。

　　笔者介绍并研究了巴彦诺尔墓内发现的各种文物，认为巴彦诺尔墓是初唐时期的关中风格贵族墓葬，很可能是唐朝为金微都督仆固歌滥拔延修建的大型墓葬。墓中的随葬俑数量、天王俑高度、三梁冠、镶宝石带具、列戟等，均可证明该墓葬是以正三品以上官员的丧葬规格为基础的别敕葬。墓室中的木棺内发现了大量金器等珍宝，以及火烧后的羊骨，但并未发现墓主人遗骸，仆固乙突墓的情况与巴彦诺尔墓类似。笔者认为，在漠北游牧族群看来，巴彦诺尔墓和仆固乙突墓更有可能是在唐墓外壳下供后人凭吊纪念的祭祀地。

巴彦诺尔墓作为大型贵族墓，其墓中的种种元素对考证唐朝的羁縻制度有重要作用。笔者从陶俑、木俑、葬具、墓志立碑、赐物等角度将巴彦诺尔墓和仆固乙突墓做了对比研究，探讨了两墓的相同点与不同点。接下来从巴彦诺尔墓墓道壁画上汉官官服的颜色入手，探讨了羁縻府州的官员设置。另外，巴彦诺尔墓壁画上仅有 6 杆列戟的列戟图可能并非唐墓中常见的权贵列戟，而代表的是羁縻都督府的门前列戟，从考古发现的角度，证实了史料中未载的羁縻府州与正规府州等级关系差异，即羁縻都督府的级别低于正规下都督府。此外，第一次在唐墓中发现了木制戟架，侧龛中的木制戟架上共有 12 杆列戟，代表了墓主人的品级。而这一发现很快被国内的考古发现所证实，慕容智墓中木质戟架的发现，为我们的研究提供了重要支持。

墓中发现的金制品与草原丝绸之路关系密切。墓中发现了 40 余枚金币，部分金币和钱币型金片样式特殊，其来源最有可能是西突厥汗国，由西突厥统治下的粟特人制造而成。根据考古发现和文献记载，我们判断这些金币很可能是由粟特人携带从中亚沿西域诸国，到达高昌地区，最后到达漠北的。洛阳安菩墓发现的拜占庭金币告诉我们，一些拜占庭金币又被粟特人从漠北地区带到中原地区，草原丝绸之路沟通了西域、漠北和中原。

巴彦诺尔墓中还发现了不少与佛教有关的图像和文物。漠北地区的佛教在 6 世纪末佗钵可汗时期达到鼎盛，在他去世之后，便趋于衰亡。但新发现的慧思陶勒盖碑铭说明佛教在漠北地区的影响力可能又持续了 10 余年。直至 7 世纪初，佛教依然在漠北地区有一定影响力。此后虽然仍有一些佛教元素以名号、绘画、纹饰的形式延续下来，但这些绘画及装饰可能直接使用了中原的粉本，是否能直接体现漠北民族的宗教信仰尚且存疑，没有更多的证据说明佛教在此继续流传，佛教在漠北草原逐渐走向衰落。

笔者还研究了在蒙古国发现的其他归属于唐朝羁縻统治时期的遗物，这些文物多种多样，包括西突厥贵族来到漠北草原后刻写的汉文壁记、位于参天可汗道上的唐人题记、思结部卢山都督府首领的墓碑、霫部贵族的鱼符以及几座可以追溯到唐朝羁縻统治时期的城址。鄂尔浑河核心区域哈拉巴勒嘎斯城附近发现的西突厥阿史夫人的汉文壁记，说明早在唐朝羁縻统治时期，该地已经非常重要。该壁记并非传统的厅壁记，更接近一方墓志。这方壁记很可能是镶嵌在某个小型建筑墙壁上，该建筑很可能为阿史夫人的墓葬。蒙古国发现的德勒山汉文题记，是唐朝派驻军队管辖漠北地区的重要见证。蒙古国东部赛音山达附近发现的鱼符，向我们展示了一个从未被今人了解过的羁縻州——莫遂州，为研究霫部和唐羁縻府州提供了新的史料。而卢山都督的石碑，则向我们展示了唐朝漠北官员墓葬的独特性。该碑立在一个石围之前，这类石围与第二突厥汗国贵族墓中发现的石围类似，可见唐朝在思结部中并未建立大型唐墓，只竖立了一块汉文石碑，该石碑的碑额雕有人面，也与常规的唐碑完全不同。从这一墓葬可见初唐时期中原文化与草原文化的融合，也说明唐朝很可能是应思结部贵族的要求，将汉式石碑与代表墓主人的草原石人融合，形成了这个融合了铁勒葬俗与汉地葬俗的石碑。此外，发现石碑的地点与史料中记载的思结部居地完全不同，为我们研究漠北历史地理提供了新证据。最后，笔者通过附近发现的墓葬、瓦当、城址形制等诸多证据，将此前被认为是回鹘－辽代的几座城址追溯到初唐时期。这些考古新发现和巴彦诺尔墓、仆固乙突墓一起，共同为唐朝在漠北的羁縻统治提供了新证据，见证了唐朝与草原地区的互动交往。

可惜的是，这些来自草原的资料还是十分零散，我们的研究也不得不带有一些推测成分。通过研究我们认识到，唐朝作为古代欧亚大陆文明交往的重要参与者，不仅参与了绿洲丝绸之路、海上丝绸之路，还为草原丝绸之路的文明交往做出了重要贡献。唐朝的羁縻统治，对草原产生了重大影响，丰富了草原游牧文明的内涵，更多的草原民族加入中华民族大家庭中，为中华文明多元一体格局的形成做出了重要贡献。但我们也要清楚地认识到，唐朝在漠北的羁縻统治只持续了30余年，不能过分夸大唐朝的影响，研究也不能陷入农耕文明的视角中。要研究草原文明和古代对外关系史，我们不能故步自封，只有更多地"走出去"，加强对欧亚大陆各文明的了解，才能更接近历史的真相。

参考文献

一　汉文文献

（北齐）魏收：《魏书》，中华书局，1974 年。

（唐）令狐德棻等：《周书》，中华书局，1971 年。

（唐）魏征、令狐德棻等：《隋书》，中华书局，1973 年。

（唐）李延寿等：《北史》，中华书局，1974 年。

（后晋）刘昫等：《旧唐书》，中华书局，1975 年。

（宋）欧阳修、宋祁等：《新唐书》，中华书局，1975 年。

（宋）司马光：《资治通鉴》，中华书局，2011 年。

（唐）杜佑：《通典》，中华书局，1988 年。

（唐）李林甫等：《唐六典》，陈仲夫点校，中华书局，1992 年。

（宋）宋敏求编《唐大诏令集》，中华书局，2008 年。

周天等编《唐大诏令集补编》，上海古籍出版社，2003 年。

（宋）王溥:《唐会要》，上海古籍出版社，2006 年。

（宋）王溥:《五代会要》，中华书局，1998 年。

（汉）史游:《急就篇》，岳麓书社，1989 年。

（汉）刘向撰，向宗鲁校证《说苑校证》，中华书局，1987 年。

（唐）陈子昂:《陈子昂集》，徐鹏校点，上海古籍出版社，1960 年。

（唐）玄奘、辩机原著，季羡林等校注《大唐西域记校注》，中华书局，1985 年。

（唐）慧立、彦悰:《大慈恩寺三藏法师传》，孙毓棠、谢方点校，中华书局，2000 年。

（唐）段成式撰，许逸民校笺《酉阳杂俎校笺》，中华书局，2015 年。

（唐）刘肃:《大唐新语》，许德楠、李鼎霞点校，中华书局，1984 年。

（唐）张鷟:《朝野佥载》，赵守俨点校，中华书局，1985 年。

（唐）封演撰，赵贞信校注《封氏闻见记校注》，中华书局，2005 年。

（五代）王仁裕、（唐）姚汝能:《开元天宝遗事　安禄山事迹》，曾贻芬点校，中华书局，2006 年。

（宋）李昉等编《太平御览》，中华书局，1960 年。

（宋）李昉等编《太平广记》，中华书局，1961 年。

（宋）王钦若等编《册府元龟》，周勋初等校订，凤凰出版社，2006 年。

（清）董诰编《全唐文》，中华书局，1983 年。

陈尚君编《全唐文补编》，中华书局，2005 年。

天一阁博物馆、中国社会科学院历史研究所校证《天一阁藏明钞本天圣令校证（附唐令复原研究）》下册，中华书局，2006 年。

周绍良主编《唐代墓志汇编》，上海古籍出版社，1992 年。

周绍良、赵超主编《唐代墓志汇编续集》，上海古籍出版社，2001 年。

赵文成、赵君平编选《新出唐墓志百种》，西泠印社出版社，2010 年。

西安市长安博物馆编《长安新出墓志》，文物出版社，2011 年。

胡戟、荣新江主编《大唐西市博物馆藏墓志》，北京大学出版社，2012 年。

李明、刘呆运、李举纲编《长安高阳原新出土隋唐墓志》，文物出版社，2016 年。

陕西省考古研究所：《陕西新出土唐墓壁画》，重庆出版社，1998 年。

昭陵博物馆：《昭陵唐墓壁画》，文物出版社，2006 年。

贺西林、郑岩主编《中国墓室壁画全集·汉魏晋南北朝》，河北教育出版社，2011 年。

罗世平、李力主编《中国墓室壁画全集·隋唐五代》，河北教育出版社，2011 年。

二　中文著作及译著

艾冲：《唐代都督府研究》，西安地图出版社，2005 年。

蔡鸿生：《唐代九姓胡与突厥文化》，中华书局，1998 年。

岑仲勉：《突厥集史》，中华书局，1958 年。

陈凌：《突厥汗国与欧亚文化交流的考古学研究》，上海古籍出版社，2013 年。

　　陈晓伟：《图像、文献与文化史》，河北大学出版社，2017 年。

　　陈寅恪：《隋唐制度渊源略论稿　唐代政治史述论稿》，商务印书馆，2011 年。

　　程义：《关中地区唐代墓葬研究》，文物出版社，2012 年。

　　段连勤：《隋唐时期的薛延陀》，三秦出版社，1986 年。

　　段连勤：《丁零、高车与铁勒》，上海人民出版社，1988 年。

　　敦煌研究院编《丝路秘宝：阿富汗国家博物馆珍品》，文化艺术出版社，2017 年。

　　付马：《丝绸之路上的西州回鹘王朝——9—13 世纪中亚东部历史研究》，社会科学文献出版社，2019 年。

　　甘肃省文物考古研究所编《王国的背影——吐谷浑慕容智墓出土文物》，文物出版社，2022 年。

　　葛承雍：《唐韵胡音与外来文明》，中华书局，2006 年。

　　耿世民：《古代突厥文碑铭研究》，中央民族大学出版社，2005 年。

　　耿世民：《西域文史论稿》，兰州大学出版社，2012 年。

　　桂宝丽：《可萨突厥》，兰州大学出版社，2013 年。

　　郭声波：《圈层结构视阈下的中国古代羁縻政区与部族》，中国社会科学出版社，2018 年。

　　郭锡良：《汉字古音手册》，北京大学出版社，1986 年。

　　黄正建：《走进日常：唐代社会生活考论》，中西书局，2016 年。

　　姜伯勤：《敦煌吐鲁番文书与丝绸之路》，文物出版社，1994 年。

　　姜伯勤：《中国祆教艺术史研究》，三联书店，2004 年。

　　李鸿宾：《唐朝朔方军研究——兼论唐廷与西北诸族的关系及其演变》，吉林人民出版社，2000 年。

李鸿宾:《唐朝中央集权与民族关系——以北方区域为线索》,民族出版社,2003年。

李鸿宾:《墓志所见唐朝的胡汉关系与文化认同问题》,中华书局,2019年。

林幹:《突厥与回纥史》,内蒙古人民出版社,2007年。

林梅村:《古道西风——考古新发现所见中西文化交流》,三联书店,2000年。

林梅村:《西域考古与艺术》,北京大学出版社,2017年。

林英:《金钱之旅——从君士坦丁堡到长安》,人民美术出版社,2004年。

林英:《唐代拂菻丛说》,中华书局,2006年。

刘统:《唐代羁縻府州研究》,西北大学出版社,1998年。

刘永连:《突厥丧葬风俗研究》,广西师范大学出版社,2012年。

罗丰编著《固原北朝隋唐墓地》,文物出版社,1996年。

罗丰:《胡汉之间——"丝绸之路"与西北历史考古》,文物出版社,2004年。

罗新:《有所不为的反叛者:批判、怀疑与想象力》,上海三联书店,2019年。

洛阳市文物考古研究院编著《洛阳龙门唐安菩夫妇墓》,科学出版社,2017年。

马长寿:《突厥人和突厥汗国》,上海人民出版社,1957年。

努尔兰·肯加哈买提:《碎叶》,上海古籍出版社,2017年。

齐东方:《唐代金银器研究》,中国社会科学出版社,1999年。

荣新江、华澜、张志清等:《粟特人在中国——历史、考古、语言的新探索》,中华书局,2005年。

荣新江、罗丰主编《粟特人在中国——考古发现与出土文献的新印证》，科学出版社，2016 年。

芮传明：《古突厥碑铭研究》，商务印书馆，2017 年。

山西博物院、甘肃省博物馆、武威市博物馆、高台县博物馆编著《陇右遗珍：甘肃汉晋木雕艺术》，山西人民出版社，2013 年。

山西省考古研究所、太原市文物考古研究所：《北齐东安王娄睿墓》，文物出版社，2006 年。

陕西省考古研究所编著《西安北周安伽墓》，文物出版社，2003 年。

陕西省考古研究所、陕西历史博物馆、礼泉县昭陵博物馆编著《唐新城长公主墓发掘报告》，科学出版社，2004 年。

陕西省考古研究所编著《唐李宪墓发掘报告》，科学出版社，2005 年。

陕西省考古研究院、乾陵博物馆编著《唐懿德太子墓发掘报告》，科学出版社，2016 年。

陕西省考古研究院、昭陵博物馆编著《唐昭陵韦贵妃墓发掘报告》，科学出版社，2017 年。

沈爱凤：《从青金石之路到丝绸之路——西亚、中亚与亚欧草原古代艺术溯源》，山东美术出版社，2009 年。

沈睿文：《中国古代物质文化史·隋唐五代》，开明出版社，2015 年。

沈睿文：《中古中国祆教信仰与丧葬》，上海古籍出版社，2019 年。

施安昌：《火坛与祭司鸟神：中国古代祆教美术考古手记》，紫禁城出版社，2004 年。

宿白：《魏晋南北朝唐宋考古文稿辑丛》，文物出版社，2011 年。

孙机：《中国圣火——中国古文物与东西文化交流中的若干问

题》，辽宁教育出版社，1996 年。

孙机：《华夏衣冠：中国古代服饰文化》，上海古籍出版社，2016 年。

孙武军：《入华粟特人墓葬图像的丧葬与宗教文化》，中国社会科学出版社，2014 年。

谭其骧主编《中国历史地图集》第 5 册，中国地图出版社，1982 年。

王镛：《印度美术》，中国人民大学出版社，2010 年。

乌恩岳斯图：《北方草原考古学文化比较研究——青铜时代至早期匈奴时期》，科学出版社，2008 年。

巫鸿主编：《汉唐之间文化艺术的互动与交融》，文物出版社，2001 年。

巫鸿：《重屏：中国绘画的媒材和表现》，上海人民出版社，2009 年。

吴玉贵：《突厥汗国与隋唐关系史研究》，中国社会科学出版社，1998 年。

吴玉贵：《突厥第二汗国汉文史料编年辑考》，中华书局，2008 年。

严耕望：《唐代交通图考》，上海古籍出版社，2007 年。

杨泓：《汉唐美术考古与佛教艺术》，科学出版社，2000 年。

余太山、李锦绣主编《古代内陆欧亚史纲》，兰州大学出版社，2014 年。

张广达、王小甫：《天涯若比邻——中外文化交流史略》，香港：中华书局，1988 年。

张广达：《文本、图像与文化流传》，广西师范大学出版社，2008 年。

张沛编著《昭陵碑石》，三秦出版社，1993 年。

张倩仪：《魏晋南北朝升天图研究》，商务印书馆，2010 年。

张铁山：《回鹘文献语言的结构与特点》，中央民族大学出版社，2005 年。

张铁山：《突厥语族文献学》，中央民族大学出版社，2005 年。

张文玲：《黄金草原——古代欧亚草原文化探微》，上海古籍出版社，2012 年。

张星烺编注，朱杰勤校注《中西交通史料汇编》第 1—4 册，中华书局，2003 年。

张绪山：《中国与拜占庭帝国关系研究》，中华书局，2012 年。

张绪山主编《飞翔的中国凤凰》，清华大学出版社，2016 年。

张智尧编著《草原丝绸之路与中亚文明》，新疆美术摄影出版社，2012 年。

郑州市文物考古研究所编《中国古代镇墓神物》，文物出版社，2004 年。

中国内蒙古自治区文物考古研究所、蒙古国游牧文化研究国际学院、蒙古国国家博物馆编《蒙古国古代游牧民族文化遗存考古调查报告（2005—2006 年）》，文物出版社，2008 年。

中国内蒙古自治区文物考古研究所、蒙古国游牧文化研究国际学院、蒙古国国家博物馆编《蒙古国浩腾特苏木乌布尔哈布其勒三号四方形遗址发掘报告（2006 年）》，文物出版社，2008 年。

周伟洲：《敕勒与柔然》，广西师范大学出版社，2006 年。

周伟洲：《新出土中古有关胡族文物研究》，社会科学文献出版社，2016 年。

〔美〕A.A. 瓦西列夫：《拜占庭帝国史》，徐家玲译，商务印书馆，2019 年。

〔美〕爱德华·谢弗（薛爱华）:《唐代的外来文明》，吴玉贵译，陕西师范大学出版社，2005年。

〔俄〕巴托尔德:《蒙古入侵时期的突厥斯坦》，张锡彤、张广达译，上海古籍出版社，2011年。

〔俄〕B.A.李特文斯基主编《中亚文明史》第三卷，马小鹤译，中国对外翻译出版公司，2003年。

〔英〕彼得·伯克:《图像证史》，杨豫译，北京大学出版社，2018年。

〔法〕布尔努瓦:《丝绸之路》，耿昇译，山东画报出版社，2001年。

〔美〕丹尼斯·塞诺:《丹尼斯·塞诺内亚研究文选》，北京大学历史系民族史教研室译，中华书局，2006年。

〔英〕菲利普·格里尔森:《拜占庭货币史》，武宝成译，法律出版社，2018年。

〔苏〕吉谢列夫:《南西伯利亚古代史》下册，新疆社会科学院民族研究所，1985年。

〔俄〕马尔夏克:《突厥人、粟特人与娜娜女神》，毛铭译，漓江出版社，2016年。

〔日〕内田吟风:《北方民族史与蒙古史译文集》，余大钧译，云南人民出版社，2003年。

〔苏〕普·巴·科诺瓦洛夫等:《蒙古高原考古研究》，陈弘法译，内蒙古人民出版社，2016年。

〔美〕芮乐伟·韩森:《丝绸之路新史》，张湛译，北京联合出版公司，2015年。

〔日〕森安孝夫:《丝路、游牧民与唐帝国》，张雅婷译，台北:八旗文化，2018年。

〔法〕沙畹：《西突厥史料》，冯承钧译，中华书局，2004 年。

〔日〕石见清裕：《唐代的民族、外交与墓志》，王博译，西北大学出版社，2019 年。

〔英〕裕尔撰，〔法〕考迪埃修订《东域纪程录丛：古代中国闻见录》，张绪山译，云南人民出版社，2002 年。

〔英〕约翰·马歇尔：《塔克西拉Ⅱ》，秦立彦译，云南人民出版社，2002 年。

三　外文著作

Альбаум, Лазарь Израилевич, *Живопись Афрасиаба*, Ташкент, 1975.

A. D. Lee, *Information and Frontiers: Roman Foreign Relations in Late Antiquity*, Cambridge University Press, New York, 1993.

А.Очир, Л.Эрдэнэболд, С. Харжаубай, Х.Жантегин, *Эртний Нүүдэлчдийн Бунхант Булшны Малтлага Судалгаа*, Улаанбаатар, 2013.

А.Очир, С.В.Данилов, Л.Эрдэнэболд, Ц.Цэрэндорж, *Эртний Нүүдэлчдийн Бунхант Булшны Малтлага, Судалгаа: Төв Аймгийн Заамар Сумын Шороон Бумбагарын Малтлагын Тайлан*, Улаанбаатар, 2013.

А.Очир, Л.Эрдэнэболд, *Эртний Нүүдэлчдийн Урлагийн Дурсгал*, Улаанбаатар, 2017.

Батболд, *Мартагдсан Пугу Аймаг*, Улаанбаатар, 2017.

Б. И. Маршак, Согдийское серебро. *Очерки по восточной торевтике, Серия: Культура народов Востока*, Москва, 1971.

David Sneath and Christopher Kaplonski, *The History of Mongolia*, Global Oriental Ltd., 2016.

Barry Cunliffe, *By Steppe, Desert, and Ocean: The Birth of Eurasia*, Oxford University Press, Incorporated, 2017.

Ekaterina Nechaeva, *Embassies–Negotiations –Gifts: Systems of East Roman Diplomacy in Late Antiquity*, Franz Steiner Verlag, Stuttgart, 2014.

G.Clauson, *An Etymological Dictionary of Pre-Thirteenth-Century Turkish*, Oxford University Press, 1972.

Jeffrey Spier, Sandra Hindman, *Byzantium and the West: Jewelry in the First Millenium*, New York, 2012.

Michael Pfrommer, *Metalwork from the Hellenized East*, Malibu, 1993.

Nicola Di Cosmo, Michael Maas ed., *Empires and Exchanges in Eurasian Late Antiquity–Rome, China, Iran, and the Steppe, ca. 250-750*, Cambridge University Press, 2018.

Takayasu Higuchi, *Catalogue for the Exhibition of Gandhara Art of Pakistan*, Tokyo: NHK, 1984.

W. Radloff, *Die alttuerkischen Inschriften der Mongolei*, ZweiteFolge, St. Petersburg,1899.

Zainolla Samashev, Damdinsurengiyn Tsevendorzh, Akan Onggaruly, Aidos Chotbayev, *Shivet Ulaan Ancient Turkic Cult and Memorial Complex*, Astana, 2016.

四 中文论文及汉译论文

包文胜:《唐代漠北铁勒诸部居地考》,《内蒙古社会科学》2013

年第 1 期。

　　北京市文物研究所:《北京丰台唐史思明墓》,《文物》1991 年第 9 期。

　　毕波、辛维廉:《新发现安优婆姨双语塔铭之粟特文铭文初释》,《文献》2020 年第 3 期。

　　陈国灿:《唐乾陵石像及其衔名的研究》,《突厥与回纥历史论文选集》, 中华书局, 1987 年。

　　陈恳:《漠北瀚海都督府时期的回纥牙帐——兼论漠北铁勒居地的演变》,《中国边疆史地研究》2016 年第 1 期。

　　陈恳:《瞰欲谷家世钩沉》,《元史及民族与边疆研究集刊》第 33 辑, 上海古籍出版社, 2017 年。

　　陈凌:《突厥王冠考——兼论突厥祆教崇拜的有关问题》,《欧亚学刊》第 8 辑, 中华书局, 2008 年。

　　陈凌:《突厥葬俗和祭祀有关的几个问题》,《传统中国研究辑刊》第 2 辑, 上海人民出版社, 2008 年。

　　陈寅恪:《论唐代之蕃将与府兵》,《中山大学学报》1957 年第 1 期。

　　陈永志、萨仁毕力格、程鹏飞、丹达尔、阿·奥其尔、巴·昂哈巴雅尔、赫·策仁彬巴、昂格勒苏荣:《蒙古国布尔干省达欣其楞苏木詹和硕遗址发掘简报》,《草原文物》2015 年第 2 期。

　　陈志强:《蒙古国拜占庭金币考古断想》,《南京政治学院学报》2016 年第 6 期。

　　程义、郑红莉:《〈唐令丧葬令〉诸明器条复原的再探讨》,《中原文物》2012 年第 5 期。

　　磁县文化馆:《河北磁县东魏茹茹公主墓发掘简报》,《文物》1984 年第 4 期。

代尊德:《太原南郊金胜村唐墓》,《考古》1959 年第 9 期。

冯恩学:《蒙古国出土金微州都督仆固墓志考研》,《文物》2014 年第 5 期。

傅熹年:《唐代隧道型墓的形制构造和所反映的地上宫室》,《文物与考古论集》,文物出版社,1986 年。

盖山林、陆思贤:《呼和浩特市出土的外国金银币》,《考古》1975 年第 3 期。

葛承雍:《隋安备墓新出石刻图像的粟特艺术》,《艺术史研究》第 12 辑,中山大学出版社,2010 年。

耿世民:《佛教在古代新疆和突厥、回鹘人中的传播》,《新疆大学学报》1978 年第 2 期。

郭云艳:《两枚拜占廷金币仿制品辨析》,《考古与文物》2008 年第 3 期。

郭云艳:《论蒙古国巴彦诺尔突厥壁画墓所出金银币的形制特征》,《草原文物》2016 年第 1 期。

郝红星、张倩、李扬:《中原唐墓中的明器神煞制度》,《华夏考古》2000 年第 4 期。

胡蓉、杨富学:《长安出土〈统毗伽可贺敦延陁墓志〉考释》,《青海民族研究》2017 年第 1 期。

康柳硕:《中国境内出土发现的拜占庭金币综述》,《中国钱币》2001 年第 4 期。

李丹婕:《初唐铁勒酋长政治身份的多重表达——细读蒙古巴彦诺尔壁画墓》,《艺术史研究》第 19 辑,中山大学出版社,2017 年。

李奉山:《太原市金胜村第六号唐代壁画墓》,《考古》1959 年第 8 期。

李海磊:《南北朝兽面图像源流考辨》,《山东艺术学院学报（齐鲁艺苑）》2018 年第 4 期。

李海磊：《北朝兽面图像演变与类型分析》，罗宏才等：《宗教艺术与民众信仰》，上海大学出版社，2019 年。

李海磊：《南北朝兽面图像谱系及其传播研究》，《2018 北京大学艺术学国际博士生学术论坛论文集》，广西师范大学出版社，2019 年。

李浩：《新见唐代安优婆姨塔铭汉文部分释读》，《文献》2020 年第 3 期。

李鸿宾：《安菩墓志铭再考——一个胡人家族入居内地的案例分析》，《唐史论丛》第 12 辑，三秦出版社，2010 年。

李锦绣：《史诃耽与唐初马政——固原出土史诃耽墓志研究之二》，《欧亚学刊》第 10 辑，中华书局，2012 年。

李锦绣：《银币与银铤：安西出土波斯胡伊娑郝银铤再研究》，《丝瓷之路》第 5 辑，商务印书馆，2016 年。

李锦绣：《从漠北到河东：萨珊银币与草原丝绸之路》，《青海民族研究》2018 年第 1 期。

李锦绣：《总材山考》，《欧亚学刊》新 7 辑，商务印书馆，2018 年。

李军：《邢台旅馆唐、金墓葬》，《文物春秋》2006 年第 6 期。

李零：《"方华蔓长，名此曰昌"——为"柿蒂纹"正名》，《中国国家博物馆馆刊》2012 年第 7 期。

李强：《欧亚草原丝路与沙漠绿洲丝路上发掘的拜占庭钱币研究述论》，《草原文物》2016 年第 1 期。

李求是：《谈章怀、懿德两墓的形制等问题》，《文物》1972 年第 7 期。

李遇春：《新疆乌恰县发现金条和大批波斯银币》，《考古》1959

年第 9 期。

李振奇等：《河北临城唐墓》，《考古与文物》1981 年第 2 期。

林幹：《突厥的习俗和宗教》，《民族研究》1981 年第 6 期。

林健：《甘肃出土的隋唐胡人俑》，《文物》2009 年第 1 期。

林梅村：《布古特所出粟特文突厥可汗纪功碑考》，《民族研究》1994 年第 2 期。

林梅村、陈凌、王海诚：《九姓回鹘可汗碑研究》，《欧亚学刊》第 1 辑，中华书局，1999 年。

林梅村：《毗伽可汗宝藏与中世纪草原艺术》，《上海文博论丛》2005 年第 1 期。

林英：《磁县东魏茹茹公主墓出土的拜占庭金币和南北朝史料中的"金钱"》，《中国钱币》2009 年第 2 期。

林英、萨仁毕力格：《族属与等级：蒙古国巴彦诺尔突厥壁画墓初探》，《草原文物》2016 年第 1 期。

刘呆运、李明、刘占龙等：《陕西潼关税村隋代壁画墓发掘简报》，《文物》2008 年第 5 期。

刘卫鹏：《浙江余杭小横山南朝画像砖墓飞仙和仙人》，《中国国家博物馆馆刊》2016 年第 9 期。

刘文锁：《蒙古国境内突厥遗迹的调查》，《丝绸之路上的考古、宗教与历史》，文物出版社，2011 年。

鲁礼鹏：《新疆吐鲁番阿斯塔那墓地出土镇墓神兽研究》，《四川文物》2016 年第 5 期。

路虹、杨富学：《铁勒浑部及其在内亚腹地的游移》，《宁夏社会科学》2018 年第 3 期。

罗丰：《关于西安所出东罗马金币仿制品的讨论》，《中国钱币》1993 年第 4 期。

罗新：《蒙古国出土的唐代仆固乙突墓志》，《中原与域外——庆祝张广达教授八十嵩寿研讨会论文集》，台北：政治大学历史学系，2011 年。

孟宪实：《略论唐朝鱼符之制》，《敦煌吐鲁番研究》第 17 卷，上海古籍出版社，2017 年。

南京大学历史学院文物考古系等：《江苏扬州市秋实路五代至宋代墓葬的发掘》，《考古》2017 年第 4 期。

宁夏回族自治区博物馆：《宁夏盐池唐墓发掘简报》，《文物》1988 年第 9 期。

牛汝极：《敦煌吐鲁番回鹘佛教文献与回鹘语大藏经》，《西域研究》2002 年第 2 期。

彭建英：《东突厥汗国属部的突厥化——以粟特人为中心的考察》，《历史研究》2011 年第 2 期。

彭建英：《试论 6—8 世纪突厥与铁勒的族际互动与民族认同》，《中国边疆史地研究》2014 年第 4 期。

彭建英：《漠北回鹘汗国境内的粟特人——以粟特人与回鹘互动关系为中心》，《中国边疆史地研究》2016 年第 4 期。

齐东方：《试论西安地区唐代墓葬的等级制度》，北京大学考古系编《纪念北京大学考古专业三十周年论文集：1952—1982》，文物出版社，1990 年。

齐东方：《唐代的丧葬观念习俗与礼仪制度》，《考古学报》2006 年第 1 期。

山西省考古研究所等：《太原隋代虞弘墓清理简报》，《文物》2001 年第 1 期。

陕西省博物馆、礼泉县文教局唐墓发掘组：《唐郑仁泰墓发掘简报》，《文物》1972 年第 7 期。

陕西省博物馆等:《唐李寿墓发掘简报》,《文物》1974 年第 9 期。

陕西省考古研究所、蒲城县文体广电局:《唐惠庄太子墓发掘简报》,《考古与文物》1999 年第 2 期。

陕西省考古研究所:《西安发现的北周安伽墓》,《文物》2001 年第 1 期。

申秦雁:《唐代列戟制探析》,《唐墓壁画研究文集》,三秦出版社，2001 年。

申秦雁:《唐永泰公主墓壁画〈胡人备马图〉及相关问题》,《乾陵文化研究》(四),三秦出版社，2008 年。

沈睿文:《重读安菩墓》,《故宫博物院院刊》2009 年第 4 期。

沈睿文:《唐镇墓天王俑与毗沙门信仰推论》,《乾陵文化研究》(五),三秦出版社，2010 年。

沈睿文、艾佳:《唐李思摩墓甬道壁画考释》,《乾陵文化研究》(八),三秦出版社，2014 年。

宿白:《西安地区的唐墓形制》,《文物》1995 年第 12 期。

孙迟:《昭陵十四国君长石像考》,《文博》1984 年第 2 期。

孙机:《论近年内蒙古出土的突厥与突厥式金银器》,《文物》1993 年第 8 期。

孙莉:《萨珊银币在中国的分布及功能》,《考古学报》2004 年第 1 期。

孙武军:《入华粟特人墓葬畏兽图像述考》,《装饰》2012 年第 2 期。

汤池:《东魏茹茹公主墓壁画试探》,《文物》1984 年第 4 期。

汪小洋:《中国墓室壁画的重生信仰讨论》,《民族艺术》2014 年第 1 期。

王北辰:《古代居延道路》,《历史研究》1980 年第 3 期。

王静、李青分:《铁勒拔野古部研究》,《内蒙古大学学报》2016 年第 2 期。

王庆昱：《洛阳新见唐葛逻禄炽俟思敬墓志研究》，《文献》2019年第2期。

王义康：《中国境内东罗马金币、波斯萨珊银币相关问题研究》，《中国历史文物》2006年第4期。

王玉清等：《唐阿史那忠墓发掘简报》，《考古》1977年第2期。

吴思佳：《唐代墓室壁画中四神的形制走向与道教意义》，《中国美术研究》2017年第1期。

西安市文物保护考古所：《西安北周康业墓发掘简报》，《文物》2008年第6期。

夏鼐：《中国最近发现的波斯萨珊朝银币》，《考古学报》1957年第2期。

夏鼐：《青海西宁出土的波斯萨珊朝银币》，《考古学报》1958年第1期。

夏鼐：《新疆吐鲁番最近出土的波斯萨珊朝银币》，《考古》1966年第4期。

夏鼐：《综述中国出土的波斯萨珊朝银币》，《考古学报》1974年第1期。

新疆维吾尔自治区博物馆、西北大学历史系考古专业：《1973年吐鲁番阿斯塔那古墓群发掘简报》，《文物》1975年第7期。

新疆文物考古研究所：《吐鲁番阿斯塔那第11次发掘简报（1973年）》，《新疆文物》2000年第3、4期合刊。

邢福来等：《陕西靖边县统万城周边北朝仿木结构壁画墓发掘简报》，《考古与文物》2013年第3期。

延边博物馆：《吉林省和龙县北大渤海墓葬》，《文物》1994年第1期。

杨富学：《突厥佛教杂考》，《中华佛学学报》第16期，2003年。

杨富学：《唐代仆固部世系考——以蒙古国新出仆固氏墓志铭为

中心》,《西域研究》2012 年第 1 期。

　　杨富学:《蒙古国新出土仆固墓志研究》,《文物》2014 年第 5 期。

　　杨共乐:《洛阳出土东罗马金币铭文考析》,《中国历史文物》2008 年第 6 期。

　　杨巨平:《娜娜女神的传播与演变》,《世界历史》2010 年第 5 期。

　　杨军凯、孙福喜:《西安市北周史君石椁墓》,《考古》2004 年第 7 期。

　　姚书文:《阿斯塔那出土小型泥俑的制作方法》,《新疆文物》2009 年第 2 期。

　　余太山:《安息与乌弋山离考》,《敦煌学辑刊》1991 年第 2 期。

　　张建林:《唐墓壁画中的屏风画》,《远望集——陕西省考古研究所华诞四十周年纪念文集》,陕西人民美术出版社,1998 年。

　　张庆捷:《太原隋代虞弘墓石椁浮雕的初步考察》,《汉唐之间文化艺术的互动与交融》,文物出版社,2001 年。

　　张文平:《新忽热古城为唐代横塞军军城考论》,《内蒙古师范大学学报》2020 年第 2 期。

　　张文霞、廖永民:《隋唐时期的镇墓神物》,《中原文物》2003 年第 6 期。

　　张小贵:《达克玛与纳骨瓮:中古琐罗亚斯德教葬俗的传播与演变》,《丝绸之路考古》第 4 辑,科学出版社,2020 年。

　　张绪山:《6—7 世纪拜占庭帝国与西突厥汗国的交往》,《世界历史》2002 年第 1 期。

　　张绪山:《六七世纪拜占庭帝国对中国的丝绸贸易活动及其历史见证》,《北大史学》(11),北京大学出版社,2005 年。

　　张绪山:《萨珊波斯帝国与中国—拜占庭文化交流》,《全球史评论》第 3 辑,中国社会科学出版社,2010 年。

　　张蕴、卫峰、马明志等:《唐嗣虢王李邕墓发掘简报》,《考古与文物》2012 年第 3 期。

　　昭陵博物馆：《唐昭陵李勣墓清理简报》，《考古与文物》2000 年第 3 期。

　　赵靖、杨富学：《仆固部与唐朝关系考》，《新疆大学学报》2011 年第 6 期。

　　赵维娜、景文娟：《乾陵陪葬墓出土木俑浅析》，《乾陵文化研究》（七），三秦出版社，2012 年。

　　赵振华、朱亮：《洛阳龙门唐安菩夫妇墓》，《中原文物》1982 年第 3 期。

　　郑岩：《魏晋南北朝墓室壁画综述》，《中国墓室壁画全集·汉魏晋南北朝》，河北教育出版社，2011 年。

　　周伟洲：《酅与白酅考辨》，《社会科学战线》2004 年第 1 期。

　　〔蒙〕A.Ochir, A.Enkhtor：《和日木·登吉古城》，滕铭予译，《边疆考古研究》第 5 辑，科学出版社，2006 年。

　　〔蒙〕阿·敖其尔等：《蒙古国布尔干省巴彦诺尔突厥壁画墓的发掘》，萨仁毕力格译，《草原文物》2014 年第 1 期。

　　〔蒙〕巴图宝力道、奥特功：《突厥、回鹘文中的"娑匐 Säbig"一词考释》，《草原文物》2015 年第 2 期。

　　〔日〕东潮：《蒙古国境内的两座突厥墓——乌兰克热姆墓和仆固乙突墓》，筱原典生译，《北方民族研究》第 3 辑，科学出版社，2016 年。

　　〔日〕林俊雄：《欧亚草原游牧政权的出现与成熟——精英封堆的发展与衰落》，卓文静、刘文锁译，《欧亚译丛》第 2 辑，商务印书馆，2016 年。

　　〔俄〕马尔夏克、腊丝波波娃：《片治肯特古城带谷仓的娜娜女神壁画（700—725 年）》，毛铭译，《突厥人、粟特人与娜娜女神》，漓江出版社，2016 年。

〔俄〕尼古拉·斯热金:《蒙古中世纪早期突厥人的葬俗》,权乾坤译,《北方民族考古》第 6 辑,科学出版社,2018 年。

〔德〕夏德:《薛延陀考》,陈浩译,《欧亚译丛》第 2 辑,商务印书馆,2016 年。

〔日〕小野川秀美:《铁勒考》,《民族史译文集》第 6 集,中国社会科学院民族研究所历史研究室资料组,1978 年。

〔俄〕谢·亚·瓦休金:《契丹古城和日木·登吉与和硕——柴达木碑铭上的托固城——八世纪早期土拉河城市的起源与种族文化属性问题》,陈恳译,《中国边疆民族研究》第 10 辑,中央民族大学出版社,2016 年。

〔俄〕耶申科:《中国壁画中的早期突厥人形象与蒙古国新发现墓葬中的陶俑》,杨瑾、梁敏译,《河西学院学报》2017 年第 1 期。

五 外文论文

A. Vovin, "An Interpretation of the Khuis Tolgoi Inscription," *Journal Asiatique,* Volume 306, issue 2, 2018.

Ayudai Ochir, Tserendorj Odbaatar, Batsuuri Ankhbayar and Lhagwasüren Erdenebold, "Ancient Uighur Mausolea Discovered in Mongolia," *The Silk Road*, Vol. 8, 2010.

G.Azarpay, "Nanâ, the Sumero-akkadian Goddess of Transoxiana," *Journal of the American Oriental Society*, 1976.

G.Babayarov, A.Kubatin, "Byzantine Impact on the Iconography of Western Turkic Coinage," *Acta Orientalia*, 2013, 66(1).

G.Babayarov, "On the New Coins of the Western Turkic Qagh a nate," 内蒙古大学蒙古学学院蒙古历史学系会议论文集《草

原丝路语言文字与北方民族史会议（一）古突厥、回鹘文献调查与再研究》，2019 年。

С.В.Данилов, А.И.Бураев, Б.В.Саганов, А.Очир, Л.Эрдэнэболд. Х(Г).Батболд, "Курган Шороон дов и его место в общей системе археологических памятников тюркской эпохи центральной азии," *Древние культуры Монголии и Байкальской Сибири*. Улан-Удэ.г.2010.

С. В. Сидорович, танская верительная бирка для представителя племени *си* 霫, найденная в монголии, *Эпиграфика Востока XXIII*.

Ц.Баттулга, Ц.Төрбат, Б.Ганчимэг, "Дэл уулаас шинээр олдсон хятад бичээс," *МСЭШБ. МУИС. МСС. Боть XVII (169)*, Улаанбаатар, 2001.

Chrstina Franken, Hendrik Rohland, Ulambayar Erdenebat, Tumurochir Batbayar. Karabalgasun, Mongolei. Die Ausgrabungen im Bereich der Zitadelle der alten uighurischen Hauptstadt. Die Arbeiten der Jahre 2015, bis 201, *FORSCHUNGSBERICHTE DES DAI*, 2018, Faszikel 2.

Солонгод Хурцбаатар, "1400 жыл бұрынғы баба-моңғол тіл. «Хүйс толгой» бітіктасы (HT1) мәтінінің зерттеулері," *Altaistics, Turcology, Mongolistics International Scientific Journal*, No.3, 2019.

A.Gandila, "Money and Barbarians: Same Coins, Different Functions," In *Cultural Encounters on Byzantium's Northern Frontier, c. AD 500-700: Coins, Artifacts and History*, Cambridge: Cambridge University Press, 2018.

M.Ghose, "Nana: the 'Original' Goddess on the Lion," *Journal of Inner Asian Art and Archaeology*, 2006, 1.

O. D.Hoover, "Handbook of Coins of Baktria and Ancient India, Including Sogdiana, Margiana, Areia, and the Indo-Greek, Indo-Skythian, and Native Indian States South of the Hindu Kush, Fifth Century Centuries BC to First Century AD," *The Handbook of Greek Coinage Series,* Volume 12, 2012.

J.Kolbas, "Khukh Ordung, A Uighur Palace Complex of the Seventh Century," *Journal of the Royal Asiatic Society*, Vol. 15, No. 3.

E.La Vaissière, "The Historical Context to the Khüis Tolgoi Inscription," *Journal Asiatique,* Volume 306, issue 2, 2018.

Lyndon Arden–Wong, "Tang Governance and Administration in the Turkic Period," *Journal of Eurasian Studies*, Vol. 6, No. 2, 2014.

Li Qiang and Stefanos Kordosis, "The Geopolitics on the Silk Road: Resurveying the Relationship of the Western Türks with Byzantium through Their Diplomatic Communications," *Medieval Worlds*, No. 8, 2018.

H.Maguire, "Magic and Money in the Early Middle Ages," *Speculum*, 1997, 72(4).

Nikita Konstantinov, Vasilii Soenov and Dimitry Cheremisin, "Battle and Hunting Scenes in Turkic Rock Art of the Early Middle Ages in Altai," *Rock Art Research*, Volume 33, Number 1, 2016.

Nikita Konstantinov, Vasilii Soenov, Synaru Trifanovaa, Svetlana Svyatko, "A Review of Archaeological T Monuments in the Russian Altai from the 4th-6th Century AD," *Archaeological Research in Asia* 16, 2018.

D. T. Potts, "Nana in Bactria," *Silk Road Art and Archaeology*, 2001, 7.

Otgonbayar Chuluunbaatar, "Rare Archaeological Musical Artefacts from Ancient Tombs in Mongolia," *Studia Instrumentorum Musicae Popularis IV (New Series),*2016.

Saran Solongo, Ayudai Ochir, Saran Tengis, Kathryn Fitzsimmons & Jean- Jacques Hublin, "Luminescence Dating of Mmortar and Terracotta from a Royal Tomb at Ulaankhermiin Shoroon Bumbagar, Mongolia," *Science & Technology of Archaeological Research,* Vol.1, 2015.

Sören Stark, "Central and Inner Asian Parallels to a Find from Kunszentmiklós-Bábony (Kunbábony): Some Thoughts on the Early Avar Headdress," *Ancient Civilizations from Scythia to Siberia* 15.3-4, 2009.

Sören Stark, Luxurious Necessities, "Some Observations on Foreign Commodities and Nomadic Polities in Central Asia in the Sixth to Ninth Centuries," *Complexity of Interaction along the Eurasian Steppe Zone in the First Millennium AD.*

Sören Stark, "Aspects of Elite Representation among the Sixth- and Seventh-Century Türks," Nicola Di Cosmo, Michael Maas ed., *Empires and Exchanges in Eurasian Late Antiquity- Rome, China, Iran, and the Steppe, ca. 250-750*, Cambridge University Press, 2018.

K.Tanabe, "Nana on Lion," *Orient,* 1995, 30.

Valentina Raspopova, "Problema Kontinuiteta Sogdiiskogo Goroda," *Kratkie soobshcheniia Instituta Arkheologii* 199, 1990.

Valentina Raspopova, "Gold Coins and Bracteates from Pendjikent," *The Pre-Islamic History of the Indo-Iranian Borderlands,* Osterreichischen Akademie Der Wissenschaften, Wien, 1999.

K.Vondrovec, "Coins from Gharwal (Afghanistan)," *Bulletin of the Asia Institute*, 2003, 17.

Wilfried Pieper, "Sogdian Gold Bracteates-documents of the Cultural Exchange along the Ancient Silk Road," *Oriental Numismatic Society,* 2003.

Sergey A.Yatsenko, "Image of the Early Turks in Chinese Murals and Figurines from the Recently-Discovered Tombs in Mongolia," *The Silk Road*, Vol. 12, 2014.

Jonathan Karam Skaff, "The Tomb of Pugu Yitu (635-678) in Mongolia: Tang-Turkic Diplomacy and Ritual," *Competing Narratives between Nomadic People and their Sedentary Neighbours*, Algyő, 2019.

蔡智慧「唐前期の羈縻支配の一類型—契苾何力一族の例を手がかりとして」『歴史文化社会論講座紀要』第 15 輯、2018 年。

東潮「モンゴル草原の突厥オテターン・ヘレム壁画墓」『徳島大学綜合科学部人間社会文化研究』第 21 輯、2013 年。

護雅夫「東突厥官称号考：鉄勒諸部の俟利発と俟斤」『東洋学報』46-3、1963 年。

鈴木宏节「唐の羈縻支配に関連するモンゴル高原の漢文石刻三題」明治大学『第 3 回中国中世（中古）社会諸形態国際大学院生若手研究者学術交流論壇論文集』、2014 年。

鈴木宏节「唐の羈縻支配と九姓鉄勒の思結部」『内陸アジア言語の研究』第 30 輯、2015 年。

鈴木宏节「ゴビの防人——モンゴル発見の唐代漢文銘文初探」『史滴』37 号、2015 年。

片山章雄「Toquz Oγuz と『九姓』の諸問題について」『史學雑誌』90-12、1981 年。

石見清裕・森安孝夫「大唐安西阿史夫人壁記の再読と歴史学的考察」『内陸アジア言語の研究』第 13 輯、1998 年。

石見清裕「羈縻支配期の唐と鉄勒僕固部——新出『僕固乙突墓誌』から見て」『東方学』第 127 輯、2014 年。

影山悦子「中国新出ソグド人葬具に見られる鳥翼冠と三面三日

月冠」『オリエント』2007 年第 2 期。

柿沼阳平「文物としての随身魚符と随身亀符」帝京大学文化財研究所研究報告第 19 集、2020 年。

박아림 : 몽골 볼간 아이막 바양노르 솜 울란 헤렘 벽화묘 연구 . 중앙아시아연구 , 2014, 19(2).

박아림 , 낸시 S. 몽골 바양노르 벽화묘와 복고을돌묘 출토 용과 비잔틴 금화 연구 . 중앙아시아연구 , 2017, 22(1).

六　学位论文

A.Naymark, "Sogdiana, Its Christians and Byzantium: A Study of Cultural and Artistic Connections in Late Antiquity and Early Middle Ages," unpublished Ph. D. dissertation (Indiana University, Bloomington), 2001.

任宝磊:《新疆地区的突厥遗存与突厥史地研究》，博士学位论文，西北大学，2013 年。

宋国栋:《回纥城址研究》，博士学位论文，山西大学，2018 年。

后　记

博士三年匆匆而过，博士学位论文能够顺利完成，有太多人需要感谢。

首先感谢我的父母。在我小时候，他们就带我拼世界地图，给我买各种书，支持我探索这个世界。儿时的我，就产生了环游世界，去了解这个世界上各种文化的愿望。本科三年级时，他们鼓励我遵循内心的声音跨考历史学，这让我找到了我愿意为之奋斗一生的事业。无论高潮还是低谷，他们一直陪伴着我，能拥有他们的爱是我最幸福的事。

感谢我的导师李锦绣老师。一入学她先带我读《唐六典》，让我熟悉唐朝制度，又教我阿拉伯语，鼓励我学俄语、蒙古语、突厥语，虽然我学语言没什么天赋，非常吃力，但学了这些语言后让我产生了莫名的自信，从此我开始越来越频繁地去主动寻找外文论文，慢慢地可以把重要章节里的词一个一个查出来，在论文中运用各国学者的最新研究成果。更重要的是，李老师还带我调研了国内外的许多地方，鼓励我在论文撰写初期对蒙古国进行学术考察，极大地满足了我探索世界的好奇心，并让我对欧亚草原有了较为直观的认识，逐渐产生了浓厚兴趣。李老师言传身教，教我做人、做学问，是我终身受用的宝贵财富。

还要感谢李鸣飞师姐。师姐耐心地帮我翻译巴彦诺尔墓蒙古文考古报告，给我的研究打下了坚实基础。在考察蒙古国前，师姐帮我联系上了蒙古国考古学家巴图宝力道，有了巴图老师的带路，让我在蒙古国的考察获得了巨大收获。在学习、生活中，师姐经常给我非常中肯的建议，带我学习蒙古文、波斯文，在我写作遇到瓶颈时给我启发。师姐经常更新她的微信公众号"驯鹿神"介绍学习心得，文笔生动，内容有趣，这是我最喜欢的公众号。

感谢巴图老师。巴图老师是仆固乙突墓的发掘者之一，撰写了一本关于仆固部的书，里面运用了大量蒙古国考古的第一手资料。他带我把他书中重点提到的遗址几乎走了一遍，参观考察这些遗址让我对6—8世纪的突厥、铁勒族群有了非常直观的认识。此外，我们还看了早期游牧文明遗址鹿石、匈奴时期遗址高勒毛都、和日门塔拉、蒙古时期遗址哈拉和林等，让我对蒙古草原的游牧文明有了更全面的了解。

感谢巴黎十一大的茆安然博士，他对欧亚大陆的古代钱币极为熟悉，帮我获取了大量国外研究拜占庭金币的最新成果，跟我一起释读讨论巴彦诺尔墓中发现的钱币，给了我很多灵感，让我能将巴彦诺尔墓的金币研究得更为深入。感谢中国社会科学院研究生院考古系的史砚忻博士，他从考古学的角度帮我校对了论文，帮我改正了我论文中的一些错误。和他共同探讨关于蒙古国考古的许多问题，使我非常受益。我的高中同学祁萌芸帮我翻译了不少日文的相关研究成果，她准确的翻译让我注意到很多不明白的细节，非常感谢她。

感谢青格力、李花子、乌云高娃、贾衣肯、聂静洁老师，孙昊师兄、李艳玲师姐、曹金成师兄，老师们待我们这些学生像自己的孩子一般；师兄、师姐待我像对待亲弟弟一样，在生活和学习中用实际行动给我做了榜样。

在论文撰写和修改过程中，还要感谢的老师有很多。魏坚、林梅村、黄正建、李鸿宾、张绪山、林英老师都给我的论文提出了非常宝贵的意见，林梅村老师和林英老师还给我提供了论文写作中需要的重要资料，非常感谢他们。我在暨大读硕士时的导师勾利军，以及专门史教研室的马建春、张小贵、刘永连、乔志勇等老师，在博士学位论文撰写时给我提出了许多中肯的建议。还要感谢粟瑞雪、张铭心、倪润安、张铁山、苏辉、王萌、李华川、罗丰、索明杰、杨富学、程鹏飞、董萨日娜、李强、刘中玉、艾力、郭物、刘健、王江、孙武军等帮助过我的老师，感谢他们在这三年中给予我的帮助和照顾，跟老师们学习到很多，感念于心。

此外，还要感谢在学习和论文撰写中帮助过我的辛威廉（Nicolas Sims-Willams）、丹·阿弗拉西维（Dan Aparaschivei）、图卢什（Demir Tulush）、王国豪（Lyndon Arden-Wong）、魏义天（Étienne de la Vaissière）、夏南悉（Nancy S. Steinhardt）、乐仲迪（Judith Lerner）、瓦罗妮卡·齐克维多娃（Veronika Zikmundová）、斯加夫（Jonathan Karam Skaff）等学者，他们无私地跟我分享了他们的研究成果，帮助我看到更广阔的学术世界。

在图书出版过程中，社会科学文献出版社历史学分社郑庆寰社长、责编赵晨提出了很多重要建议，非常感谢他们仔细认真的工作，使得这篇博士学位论文得以顺利成书。

还要感谢和我一起旅行以及在学习时认识的好朋友们，感谢李翼恒、赵杨、孙群萃、刘拓、张金凤、杨海峰、杨大炜、唐大麟、冯玥、朱岩、于柏川、田阳、王文博、石钏钏、阿疆、郭蔚嘉、文喻、李俊东、张曦、刘荫、郝创业、赵扬、胡泽元、许严方、胡思雨、刘锴、郭蔚欣、任富强、孙菁、王文庭、尹航、张慧芬、张筱舟、赵文东、陈颖、曲晓霜、辛悦、朱萧静、高宇、王东、陈溯、卡纳、李文成、刘源、杨甜、张熙勤、李晓嘉、韩军镇、杨乐、高同同、王洋、赖泽冰、王铁豫、王欣然等亲朋好友，这三年和你们这些对世界的好奇心特别重的人一起玩和学习，收获不知道有多大。

最后尤其要感谢我的妻子何炜，以后能和她一起携手去探索这个世界，实在是太美妙了。她见证了我毕业论文写作的全过程。在撰写过程中，尤其是在疫情影响下，我的心情难免会产生很大的起伏，是她一直陪伴着我，我才有了在沮丧时、迷茫时、无助时坚持下去的力量。她语言天赋特别好，本来是我先教她的俄语，现在她的俄语说得已经比我好一万倍了。我们还经常一起讨论学术，她给了我很多研究上的灵感。未来两个好奇心特重的小孩儿可以一起生活、做研究、学语言、看展、考察遗址……有妻如此，我简直太幸运了。

图书在版编目(CIP)数据

声闻荒外：巴彦诺尔唐墓与铁勒考古研究 / 徐弛著
. -- 北京：社会科学文献出版社，2023.9
（九色鹿）
ISBN 978-7-5228-1883-2

Ⅰ. ①声… Ⅱ. ①徐… Ⅲ. ①壁画墓－墓葬(考古)－
研究－蒙古②铁勒－墓葬(考古)－研究－蒙古 Ⅳ.
①K883.118.84

中国国家版本馆CIP数据核字（2023）第104521号

·九色鹿·

声闻荒外：巴彦诺尔唐墓与铁勒考古研究

著　　者 / 徐　弛

出 版 人 / 冀祥德
组稿编辑 / 郑庆寰
责任编辑 / 赵　晨
责任印制 / 王京美

出　　版 / 社会科学文献出版社·历史学分社（010）59367256
　　　　　　地址：北京市北三环中路甲29号院华龙大厦　邮编：100029
　　　　　　网址：www.ssap.com.cn
发　　行 / 社会科学文献出版社（010）59367028
印　　装 / 北京盛通印刷股份有限公司

规　　格 / 开　本：787mm×1092mm 1/16
　　　　　　印　张：22.75　插　页：1.25　字　数：275千字
版　　次 / 2023年9月第1版　2023年9月第1次印刷
书　　号 / ISBN 978-7-5228-1883-2
定　　价 / 78.80元

读者服务电话：4008918866

🅐 版权所有　翻印必究